旅游业发展的政府行为研究

——以土耳其为例

Study on Government Behavior in Tourism Development

TURKEY as the Case

魏 敏 / 著

SSAP 社会科学文献出版社
SOCIAL SCIENCES ACADEMIC PRESS (CHINA)

序

魏敏撰写的著作《旅游业发展的政府行为研究——以土耳其为例》马上就要付梓了，作为她的博士研究生导师，我要向她表示由衷的祝贺。这本著作凝聚了她多年从事相关理论教学和研究的心得体会，也是她在中国社会科学院研究生院攻读博士学位期间扎实学习和潜心思考，以及亲赴土耳其实地考察的最终成果。

在我看来，这本著作的出版，不仅是作者的一项重要的个人成就，也是一件颇具理论和实践意义的事情。

第一，这本著作从理论层面探讨了市场机制与政府作用的关系问题。在世界经济发展进程中，政府行为长期以来被广泛关注，并贯穿于经济理论和实践的全部过程。20 世纪末以来，在经济全球化浪潮推动下，市场力量的不断加强是显而易见的大势所趋，然而市场的固有缺陷也使经济运行的不稳定性和爆发危机的风险不断增加。2008 年爆发的美国次贷危机，以及继而发生的国际金融危机和欧债危机等一系列事件，再一次把市场经济条件下的政府的作用问题，突出地摆在人们面前，掀起了对相关问题的大讨论。这本著作就是作者对这场大讨论的参与。作者从旅游业这样一个在通常情况下市场机制发挥着重大作用的产业入手，对于政府作用是否有利于提高经济运行的效率的可能性和有效性做出了肯定的回答，并且提出了不少具有启发性的观点，从而对于市场经济条件下的政府作用问题，做出了富有理论意义的探讨。

第二，这本著作有益于促进发展中国家对发展经验的相互交流。在经济全球化的浪潮中，发展中国家面临着前所未有的发展环境，以及各种各样的机遇和挑战，相互交流和借鉴发展经验，对于顺利推进各自的经济改革和发展都具有重要意义。中国与土耳其都是发展中国家，分别从上个世纪 70 年代末和 80 年代初开始，通过从计划经济向市场经济转型，比较成功地探索出符合本国国情的发展道路，取得了举世公认的经济发展业绩。由于中国和土耳其的经济改革和调整存在一定的相似性，这两个国家的专家学者从改革和调整的早期开始，就经常围绕经济改革和发展的问题进行相互交流。从这种意义上看，这本著作就是这种交流的继续，围绕国际金融危机这一世界经济重大事件，结合土耳其旅游业发展的实例，阐述了处理政府和市场关系的教益和启示。

第三，这本著作也是我国对中东经济研究的一项可喜成果。随着世界经济力量对比发生的显著变化，特别是中国实力的崛起，包括土耳其在内的一批中东国家近年出现了“向东看”倾向，特别是高度重视发展与中国的经贸关系。中国的对外开放也越来越具有全方位的特征。面向中东地区的对外开放逐渐进入中国对外开放战略的视野，中国与一批中东国家陆续建立了战略伙伴关系，其中包括 2010 年与土耳其建立战略伙伴关系，中国与中东国家的经贸关系迅速发展，某些西方专家甚至由此嗅到了所谓中国“西进”的气息。然而，中国与中东国家之间的相互了解还远远不够，研究中东经济和土耳其经济的著作也不多，双方关系的发展迫切需要更加全面和深入研究提供智力支持。这本著作以中东大国土耳其的旅游业为案例进行深入研究，对于深化国内对中东经济的研究，是一个有益的推进。

为此，我希望这本书能够引起相关读者的兴趣，希望更多的学者关注发展中国家在经济发展实践中的新鲜经验，关注中东经济发展问题的研究。

杨光

2012 年 12 月 22 日

于中国社会科学院西亚非洲研究所

前　言

在世界经济的发展进程中，政府行为一直被广泛关注，并贯穿于经济理论研究和发展的全过程。20 世纪 90 年代以来，在经济全球化和信息化浪潮推动下，全球市场结成一个有机整体，市场的力量在不断加强。然而，市场经济运行的无序性和不稳定性增加了经济运行的不稳定性，世界市场的风险性因素不断增加。进入 21 世纪，市场经济运行的无序性和不稳定性进一步加大，政府作用受到巨大挑战和考验。2008 年爆发的次贷危机，继而发生的金融危机、欧债危机等一系列重大现实问题无情地考量着政府作用及其行为。在这种新形势下，政府行为问题、政府作用问题、政府与市场的作用机制问题，又成为当今理论研究和现实研究的重要热点问题。

本书选取旅游业这一世界第一大产业作为研究对象的载体，选择在旅游业发展方面比较有代表性的土耳其作为实证分析样本，在对各种政府行为理论进行归纳总结的基础上，运用理论分析法、实证分析法、演绎分析法和比较分析法等研究方法，以土耳其旅游业发展的政府行为作为切入点，通过对土耳其政府在旅游业发展过程中的行为进行梳理、剖析和总结，透视政府的导向作用和不同角色，探索政府行为如何实现高效率运行的动态机制，进而验证本书提出的“政府协同论”这一立论观点，探索政府与市场均实现高效的作用机制的可能性和普遍意义。这是本书的立足点，也是核心所在。

在实证分析中，从土耳其政府对旅游业发展的态度、产业定位、产业政策、战略导向、产业培育以及推动旅游产业国际化等内容对土耳其旅游业发展进行了系统梳理和研究，通过实证样本的结果验证本文的立论观点，即土耳其政府通过制定正确的旅游业发展战略和政策，首先发挥了政府的自组织特性，形成了良好的政策效应，同时充分发挥了市场的作用，较好地构建了政府与市场均衡高效的协同机制，推动旅游业发展成为具有较强国际竞争力的战略性支柱产业。通过实证分析，验证了本书提出的“政府协同论”观点，进一步发展了政府行为理论。

最后是实证结论的一般性意义和对中国的启示。一般意义是指政府的态度和导向作用是旅游业发展的前提条件；基础设施建设和旅游规划是旅游业发展的基础；国际化产业队伍建设是旅游业发展的关键；旅游品牌是提升国际旅游竞争力的主要推动力。对中国旅游业发展的启示是：重视旅游业发展，发挥政府职能，政府积极作为；重视市场效率，发挥市场主体作用，加速产业发展；重视旅游与宗教结合，发挥旅游社会作用，促进区域经济发展；重视旅游与文化结合，发挥旅游在文化交流中的作用，提升国家软实力，建设世界旅游强国。

目　录
CONTENTS

导　论

一　问题的提出

进入21世纪，经济全球化依然是世界经济发展的主流。但是，由于金融危机、欧债危机[①]等许多不确定因素的影响，经济全球化在曲折中发展。这种曲折和波动，不仅影响了整个世界经济的发展，也给置身于经济全球化大潮的世界各国增加了经济发展的难度。经济全球化的“双刃剑”作用，加剧了世界各国的科技竞争、市场竞争和综合国力竞争，也加剧了世界产业结构的加速调整，强化了国家之间、区域之间的协调对话合作机制，强化了各国政府谋求发展的战略共识。在这个大背景下，应对危机的短期策略，以及面向未来国际竞争的国家战略，成为各国政府谋划的重点和普遍的战略行为。

2008年下半年爆发的国际金融危机及其不断蔓延，使全球主要经济体经历了大萧条和第二次世界大战后的又一次巨大冲击。在各国政府出台的一系列经济刺激政策的作用下，从2009年下半年开始，尽管失业率依然走高，但全球经济信心逐步恢复，经济先行指标PMI（制造业采购经理人指数）得到回升，工业实际产出开始回暖，金融市场利差指标恢复正常，消费者信

① 金融危机源于美国长期宽松的货币政策、金融机构的过度创新、监管部门的严重失职，以2008年9月雷曼兄弟公司倒闭为标志，美国次贷危机转为全球金融危机。欧债危机的部分原因是欧元区有些国家的过度消费、过高的福利使政府难以负担，国家债券的信誉降低，持有者抛售导致难以偿还导致危机。这反映了超高福利主义与极端民主化政治体制的矛盾，以及欧元区货币政策统一性与财政政策差异性的矛盾。

心震荡回升，经济增长预期上调，全球经济逐步渡过金融危机的恐慌而进入“后危机时代”。[①] 这一时期的显著特征是在危机缓和后，出现了一种较为平稳的状态。但是这种状态是相对而言的，因为造成危机的根源并没有消除，而且危机也并没有结束，从而使得世界经济仍然存在很多不确定因素，经济危机时刻都会回来，甚至加剧，也有可能引起新一轮的衰退。[②] 世界各国尤其是经济大国为了在最短时间内摆脱危机困扰，保持经济长期持续增长，纷纷进行战略筹划，也出台了一系列提振经济的国家战略。

欧债危机爆发的直接原因是公众预期的改变，根源在于政府支出的过度增加。政府债务的挤出效应是造成货币主义政策难以实现的关键因素。[③] 宏观政策的制定必须从动态的、长远的视角去权衡审慎考虑。从有关国家或地区的发展战略以及对经济危机的反思中，可以预见“后危机时代”世界经济发展的格局将经历重大调整。在这个相对较长的时期内，一方面，世界经济发展重心将回归实体经济领域，这将是“后危机时代”世界经济的一个突出特征；另一方面，金融危机将催生新一轮技术革命和产业革命，以低碳技术为支撑、以低碳经济为核心的“绿色增长”模式将成为世界经济发展新的“标准模式”和各国共同的战略取向。[④] 在这一进程中，一个国家能否在战略谋划中赢得先机，能否在今后赢得战略竞争上的主动，在很大程度上取决于一个国家的政府行为能力，并在相当大的程度上取决于一国政府的战略谋划能力。政府，这只“有形之手”，将是一个国家未来前进的“方向标”和“导航塔”。站在战略的高度，研究新的历史条件下的政府行为，则是当今既前沿又迫切的重大课题。

在世界产业结构大调整的浪潮中，由于旅游业“绿色增长”的特征，许多国家相继把旅游业确立为战略性支柱产业加以扶持和培育，并提出了实现世界旅游强国的战略目标。2008 年金融危机爆发以后，各国政府纷纷将旅游业作为刺激需求、拉动经济增长的重要措施，如美国的《旅游促进法

① 郭世玉、杨红伟：《后危机时代汇率和信贷变动对新疆外贸发展影响研究》，《四川职业技术学院学报》2011 年第 1 期，第 23 ~ 24 页。

② 左顺根：《中国宏观经济状况与货币政策抉择——基于后危机时代的视角》，《经济与管理》2011 年第 1 期，第 9 ~ 12 页。

③ 安国俊：《欧债危机和美债危机的反思》，《中国金融》2011 年第 18 期，第 13 ~ 14 页。

④ 安国俊：《欧债危机和美债危机的反思》，《中国金融》2011 年第 18 期，第 13 ~ 14 页。

案》、欧盟的《新欧盟旅游政策框架》、英国的《2012年决胜：旅游业战略和超越》、法国的《旅游服务业发展与现代化法律（草案）》、日本的《新成长战略——重建“活力日本”方案》、澳大利亚的《国家长期旅游业战略》、新西兰的《2015年旅游业发展战略》、加拿大的《2009~2013年旅游业发展战略》、韩国的《观光产业先进化战略》[①] 等。我国也于2009年年底，颁布了《国务院关于加快旅游业发展的意见》〔国发（2009）41号〕。在这样的历史条件下，深入研究国家政府引领、推动旅游业发展的战略行为，对一个国家乃至世界旅游业的发展，不仅具有理论意义、实践意义，更具有战略意义。

选择土耳其作为实证样本，是因为土耳其特殊的地缘战略地位和极具代表性的旅游业发展路径。近年来土耳其国内政局稳定，经济发展进入快速发展期，现已成为全球增长最快的经济体之一。2010年土耳其国内生产总值实际增长率达到8.9%，远高于世界5.1%的平均水平，人均GDP达10072美元。同时，土耳其的经济结构调整也卓有成效，在整个国民经济构成中，农业占15%，工业占25%，服务业占60%，已经达到了发达国家的水平。[②] 土耳其是中东地区最大的旅游目的地国家，据OECD（经济合作与发展组织）统计数据，2009年土耳其服务贸易出口额为85.4亿美元，其中旅游业占63.7%，其次是交通运输和金融保险业，旅游业在降低土耳其贸易逆差方面发挥着重要作用。[③] 2010年，土耳其全年接待旅游者数量为2750万，增长率为5.9%，位列世界第七位；旅游收入达208亿美元，位列世界第十位。[④] 这一系列数据表明，无论是在国家旅游目的地形象还是旅游产品的开发方面，土耳其都已经步入先进国家行列。土耳其旅游业是在国家经济尚不十分发达、国内旅游市场尚未形成、入境旅游增长迅猛的压力下发展起来的，政府在旅游业发展中发挥了关键作用。土耳其旅游业发展的政府行为对于发展中国家旅游业的发展具有一定的借鉴意义。

---

① 杨劲松：《中国与发达国家旅游政策哪些不同?》，中国旅游新闻网：http：//www.cntour2.com/viewnews/2011/3/22/0322100916.htm，访问日期：2011年10月7日。

② 土耳其国际投资协会：http：//portal.wko.at/wk/dok_detail_file.wk？angid = 1&docid = 1560116&conid = 544876，访问日期：2011年11月15日。

③ 商务部：《对外投资合作国别（地区）指南：土耳其（2011年版）》，http：//fec.mofcom.gov.cn/gbzn/upload/tuerqi.pdf，访问日期：2011年11月5日。

④ 世界旅游组织网站：http：//mkt.unwto.org/en/barometer，访问日期：2011年10月7日。

二　国内外研究进展和需要解决的问题

人类进入近代文明以后，尤其是在世界资本主义发展进程中，从重商主义时期、自由主义时期到凯恩斯主义时期，再到新自由主义时期，关于经济发展中的政府作用、政府干预、政府管制、政府行为的讨论一刻也没有停止过。以亚当·斯密为代表的自由主义认为“看不见的手”可以自动调节市场，实现资源的合理配置，政府仅仅是自由市场的“守夜人”；而以李斯特、庇古、凯恩斯等为代表的经济学家则从不同的角度，阐述了政府干预经济的必要性。

在20世纪的大部分时间里，关于政府行为的理论，不断地在“守夜人”和“政府干预”之间转换。90年代初，冷战结束，市场经济体制成为世界主流。随着国际形势的缓和，许多国家把精力集中在发展经济上，经济全球化的迅速发展，也使经济自由化理论在全球进一步传播。经济全球化推动了全球生产力的发展，同时也使生产更加无序，更加盲目。1997年东亚金融危机爆发，引发了理论界对于政府在经济生活中作用的重新思考和关注。从总体上来看，尽管在不同时期和不同国家，政府作用随着经济运行环境的改变而改变，但有两点认识是相对不变的：一是市场失灵为政府干预提供了强有力的经济论据。政府干预就是通过政府与市场合作来纠正市场失灵。二是政府关注社会公平目标，始终保留着提供公共物品方面的独特作用，从而推动经济和社会发展。但是，由于政府失灵的存在，什么是政府行为的最佳体现，如何界定政府行为的边界，仍然没有定论。

具体到旅游产业层面，由于旅游业固有的资源依赖、基础设施依赖和政治、文化、生态环境依赖等特性，对旅游业发展中的政府作用、政府影响和政府行为研究，一直是旅游研究的重要问题之一。关于旅游业发展，有学者提出了政府主导型旅游发展模式，并认为政府主导型是发展中国家应该普遍采取的旅游发展模式。也有学者提出市场主导应该是在市场经济条件下，旅游业发展应该遵循的基本原则。对于旅游业发展中政府的作用、政府行为研究的著述颇丰。本书从发达国家旅游研究、发展中国家旅游研究和国内旅游研究三个角度，对有关旅游业发展的政府行为研究进行综述，较为清晰地勾勒出前期有关旅游业发展中政府行为研究的基本框架内容。

（一）关于发达国家旅游业发展中的政府行为研究

按照传统的旅游发展理论，普遍认为发达国家旅游业的发展，是在市场机制的作用下自发形成的，无须政府介入。但是，综观现代旅游业的形成和发展，在旅游业发展中，尤其是在现代旅游业形成和发展的早期阶段，政府的政策、法律法规对旅游业发展的影响就一直存在。制度是影响经济发展的关键因素，是能够约束人们行为的一系列规则。诺斯认为，"制度提供了一种经济的刺激结构，随着该结构的演进，它规划了经济朝着增长、停滞或衰退变化的方向"①，发达国家的制度因素是旅游业发展的基本保障。

从 18 世纪末到 20 世纪初，多数发达国家完成了从传统农业经济和农业社会向现代化的工业化和城市化国家的过渡。工作性质以及社会结构和价值观的改变，使学习知识、自我提高和有益于健康的理性休闲方式成为一种社会时尚。英国早在 1845 年颁布了《博物馆法案》，1850 年颁布了《图书馆法案》，1871 年颁布了《银行假日法案》，这些法案被认为是与休闲活动有关的重要立法。19 世纪后半期，工业化发展带来的财富增加也逐渐惠及工人阶级，很多城市都建有国家公立公园，滨海度假地的休闲设施也得到极大改善。在 1860～1875 年间，英国工人的实际收入增长了 40%；1875～1900 年间，在此基础上又增长了 50%。这使相当多的工人有史以来第一次有了可自由支配的收入，而可自由支配收入的增多，为休闲和旅游消费提供了经济基础。1908 年，新西兰政府颁布了《旅游与健康度假村管理法》和《温泉区法》。1938 年英国政府颁布了《带薪休假法案》，用法律形式保证人们的闲暇时间，为旅游业的发展创造了基本条件。理性消遣的价值观、闲暇时间和可自由支配收入的增加成为现代旅游业形成的三大基石。②

二战结束后，大众旅游的兴起引起了学术界的关注。但旅游研究理论主要以发达国家作为研究对象，对于旅游业发展中的政府行为研究多集中于政府在旅游市场的垄断、旅游规划和大规模基础设施投资中的作用和影响。一

① Douglass C. North, "Institutions", *Journal of Economics Perspectives*, Vol. 5: 1, Winter 1991, pp: 97－112.

② 〔英〕克里斯·布尔、杰恩·胡思、迈克·韦德：《休闲研究引论》，田里、董建新等译，云南大学出版社，2006，第 9～14 页。

些观点认为旅游业作为一个由国际旅游需求、市场营销、运输和住宿四个基本部分组成的开放系统，政府政策应该基于目标市场分析，提供满足目标市场需求的独特产品和服务，并通过旅游中介机构开展市场营销。① 也有学者认为，随着时间的推移，立法者对旅游产业的认识以及旅游业经济的重要性的态度也更为积极和肯定，国家和社会的主导支配以及社区之间的积极互动是旅游业发展的关键。② 世界旅游组织曾就国家旅游组织的作用问题达成共识，认为在旅游业发展过程中，在旅游业发展初期政府的作用是开拓者，这一阶段政府主要负责基础设施投资，工作重心是拟订旅游业发展战略和规划；第二阶段是规范者，政府在旅游业逐步兴起乃至蓬勃发展时期，主要进行立法和规范工作，保证行业良性发展；第三阶段是协调者，政府在旅游业逐步走向成熟时，用各种方法鼓励企业发展，保护消费者利益，工作重心是协调各方面的关系。

（二）关于发展中国家旅游业发展中的政府行为研究

旅游业作为许多发展中国家工业化过程的重要途径，政府行为对旅游业的发展也显得尤为重要。世界旅游业的发展，尤其是服务贸易、服务经济的发展，使旅游研究成为发展经济学研究的新领域，并且逐渐形成旅游影响研究、旅游发展研究和最贫穷国家旅游等几个研究方向。对于发展中国家旅游业的研究，起始于20世纪60年代，当时大多数研究都将重点放在旅游对经济、社会、文化和环境的影响方面，且案例研究居多，缺乏针对发展中国家旅游发展的一般性理论研究。克里斯泰勒（Christaller，1964）作为提出“旅游业是新的经济增长极”的第一人，认为由于旅游者对经济欠发达地区存在兴趣，也就给这些地区提供了发展自己的机会。③ 弗雷德曼（Friedmann，1966）认为，发展潜力较小的地区，如边境地区、水资源开发

---

① Refik Culpan, *A Critical Review of Recent International Trade Patterns: Counterpurchase, Offset, and Compensation Trading*, Pennsylvania State University, Vol. 87 (3), 1987, p. 23.

② Nancy Gard McGehee, "Volunteer Tourism: Sustainable Innovation in Tourism, or just Pettin the Critters?", Innovations for Sustainable Tourism. http://www.besteducationnet work.org/ttvii/pdf/Mc Gehee. pdf，访问日期：2009年3月10日。

③ Christaller, W., "Some Considerations of Tourism Location in Europe: The Peripheral Regions-Underdeveloped Countries-Recreation Areas", *Regional Science Association Partners*, 1964, 12, pp. 95-103.

地区、渔业和军事工业的特殊地区以及适合集中发展旅游业的地区，可以将旅游业作为一个发展方案。因为这些地区资源或位置的特殊性，需要采取特殊的发展途径。[①] 1972 年旅游科学家协会（Association of Scientific Experts in Tourism，简称 AIEST）发布了《发展中国家旅游研究方法及其应用》论文集刊[②]，对发展中国家旅游业进行了系统分析和研究。1975 年世界旅游组织发表了《国际旅游对发展中国家经济发展的影响》一文，强调了国际旅游业对于发展中国家经济发展的重要性。而对于旅游业发展中的政府行为研究，则始于 1974 年艾登（Eden）发表的《旅游业与政府》一文。同年，瓦哈卜（Wahab）发表了《发展中国家旅游业的国家政策因素》。[③] 1971 年联合国贸易和发展会议（UNCTAD）发布了《无形性：发展中国家旅游业旅游政策要素》一文，强调发展中国家政府要最大限度地发挥旅游业可以有效和高效地赚取外汇的作用。[④] 但在旅游研究兴起的 20 世纪 70 年代，对于旅游业发展中的政府作用研究，依然处于一个相对不被重视甚至被忽视的领域（Jafari，1979）。[⑤]

进入 20 世纪 80 年代以后，发展中国家旅游发展的理论主要是在两种不同的理论框架中进行的：一个是“扩散范式”（Diffusions paradigm），另一个是“依附范式”（Dependency paradigm）。“扩散主义”的发展形成了两个主流理论体系，即“发展阶段理论”（Development stage theory）和“扩散理论”（Diffusion theory）。“发展阶段理论”的基本概念，是指旅游发展分阶段发生变化。[⑥]布里顿（Britton，1982）认为发展中国家旅游业尚处于发展的“早期阶段”，重复欧美的发展经验会成为

---

① Friedmann，J.，*Regional Development Policy：A Case Study of Venezuela*，Cambridge：MIT Press，1966.

② AIEST，“Tourism Research Methods and their Application to Developing Countries and Regions”，*Proceedings*，Vol. 13，Berne，Switzerland：AIEST，1972.

③ Jenkins，C. L.，Henry，B. M.，“Government Involvement in Tourism in Developing Countries”，*Annals of Tourism Research*，Vol. 9，1982，pp. 499 – 521.

④ Wahab，S.，“Elements of Tourist Policy in Developing Countries”，United Nations Conference on Trade and Development（UNCTAD），New York：United Nations，TD/BC3/89Rev. lE73. II. D. 3.

⑤ Jafar Jafari，“Tourism and Social Science，A Bibliography 1970 – 1978”，*Annals of Tourism Research*，Vol. 2，1979，pp. 149 – 194.

⑥ 韩杰、沈长智：《发展中国家旅游发展阶段理论与案例研究》，《世界地理研究》1999 年第 1 期，第 75 ~ 80 页。

发展的必然。[1] 罗斯托（Rowstow，1960）的经济增长“阶段论”指出经济发展是一个连续过程，在旅游业的一系列研究中，都遵从了这一阶段进化模型。[2] 萨罗特（Thurot，1973）提出了三阶段理论，米塞克（Miossec，1976）[3] 提出了五阶段理论，巴特勒（Buttler，1980）[4] 提出了旅游目的地发展的六阶段理论。按照罗斯托的理论，在“传统社会阶段”，即第一阶段，只有国家精英和富贵阶层，有足够的时间和金钱能够进行休闲旅游。在经济发展过程中，参与国内旅游的社会阶层数量逐渐增加，直到社会各阶层都可以负担假日旅游的“大众消费阶段”产生。布洛维特认为，扩散理论的主要概念是当发展进程达到某一点时，旅游业的影响和作用就会发生展开或者渗透，从发达地区向不发达地区扩展。[5] “依附范式”是“依附理论”观点在旅游研究中的运用，认为在旅游业发展初期，一国旅游业会表现出边缘性即地方性的特点，随着旅游业的发展，会逐步依赖于旅游发达地区旅游业发展，并可能造成不利于当地的发展结果，表现出过度依附于海外企业和地方精英企业的特点。依附范式指出了一些发展中国家过分依赖发达国家或地区经济中心，发展本国或当地旅游业的一种论点。[6] 但是也有学者对此提出批评，他们认为，依附理论过于重视外部因素对旅游业发展的影响，常常被全球尺度和世界体系所困扰[7]，并且忽视了国家和地方内部的因素。[8]

随着世界旅游业的发展，旅游业发展的政府作用引起了学界和业界的

---

① Britton, S. G., “The Political Economy of Tourism in the Third World”, *Annals of Tourism Research*, 1982, 9 (3), pp. 331 –358.

② Rostow, W., “The Stages of Economic Growth”, *A Non-Communist Manifesto* (2nd ed.), Cambridge: Cambridge University Press, 1960, pp. xii –179.

③ Miossec, J. M., “Elements pour une Theorie de l'Espace Touristique. Les Cahiers du Tourisme”, C –36 CHET, Aix-en-Provence: CHET. 1977 Un model de l'espace touristique. L'Espace Geographique 6: 41 –48.

④ Butler R. W., “The Concept of a Tourist Area Cycle of Evolution and Implications for Management of Resources”, *The Canadian Geographer*, 1980, 24 (1), pp. 5 –12.

⑤ 申葆嘉：《国外旅游研究进展（连载之三）》，《旅游学刊》1996 年第 3 期，第 48 ~57 页。

⑥ Britton, S. G., “The Political Economy of Tourism in the Third World”, *Annals of Tourism Research*, Vol. 3, 1982, pp. 331 –358.

⑦ Storper M., “Industrialization and the Regional Question in the Third World: Lessons of Post Imperialism: Prospects of Post-Fordism ”, *International Journal of Urban and Regional Research*, 1990, 14 (3), pp. 423 –444.

⑧ Lipietz A., “The Local and the Global Regional Individuality or Inter Regionalism? ”, *Transactions of the Institute of British Geographers*, 1993, 18 (1), pp. 8 –18.

普遍关注。詹金斯（Jenkins，1982）认为，在大多数发展中国家，政府参与旅游业发展不仅是实现长期发展目标的需要，而且是对于市场成长不足、缺乏一个强大和经验丰富的旅游私营部门的最好补充，政府必须对旅游业发展进行全面的直接干预。旅游业发展中的政府行为主要表现在政府对于旅游发展的积极干预和被动干预。政府积极干预是政府倾向于或者是完全出于发展旅游业的目标，颁布实施的政策法规。政府被动干预是指政府的真正意图并非促进或影响旅游业，但政策对旅游业发展依然具有影响。并指出，在旅游业发展的初始阶段，重视旅游业发展是政府的主要责任。因为旅游私营部门是逐利的，关注旅游多是出于资产和利润等经济方面的原因。

而有关政府对旅游业发展如何实施干预的研究也很多。威廉·W. 斯沃特（William W. Swart，1978）等提出了旅游规划和政策模型，利用信息系统模型为旅游部门提供有条件的和无条件的规划预测。[①] 通过有条件的预测，就有可能预见到决策者在未来有可能面临的有关情况。图尔古特·万（Turgut Var，1978）[②] 提出在旅游政策制定中应该采用德尔菲法和运用 GSV 技术，认为在制定长期和短期旅游发展规划时，旅游专家的意见至关重要，并给出了一定的实证研究结果与 GSV 技术应用的方法。艾哈迈德·阿卡尔（Ahmet Acar，1978）认为，旅游规划不仅使旅游区满足潜在需求的功能和效果，还介绍了旅游规划和政策的同步模型，为土耳其旅游部门提出了全面的规划模式。

在旅游业发展中如何把握政府与市场的关系的问题，则是所有发展中国家面临的普遍难题。布赖恩·阿舍尔（Brian Archer，1978）在题为《旅游与第三世界——重要的政策含义》中，讨论了发展中国家旅游业的本质和规模以及旅游业收益和成本，对旅游业是第三世界国家发展的最佳选择的观点提出了质疑，认为没有明确的证据证明旅游业有助于其他经济部门的发展，并且旅游业的发展引发了稀缺资源和生产要素的竞争，从而限制了

① Swart, William W., Turgut Var, and Charles E. Gearing, "Operations Research Applications to Tourism", *Annals of Tourism Research*, Vol. V, No. 4, October/December 1978, pp. 414－428.

② Gearing, C. E., Swart, W. W. and Var, T., "Determining Optimal Investment Policy for Tourism Sector of a Developing Countries", Management Science Series, B-Application 20 (4), 1973, pp. 487－497.

经济增长。① 贾拉格尔（Hjalager，2002）在《旅游业改革缺陷的修正》一文中，强调了政府在制定旅游政策中，不能只集中在旅游产业本身，而要重视旅游业对公共部门以及其他部门发展的驱动力。② 赫拉蒂（Heraty，1989）③ 和威尔斯（Wells，1982）④ 认为，发展中国家政府应该使用激励机制，吸引外国投资，以促进旅游业发展。约翰·斯金斯（John Seekings，1978）在《旅游规划和政策》一文中，讨论了旅游业规划和政策制定的一些问题，强调了两者的相互关系。塞维特·图桑（Cevat Tosun，2001）⑤ 研究了政府行为与旅游业可持续发展的关系，认为发展中国家旅游业可持续发展，关系到国家经济政策、公共管理的结构、环境以及旅游产品商业化、国际旅游系统重构等诸多问题。由于发展中国家的经济、政治、社会条件，实施旅游业可持续发展战略具有社会经济发展和环境生态的两难选择，所以，发展中国家政府应加强与国际组织合作，以实现旅游业可持续发展。

（三）国内关于旅游业发展中的政府行为研究

作为世界最大的发展中国家，直到 20 世纪 90 年代末期，中国才出现旅游业发展的政府行为研究，起步较晚。作者以“政府行为”并含“旅游业”为检索词在“中国知网”的人文和社会科学数据库进行检索，获得 251 条记录。其中有关政府行为的研究有 52 篇，有关政府的研究有 14 篇。研究者从不同角度论述了旅游业发展中的政府职能和政府行为问题。

国内对于旅游业发展中的政府行为研究，魏小安（1993）、申葆嘉（1998）和章尚正（1998）是我国较早关注这个问题的旅游研究学者。他们强调政府主导型旅游发展战略，即按照旅游业自身的特点，在以市场为主配

---

① Brian Archer，“Domestic Tourism as a Development Factor”，*Annals of Tourism Research*，Vol. 5，No. 1，1978.

② Hjalager，A. M.，“Repairing Innovation Defectiveness in Tourism”，*Tourism Management*，2002（23），pp. 465 – 474.

③ Heraty，Margaret J.，“Tourism Transport-Implications for Developing Countries”，*Tourism Management*，1989（10），pp. 288 – 292.

④ Wells，R. J. G.，“Tourism Planning in a Presently Developing Country：the Case of Malaysia”，*Tourism Management*，1982（3），pp. 98 – 107.

⑤ Tosun，Cevet，“Challenges of Sustainable Tourism Development in the Developing World：the Case of Turkey”，*Tourism Management*，2001（22），pp. 289 – 303.

置资源的基础上，充分发挥政府的主导作用，争取旅游业更大的发展。钟海生（1999），陈丕积（2000），李菊霞、林翔（2000），邓祝仁（2000），张学斌（2000），匡林（2001），郝索（2001），王娟（2001），李滨、王树林（2002），阳国亮（2002），张建梅（2003），葛丽芳（2003），赵新峰（2004），陈先运（2004），王莹（2004），张广瑞（2005），王起静（2005），邓燕萍（2005），梁留科、曹新向、徐永红（2005），魏翔、朱德良（2005），许峰、李臣刚（2005），王如东（2005），蒋莎（2006），祝明霞（2006），尹贤文（2006）、李翠（2007），田兰、李传金（2007），祝艳萍（2007），明珠（2008），李晨光（2008），张军（2009），曹玮（2010），张华（2010）等，从不同角度、不同层面对旅游业发展中的政府职能、政府作用、政府行为效率、政府与市场关系、政府主导型旅游发展战略等进行了分析和探讨，继而提出一些政策建议。研究者普遍认为政府在优化旅游投资的宏观环境、基础设施建设、旅游资源和环境保护、产业政策及法律法规制定、整体旅游形象的定位与宣传方面具有重要作用，同时，一些学者也指出了政府在旅游业发展中的消极作用。

国内对于外国旅游业发展的政府行为研究，主要集中于旅游政策本身。刘伟、吴雅丽[①]于1988年对美国的国际旅游政策进行了介绍，涉及美国旅游财政预算和旅游机构设置等内容。蔡万坤[②]和刘敏等[③]对日本旅游政策进行了研究，前者对日本旅游业相关政策作了述评，后者则分析了日本五次国土规划中有关旅游政策的变迁过程及其特征。有学者认为，西班牙、埃及、希腊的旅游业定位、管理和政策措施等方面对中国旅游业发展有一定的启示。[④] 还有学者对新加坡旅游业成功经验进行了分析研究。[⑤] 高向平[⑥]介绍了

① 刘伟、吴雅丽：《美国政府对国际旅游的政策（摘译）》，《旅游学刊》1988年第1期，第73～76页。

② 蔡万坤：《从日本旅游政策和旅游体制看我国旅游事业发展》，《现代日本经济》1984年第5期，第49～53页。

③ 刘敏、冯卫红、朱传法：《从日本五次国土规划中有关旅游政策变迁及其对我国的启示》，《人文地理》2007年第2期，第72～75页。

④ 唐华东：《比较与思考——西班牙、希腊、埃及旅游产业给我们的启示》，《中国改革》2001年第6期，第57页。

⑤ 曹信孚：《新加坡旅游观光政策》，《上海城市规划》2002年第2期，第34～36页。

⑥ 高向平：《地中海国家旅游规划政策新趋势》，《国外城市规划》2003年第1期，第3～6页。

地中海国家旅游规划政策的新趋势。王云才①综合研究了国外乡村旅游发展的政策经验。杨森林、迪宁介绍了欧盟的旅游政策。②

综上所述，从研究内容来看，对发达国家旅游业发展的政府行为研究，主要侧重于政府政策本身和政府在旅游规划、立法等制度建设方面的作用。对发展中国家旅游业发展的政府行为研究，则侧重于政府对国民经济的宏观调控，政府在旅游业发展中的主导作用，尤其强调旅游规划在促进资源合理配置和旅游业发展中的重要性。在研究方法上，国外的研究大多以实证研究为主，侧重于微观层面，对政府行为的影响采用数理模型进行相关性分析；国内的研究大多采用定性分析的方法。

就研究本身而言，对旅游业发展的政府行为研究，多侧重于政府政策本身的研究，对于政府行为较为系统性和连贯性的研究数量不多。在经济全球化条件下，旅游业的经济作用在不断增强，旅游业的文化特性和社会特性也更加显著，旅游业在国际关系和外交事务中的影响力日益提升，旅游业更加国际化，政府行为对于这一世界性产业的作用和作为，更值得关注和深入研究。

三 研究问题的界定和主要内容

本书研究的对象和重点是旅游业发展的政府行为，选择在旅游业发展方面比较有代表性的土耳其作为实证分析样本，在对各种政府行为理论进行归纳总结基础上，以近年来备受关注的系统学自组织理论为依据，提出了政府协同论观点，并运用理论分析法、实证分析法、演绎分析法和比较分析法等研究方法，以土耳其旅游业发展的政府行为作为切入点，通过对土耳其政府在旅游业发展过程中的行为和作为进行梳理、剖析和总结，透视政府的作用，透视政府和市场在旅游业发展过程中的不同角色和相互作用，发现二者的行为如何实现高效率运行的动态机制，进而论述了政府协同论这一理论观点，并在此基础上，提出了政府与市场协同机制，并通过实证分析，揭示政府协同论的正确性和普遍适用性。这是本书的立足点，也是核心所在。

① 王云才：《国际乡村旅游发展的政策经验与借鉴》，《旅游学刊》2002 年第 4 期，第 45 ~ 50 页。

② 杨森林、迪宁：《欧盟旅游政策基础和目标》，《旅游学刊》1995 年第 2 期，第 48 ~ 50 页。

本书的主要内容是：

导论部分主要阐述当今政府行为研究的重要性，由此切入政府行为与旅游业发展。分别对发达国家、发展中国家以及国内有关旅游业发展的政府行为研究进行了综述。在此基础上，提出了本书的研究总思路、研究对象、研究重点、立论观点、研究方法、创新之处和研究内容。

第一章世界产业结构大调整与旅游业快速发展，这是本书研究对象的载体。主要对现代旅游业的内涵作了介绍，分析了经济全球化引发的世界产业结构大调整，旅游业发展成为世界第一大产业，旅游业与人类文明、与世界经济增长、与社会、与就业、与国际关系、与文化传承等的相互关系，介绍了世界各国对发展旅游业高度重视及其行为表现。

第二章概括归纳梳理了各种政府行为理论，对进入 21 世纪后关于政府行为讨论的热点作了介绍。在此基础上，依据自组织理论观点，提出了政府协同论观点，指出了政府与市场协同机制，并论述了政府协同的内在机理，对这一创新观点进行了理论上的论证和阐述。

第三章对实证分析样本——土耳其古代旅游发展史进行了简要介绍，梳理了土耳其现代旅游产业产生和形成的脉络，提出了土耳其旅游业发展定位是基于要素禀赋的资源优势基础，旅游业发展属于拥有资源优势的要素禀赋驱动。

第四章按照时间顺序，依次对土耳其旅游业发展的萌芽阶段、起步阶段、成长阶段、起飞阶段的国家旅游业发展战略及政府政策进行了梳理，详细介绍了土耳其旅游业发展的核心产业战略和政策，对政府推动旅游业发展的政策效应进行了透视性研究，阐述了土耳其旅游业发展的政策驱动效应，揭示了土耳其旅游业发展的自组织特性以及政府协同特性。

第五章从土耳其政府的旅游基础设施投资、旅游度假产品开发以及旅游产业体系培育三个方面，详细分析了土耳其政府努力把旅游业培育成战略性支柱产业的投资驱动效应，揭示了政府与市场的协同特性。

第六章从土耳其旅游产业国际化动因、国际化进程、国际化产业队伍的培养以及土耳其旅游业的国际竞争优势，揭示了土耳其政府推动旅游业进行国际化制度创新和发展机制创新的创新驱动效应，更进一步阐明了政府在旅游业发展中的协同特性。

第七章是结论，对土耳其政府充分发挥政府作用推动旅游业发展、培育战略性支柱产业、构建世界旅游强国所形成的政府政策效应、市场的主体作用、政府与市场的作用机制进行了概括和总结，验证本书提出的政府协同论观点，由此说明土耳其旅游发展的政府行为既具有特殊性意义，也具有一般性意义。

第八章是土耳其旅游业发展实证研究的一般意义和对中国的启示。一般意义是：政府的态度和导向作用是旅游业发展的前提条件；基础设施建设和旅游规划是旅游业发展的基础；国际化产业队伍建设是旅游业发展的关键；旅游品牌是提升国际旅游竞争力的主要推动力。对中国旅游业发展的启示是：重视旅游业发展，发挥政府职能，政府积极作为；重视政策效应，发挥市场主体作用，提高市场效率；重视旅游与宗教结合，发挥旅游的社会作用，促进区域经济发展；重视旅游与文化的结合，发挥旅游在文化交流和传承中的作用，提升国家的软实力；重视旅游目的地形象塑造，发挥旅游在国际关系中的作用，提升国家竞争优势。

四 研究方法和创新之处

（一）本书采取的研究方法

1. 马克思主义哲学方法

运用马克思主义关于上层建筑对经济基础，包括对生产力发展具有反作用的理论，分析在物质决定意识的前提下世界各国发展旅游业的战略定位，分析属于上层建筑范畴的政府行为在当今的现实大背景下面临的挑战和选择，分析政府行为对旅游业发展的作用和影响，分析在市场经济条件下政府行为与市场行为的辩证关系及其运动规律，探讨政府行为科学有效的运动机制。

2. 归纳法

本书的重点是关于政府行为的理论分析和理论创新。本书在对各种政府行为理论观点进行系统归纳的基础上，结合当今世界经济发展形势以及因金融危机、欧债危机而引发的对政府行为的反思和大讨论，对这些重大现实的研究中形成的一般性的政府行为理论进行补充，引入系统学自组织理论，并提出政府行为与市场行为均实现高效的帕累托最优的政府协同论。（归纳过程见图 1）

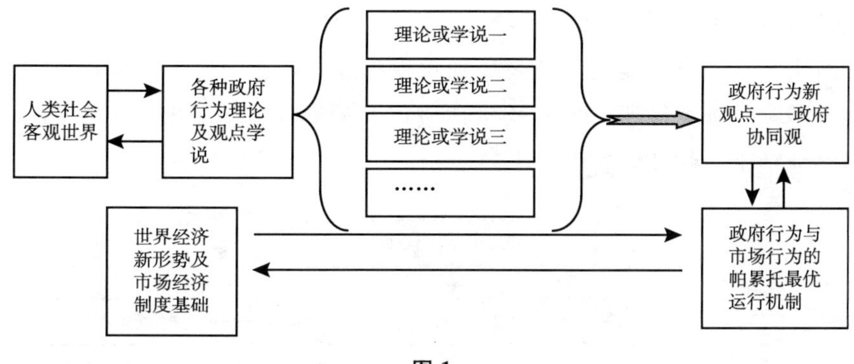

图 1

3. *演绎法*

对政府协同论进行演绎理论分析，以自组织理论作为理论依据，进行理论假定，演绎推理本书的立论观点。然后选取土耳其旅游业发展中的政府作为进行实证验证，对本书的立论观点进行检验，得出基本结论。（演绎过程见图 2）

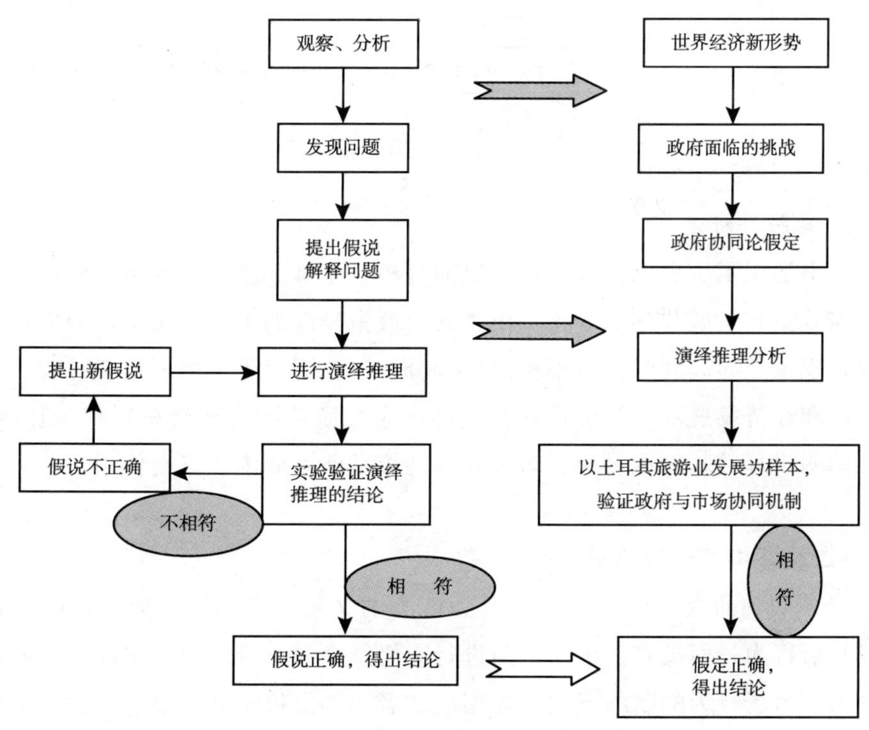

图 2

4. 实证分析法

对土耳其政府推动旅游业发展的重视程度、产业定位、鼓励政策、战略措施、国际化进程等所产生的政策效应以及旅游业发展成就进行分析透视，得出实证结论。（具体过程见图 3）

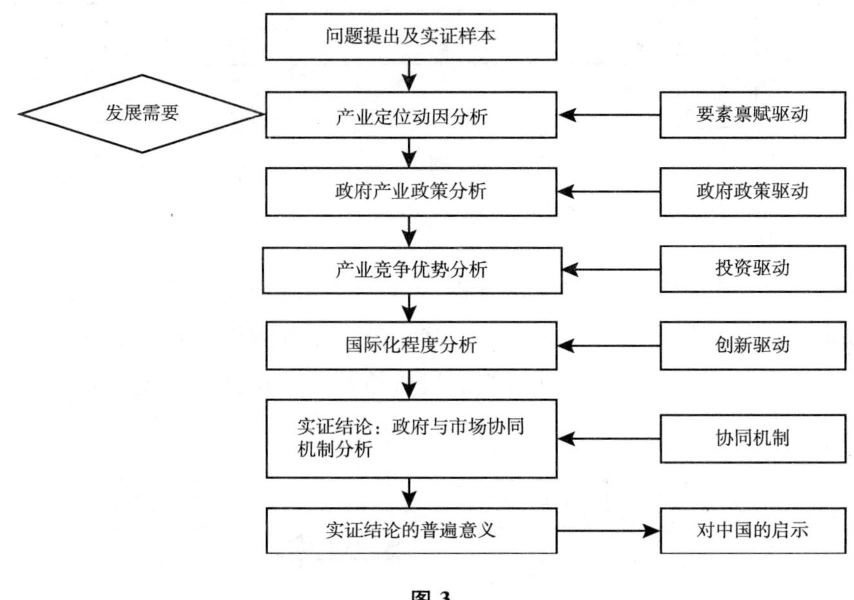

图 3

5. 比较分析法

本书运用了历史比较分析法，纵向分析了土耳其旅游业发展不同历史时期政府政策和发展战略的变化。由于政府政策导向的不同，旅游业的发展速度也出现了差异。同时，运用横向比较分析法，对世界范围内地理位置、气候条件和经济发展水平与土耳其相似的国家旅游业的发展情况进行了比较，进而阐明土耳其政府在引导、培育和推动旅游业发展中的巨大作用。

（二）本书的创新之处

（1）目前研究和探讨政府的行为能力的文献很多，但多数是在孤立地研究政府行为，而没有把市场行为进行有机结合和充分考虑，实际上，政府行为是在市场行为的制约下发挥作用。二者的平衡机制既是政府行为边界的最佳界定，也是政府作用的充分发挥。本书的创新之处就是在新形势下进一步阐释了政府行为的作用，在研究中引入了系统学自组织理论，提出了政府与市场协同的基本观点，结合实证研究，探索了政府与市场高效运行的帕累托最优实现机制，进一步发展了政府行为理论。

（2）研究视角创新。在政府行为理论研究中，运用旅游业作为实证样本的研究不多。尤其是国内有关土耳其旅游业的研究属于空白，本书在一定程度上填补了这项空白，丰富和完善了国内旅游国别研究。

（3）研究方法创新。随着中国经济进一步对外开放，中国旅游业面临的国际竞争比以往任何时期都严峻，探索政府行为对旅游业发展的作用和影响，是我国在未来较长发展时期内必须面对的现实问题。本书在研究中交叉使用了多种研究方法，形成了本书特有的研究形式。

五　主要贡献和不足之处

（一）主要贡献

本书在政府行为研究中，引入自组织理论，提出了政府协同论，阐述了政府与市场协同的基本观点，分析了政府与市场协同机制，论述了政府协同的内在机理，并运用实证分析方法，对土耳其旅游业发展在宏观层面上作了系统研究，发展了政府行为理论，也填补了国内对土耳其旅游业缺乏系统研究的空白。在此基础上，揭示了政府协同论和政府与市场协同机制的特殊性意义和一般性意义。通过实证研究的启示，吸取可借鉴的经验，对我国建设世界旅游强国提出了相应的建议。

（二）不足之处

本书着眼于宏观层面的政府行为研究，重点放在政府导向的政策效应分析，通过对微观层面的发展路径的梳理，揭示了产生政府与市场协同机制的普适性，但未对该机制每一层面具体的系统运行机制进行深入细致的量化分析，这也是后续研究的重点所在。

第一章

世界产业结构大调整与旅游业快速发展

在经济全球化推动下，世界产业结构形成大调整浪潮，现代服务业和先进制造业在浪潮中成为新一轮产业转移和快速发展的重要产业。旅游业作为现代新兴服务业，增长尤为迅速，现已超越汽车工业和石油工业等单一产业，发展成为世界第一大产业，也是世界发展最快的产业之一[①]，并且不断推动着世界产业结构的优化升级。鉴于旅游业对经济社会文化的巨大作用，许多国家政府非常重视发展旅游业，并将旅游业作为国民经济的战略性支柱产业进行引领、培育、扶持和发展。

第一节　旅游业成为世界第一大产业

冷战结束后，世界旅游业步入发展的新时期。经济全球化条件下世界产业结构调整和制造业转移，创造了巨大的商务旅游市场，再加上较为宽松的国际政治、经济环境以及现代科学技术发展带来的交通、通信、金融等基础设施的改善，世界旅游业发展迅猛。到 20 世纪末期，旅游业经济总量就占到全球 GDP 的 10% 以上，就业人数占全球就业人数的 8% 以上，超过了汽车工业和石油工业而跃升为世界第一大产业。在世界经济发展的新形势下，一国旅游业的发展程度成为国家经济和社会发展的重要标志。随着经济全球化趋势的不断加强和世界产业结构调整的进一步深化，高科技化和服务化成为世界产业发展的主流，现代旅游业成为服务经济新的增长极。

---

① 世界旅游组织官方网站：http：//unwto. org/en，访问日期：2011 年 10 月 7 日。

一 关于现代旅游业

虽然现代旅游的观念和行为在罗马帝国时期就已经出现，但作为一个产业的出现，是以19世纪中期托马斯·库克旅行社的正式成立并组织全包价旅游为标志的。现代意义上的庞大的旅游产业是在第二次世界大战结束以后，伴随大众旅游的兴起才逐步发展起来的。按照1995年世界旅游组织的定义，旅游是人们为了休闲、商务和其他目的，离开他们惯常的环境，到某些地方以及在那些地方停留的活动，并且从旅游者、旅游产品、旅游产品服务提供者以及旅游活动产生的环境四个方面明确了旅游业的构成。① 由此得出，旅游业是指以旅游资源和基础设施为基础，以旅游者为中心，以旅游经营活动为纽带，涵盖吃、住、行、游、购、娱六项基本要素的产业体系。根据联合国《国际产业划分标准》、米德尔顿（Middleton，1988）② 旅游业部门组成以及吉、德克斯特尔、崔（Gee，Dexter，Choy，1989）③ 旅游业组成类型分类内容，笔者认为，旅游业可以划分为六大部门（见图1－1）。其中

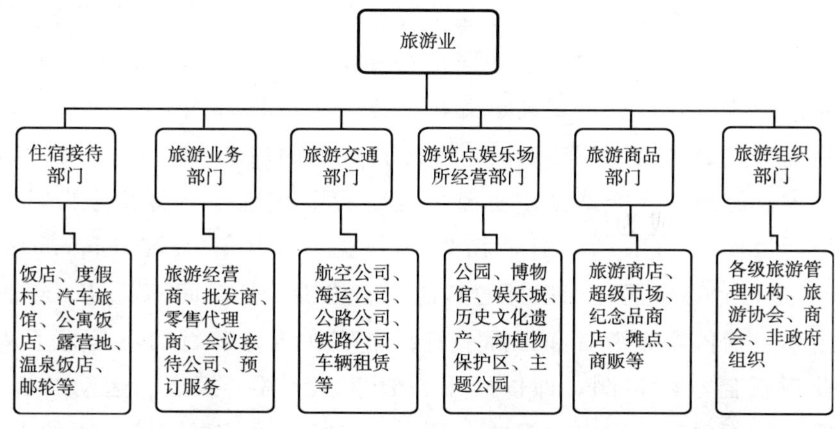

图1－1 旅游业构成图

注：根据联合国《国际产业划分标准》米德尔顿（1988）旅游业部门组成以及（吉、德克斯特尔、崔）（Gee，Dexter，Choy，1989）旅游业组成类型分类内容，综合后制成此图。

---

① "UNWTO Technical Manual: Collection of Tourism Expenditure Statistics", World Tourism Organization, 1995, p.14. 世界旅游组织官方网站：http://pub.unwto.org/WebRoot/Store/Shops/Infoshop/Products/1034/1034－1.pdf，访问日期：2009年3月26日。

② Victor T. C. Middleton, *Tourism Marketing*, London, 1988.

③ Gee, James, Mikens Dexter & J. I. Choy, *The Travel Industry*, New York, 1989.

住宿接待部门包括各类饭店、度假村、公寓型饭店、露营地、温泉饭店、高尔夫饭店等；交通运输部门包括航空公司、海运公司、公路公司、铁路公司、车辆租赁公司等；游览点娱乐场所经营部门包括公园、博物馆、娱乐城、历史文化遗产景区、自然遗产景区、主题公园等；旅游商品部门包括旅游商店、超级市场、纪念品商店、摊点、商贩等；旅游组织部门包括各级旅游管理机构、旅游协会、商会、非政府组织等。

在旅游业中，旅游者是一个重要概念。旅游者是旅游活动的主体，是旅游活动的基本元素。自 1800 年英国人萨缪·佩吉首次提出“旅游者（tourist）”一词之后，在 100 多年的时间里，这一词语一直没有比较确切的定义。直到 1937 年，国际旅游联盟专家统计委员会首次提出了国际旅游者的明确定义，指出国际旅游者是指离开常驻国到另一个国家访问超过 24 小时的人。1963 年，在罗马举行的联合国旅游大会上，进一步提出了国际游客（international visitor）、国际旅游者（international tourist）和国际一日游游客（excursionist）三个基本概念和定义。1976 年，联合国统计专家委员会又召开了包括世界旅游组织、联合国贸易和发展组织、欧洲统计委员会、东部加勒比共同市场和加勒比共同体等在内的国家会议，对国际旅游者进行了明确定义和分类，并于 1978 年纳入《世界贸易统计年鉴》中的旅客分类表中，形成了初步的较为统一的定义。1995 年，世界旅游组织在全球推广使用“旅游者”概念，并将其分为国际游客、国际旅游者和国际一日游游客三种类型。国际游客（international visitor）是指到通常居住国以外的其他国家旅游，且时间不超过一年的人员，主要包括国际旅游者和国际一日游游客在内，其目的不是为了从访问国获得任何经济报酬。即以娱乐、健康、宗教、探亲、运动、研究、度假等目的而到某一国家访问的人员，也包括通过该国到第三国的人员；在某一国暂时停留的飞机和轮船上的全体工作人员；在某一国停留不超过一年的其他国家的公务人员，包括为安装设施设备而停留的其他国家的技术人员；跨国公司因商务（出差、会议、业务、研究等）而到某一国家停留不超过一年的职员；从某一国家回国作短暂停留而时间不超过一年的侨民。同时还明确规定，以求职、移民、驻军、外交、边境工作人员的身份到某一国家，以及难民、流浪者和计划在某一国停留一年以上的人员不包括在国际游客之内。国际旅游者与国际游客的差别主要是包括未过夜的国际一日游游客。[①]在世界范围内，依据旅游者的空间移动范围，旅游业又可以分为国内旅游、入境旅游和出境旅游三种形式。国内旅游是指公民在本国境内的旅游。入境旅游包括外国人到本国境内以及长期居留国外的本国公民回国的旅游。出境旅游是指公民离开本国国境的旅游。旅游的主要形式有：休闲度假旅游、商务旅游、探亲访友旅游、文化旅游、宗教旅游、会展旅游[②]、医疗保健旅游、生态旅游以及探险、滑雪、邮轮游艇、博彩旅游等。

二　旅游业与社会发展

旅游业是国家经济发展、人民收入水平提高和闲暇时间增加的产物。马克思认为，共产主义就是人的自由全面发展，恩格斯曾经把人们的生活资料划分为生存资料、发展资料和享受资料。从旅游消费的特性看，它不是一般地维持人的生命延续的生存资料，而是满足人们发展和享受的资料。国际旅游业发展经验表明：当一国人均国民生产总值达到800～1000美元时，居民将普遍产生国内旅游的动机；达到4000～10000美元时，将产生国际旅游的动机；超过10000美元时，将产生洲际旅游动机。[③]根据各国经济发展水平和国民生活水平的不同，旅游消费具有发展资料和享受资料双重属性。20世纪80年代，美国未来学家约翰·奈斯比特曾经预测：电信通信、信息技术和旅游业是21世纪服务行业中经济发展的原动力。[④]诺贝尔经济学奖得主阿马蒂亚·森指出，发展的目的不仅在于增加人的商品消费数量，更重要的在于使人们获得能力。根据这一理念，联合国开发计划署提出了人类发展的概念，指出发展是一个不断扩大人们选择的过程。著名旅游学家皮尔斯

---

① "UNWTO Technical Manual: Collection of Tourism Expenditure Statistics", World Tourism Organization, 1995, p. 14. 世界旅游组织官方网站：http://pub.unwto.org/WebRoot/Store/Shops/Infoshop/Products/1034/1034-1.pdf，访问日期：2009年3月26日。

② 会展旅游（MICE）是指借助举办国际会议、展览会、博览会、节事活动而开展的一种商务旅游形式，具有兼容性强、辐射面广、文化含量高、游客消费档次高等特点，包括业务会议（Meetings）、奖励旅游（Incentives）、大型会议（Conferences）和展览会（Exhibitions）等旅游形式。

③ 孙尚清：《旅游业在中国社会经济发展中的地位和作用》，《财贸经济》1991年第3期，第3～7页。

④ 〔美〕约翰·奈斯比特：《大趋势：改变我们生活的十个新趋向》，孙道章等译，新华出版社，1984。

(Pearce，1991)[①] 根据马斯洛的层次需求理论，提出了旅游生涯阶梯模型(Travel career ladder model)，认为游客现场参与的动机（例如体验不同的文化）和自然相关的动机（例如亲近大自然）是旅游的重要原因。对于有经验的游客来说，寻求刺激、个人的发展、建立联系、自我实现的目的比怀旧、浪漫和获得认可的动机更为重要。在所有旅游动机中，逃离现实、放松、增强关系和自我发展是旅游的核心价值。所以，旅游自产生之日起，就在人类社会的发展中，尤其是在提高人的认知和感知教育中发挥着作用，旅游业是实现人的全面发展的有效途径之一。

三　旅游业与世界经济增长

经济增长虽然不是发展的全部，但毕竟是发展的核心内容。库兹涅茨认为，现代经济增长使给本国居民提供日益多样化商品的能力日益提升，这种不断提升的能力，是建立在先进技术及所需要的制度和意识形态的相应的调整的基础之上的。旅游业作为一个跨行业、跨部门、跨地区的综合性产业，它对发展的贡献、对经济增长的影响，远远超出了经济部门本身。联合国世界旅游组织，通过开发目的地旅游资源和人力资源，扩大知识建设和交流，推广旅游领域的品质管理，如统计、市场趋势、市场营销、目的地管理、风险和危机管理来完善和提升成员国的旅游产品价值。通过全球旅游业发展，促进生态和岛屿旅游，发展中国家的可持续旅游业的重要的伦理准则，强调了旅游业在可持续发展、就业和扶贫三个方面的重要意义。在旅游发展的高级阶段，旅游业已经成为可持续发展和减贫的重要工具。据该组织报告预测，到2020年，全球将接待16亿国际旅游者，旅游消费将达到2万亿美元，旅游人数增长率为4.35%，旅游消费增长率为6.7%，远高于世界经济年均3%的增速。

四　旅游业与就业

旅游业是一项真正意义上的全球性经济活动，它的发展是全球化过程中的一部分，这个过程所涉及的市场、贸易、劳动关系和文化都已经融入整个

---

① Philip L. Pearce，Uk-ll Lee，“Developing the Travel Career Approach to Tourist Motivation”，*Journal of Travel Research*，2005（43），pp. 226－237.

世界经济活动。伴随着技术进步和经济发展，制造业就业人数不断下降，服务业就业人数在高速增长，就业结构也发生了巨大变化。旅游业是一个劳动密集型产业，就业面非常广泛。旅游目的地零散地分布在世界各地，无论是在发达的沿海地区、大都市，还是小城镇、小村庄，甚至是地球上最偏远的地方都有受到游客青睐的旅游目的地，这些遍布世界的旅游目的地为当地居民提供了大量的就业机会。据世界旅游与旅行理事会（WTTC）资料数据，2010 年世界旅游创造的直接就业岗位为 8191.3 万，占世界总就业的 2.8%，加上间接就业，旅游业创造了约 2.36 亿个工作岗位，占世界总就业的 8.1%，即每 12.3 个工作岗位中，就有一个岗位是由旅游业提供的。从 2010 年到 2020 年，以 4.25% 的年均增长率计算，到 2020 年，旅游业将为世界提供 3.03 亿个工作岗位，旅游业占世界总就业的比重将增至 9.2%（如图 1－2 所示）①，旅游业将成为世界最大的就业部门。除此之外，由于旅游服务内容的家庭服务性质，旅游业涉及大量的非正规部门的就业情况，如小型企业、家庭企业、个体商贩、自我雇佣等旅游业非正规部门就业在整个非正规部门就业中也占有很大比率。旅游小型企业或者旅游非正规部门就业在旅游业中非常普遍。长期以来，创造就业机会是各国发展旅游业的主要目标之一。

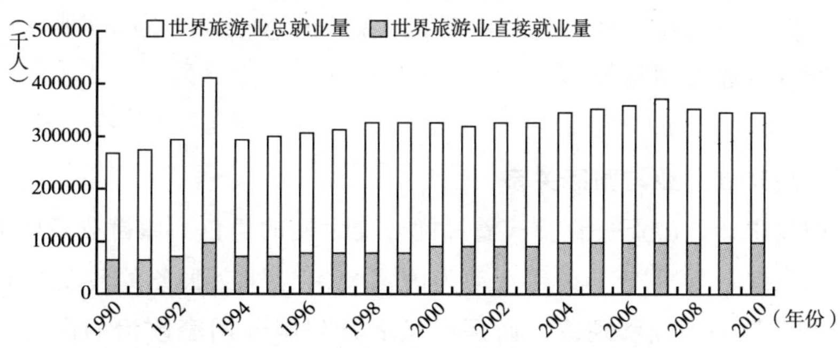

图 1－2 世界旅游业就业情况（1990～2010 年）

五 现代旅游业与世界贸易

旅游服务贸易在一国经济中占有非常重要的地位。旅游业是一种资源型

① 世界旅游旅行理事会官方网站：http：//www.wttc.org/research/economic-impact-research/，访问日期：2011 年 3 月 26 日。

行业，旅游产品和服务无须通过空间位置的变化以及交通运输就可以跟其他产品和服务一样在国家间交换和贸易。正因为如此，旅游业成为平衡一国国际收支的重要途径，商品贸易中出现的赤字可以通过旅游外汇收入抵消。世界贸易组织在《关贸总协定》中规定，国际服务贸易涉及跨境提供、境外消费、商业存在、自然人流动四种形式的交易活动，而旅游业主要体现在境外消费和商业存在范畴。据世界旅游与旅行理事会统计，2010 年，由国际游客创造的外汇收入为 10.86 亿美元，占世界出口贸易总额的 6.1%，预计 2020 年这一数值将达到 21.6 亿美元，占世界出口贸易总额的 5.2%。一国的开放程度越高，则旅游业越发达，而旅游业的发展同时又加速了资本、商品、劳动和信息等生产要素的流动，进一步促进了国际贸易的发展。自大众旅游产生以来，旅游业一直是地中海地区发达国家主要的外汇来源，世界上一些较早由进口替代战略过渡到出口促进战略，并从自由贸易和竞争中获得了效率和经济增长的发展中国家和地区，通过发展旅游业，平衡了国际贸易，增加了外汇收入，为进一步工业化奠定了基础。在 20 世纪 70 年代，旅游收入已经成为墨西哥、中国香港、摩洛哥、巴哈马、新加坡、以色列、哥斯达黎加、泰国、马达加斯加和土耳其重要的外汇收入来源，这十个国家和地区的旅游总收入在当时已经占发展中国家旅游总收入的 34%[①]，在国民经济中发挥着重要作用。

六　现代旅游业与国际关系

长期以来，旅游业一直扮演着民间外交大使的角色。旅游业经历了由被动充当国家政治与外交工具到主动为国家政治与外交服务的转变过程，旅游业不再只是一种经济现象，而是已经上升到服务国家政治的高度。随着旅游业的发展，旅游业的政治功能日益凸显，国际旅游已由过去的民间外交，发展成为建立和维护国际关系的一种重要手段。近年来，旅游业作为外交的延伸和补充，在国际关系中扮演着重要的角色，成为国家利益的直接体现。

美国政治学教授修诺特 1975 年在《经济学》杂志发表文章，提出“旅

---

① 〔法〕莱奥妮·多碧叶：《人口结构的影响——旅游业在发展中国家》，ITA 公告编号 29E，巴黎，1977。

游是政治的一种简单继续”的灼见。堪培拉大学政治学教授霍尔的专著——《旅游与政治学》，从政治学角度解读旅游现象，认为旅游业已经成为当今世界影响国际关系的重要因素，国际旅游作为国家间关系存在的一种表达，普遍发生在政治关系良好的国家之间。旅游业的发展大大提高了在世界体系中各国之间的相互依存度，各国对于旅游业的认识，尤其是对旅游业在世界经济和国际关系中作用的认识上升到了前所未有的高度。相互依存、国际体系、国际制度与各国的对外政策已经成为影响旅游业发展的重要因素。在国际关系中，除了不承认受制裁国家、中断与受制裁国的外交关系、断绝政治领导人的往来、停止与其在国际组织中的合作的外交制裁以及经济制裁之外，还有交流制裁（Communication Sanction）。交流制裁直接涉及中断电讯、邮件、交通以及人员交流（如旅行、访学、考察等）。① 由此可见，旅游目的地国家的选择是国际关系的一种自然延伸和必然结果，旅游业的发展，尤其是国际旅游的发展，离不开国际关系的大环境，更离不开政府的作用。政府的外交政策、长期战略以及双边和多边谈判能为旅游业发展创造良好的外部环境，政府也可以通过加入旅游相关国际组织，如世界旅游组织、经合组织、亚太经合组织、亚太旅游协会、欧洲旅游委员会等组织，通过主办国际会议和派遣政府代表团参加有关国际组织的活动，加强国际合作，促进旅游业发展。

七 现代旅游业与国际交流和文化传承

无论是从社会文化角度，还是从政治角度考察旅游业的作用，旅游都是增进理解与促进和平的重要途径，因为旅游能通过人际间的接触与交往促进不同文化的渗透与宽容。旅游者与东道主的双向人际交流对于增进不同种族、不同信仰、不同文明之间的对话和理解，具有无法替代的作用。文化是人类生活的反映、活动的记录、历史的沉积，是人们对生活的需要和理想，是人们的高级精神生活。来自不同文化的旅游者和东道主之间的交往，不仅能改善旅游者和东道主之间的相互态度，而且为双方提供了解对方文化的机会，缩小了不同文化间的差异。旅游交往最重要、最直接的积极结果就是能

① Johan Galtung, “On the Effects of International Economics Sanctions: with Examples from the Case of Rhodesia”, *World Politics*, Vol. 19 No. 3, 1967, p. 383.

导致旅游者文化和东道主文化之间的欣赏、理解、尊重、宽容、喜爱和认同，减少由于民族起源、文化价值观的差异，以及文化鸿沟所引起的偏见、误解、猜疑、敌意、刻板印象和紧张关系。旅游作为文化传播的重要途径，正日益成为国家友好、世界和平的使者。

综上，进入21世纪以后，旅游业经历了持续增长和多元化发展，成为世界最大和增长最快的经济部门之一。截止到2010年，世界旅游收入达919亿美元，增长率为5%，占世界GDP总量的5%，占世界服务贸易出口总额的30%。国际旅游人数达9.4亿人次，增长率为7%，同时，旅游业还创造了数以百万计的就业机会，就业总数占世界总就业量的8.3%。世界旅游组织提出的“旅游就是就业，旅游就是贸易，旅游就是经济增长，旅游就是发展”的理念赢得了世界各国政府以及国际组织、区域组织的普遍认可，旅游业正在以强劲的增长势头，成为世界经济发展、社会文化进步的巨大推动力量。

第二节　世界各国高度重视现代旅游业发展

产业发展的“微笑曲线”理论①表明：一个国家经济发展的活力和可持续性取决于这个国家重点发展的产业定位。而在国际产业分工的“微笑曲线”中，一端是高利润的研发、设计，另一端是高利润的销售和服务，中间是低利润的加工生产。在世界产业调整过程中，高科技产业和服务业在世界经济中的比重日益提高，尤其是被称为“无烟工业”和“朝阳产业”的旅游业，受到很多国家政府的重视。下面选取旅游业发展具有代表性的西班牙、中国、泰国、墨西哥、土耳其五个国家作简要介绍。

一　西班牙

地中海地区的游客数量约占世界国际游客总数的1/3，法国、西班牙、意大利等国长期位居世界旅游业发达国家前列。这些国家不仅是世界重要的旅游业

---

① 1992年，台湾著名企业家、宏碁集团创办人施振荣先生提出了“微笑曲线”（Smiling Curve）理论，作为台湾各种产业的中长期发展策略之方向。“产业微笑曲线”的一端是属于全球性竞争的研发，另一端是营销和服务，中间是制造。产业未来应朝着具有高附加值的两端发展。

接待国，同时，也是世界旅游市场中重要的客源国。西班牙旅游业的发展受到政府的高度重视，尤其是在滨海度假旅游、文化遗产旅游和保护方面，走在了世界前列。西班牙旅游业发展的成功经验主要体现在以下三个方面。

第一，政府颁布法律，用法律规范旅游业的发展。1978 年西班牙《宪法》规定："自治大区可以制定辖区法律，规范旅游市场和进行旅游推广"。各自治大区和自治市的基本法都依据宪法制定了旅游的相关法律法规，几乎所有的自治大区和自治市都制定了《旅游法》；所有自治大区和自治市都制定了《旅行社管理条例》《饭店建设许可法》《导游管理条例》等。① 1994 年政府颁布了《海滨法》，明确规定了海边规划和建设标准，如：距离海水 100 米内不准建任何建筑物，原有的建筑物不能转让；饭店的建筑设计首先要解决排污问题才能获准建设；海滨属于政府的公共设施，为了保护游客健康，有专门人员负责对海水取样监测，确保水质达标。在海滨治理过程中西班牙严格执行欧盟"蓝旗计划"，在海水质量、海岸带保护、服务质量、安全系数、环境意识等方面制定了具体标准。对符合标准的海滨授予"蓝旗"称号，对不符合标准的海滨予以处罚，并限期整改。2004 年修订实施的《旅馆法》则规定，在海边建旅馆必须与海水潮位线保持 500 米距离，每间客房面积不少于 110 平方米，以此来控制海滨饭店设施的建设密度，让游客享有足够的活动空间。②

第二，旅游文化遗产的开发和保护。西班牙有世界遗产 38 处，数量居世界第二位。众多的古城、教堂、博物馆、美术馆，是西班牙文化旅游的重要组成部分。西班牙国内古城堡分布广、数量多。西班牙政府为了保护城堡，并依据按原貌修复、修旧如旧的原则，以国有方式购买古城堡，将古城堡改建为饭店。为此，政府还专门成立古建筑饭店管理公司进行管理，该公司隶属经济部，城堡饭店的产权归国家所有，通过古城堡饭店的盈利，收购更多的古城堡，再行改造。这样既保护了文化古迹，又得到了经济收益，同时，饭店的经济收益也成为政府文物古迹维护费用的重要补充。

第三，政府注重环境保护与可持续发展。自 1987 年联合国环境发展委员会首次提出可持续发展的概念以来，可持续发展在旅游业受到高度重视。

① 张红颖：《旅游业在西班牙经济发展中的作用》，对外经济贸易大学硕士论文，2006。

② 陈志学：《西班牙旅游发展的经验及启示》，《中国旅游报》2004 年 12 月 24 日。

1991 年召开的第 41 届国际旅游科学家协会（AIEST）大会在“质量旅游”的主题下提出了旅游业的可持续性，并把可持续旅游定义为保持社会效益、经济效益和生态效益之间平衡发展的旅游业。自 1992 年开始，西班牙开始连续制定《西班牙旅游业竞争力规划》，着力发展可持续旅游业。1998 年，西班牙负责旅游管理的经济部和环境部合作起草了《可持续旅游业纲要》，并由环境和旅游行业会议讨论通过。《纲要》认为，西班牙在游客人数和旅游收入方面位居世界第二，在受保护的自然空间方面位居欧洲第一。政府通过实施“旅游与规划”“旅游与环境管理”“旅游与被保护的自然空间”“可持续旅游业的培训”等项目，使旅游与环境协调发展。[①] 西班牙政府认为，旅游业的持续发展要在生态的多样性、社会文化的传承性和经济的可持续性三个方面发挥作用。在旅游资源开发中，规划部门要对环保进行定量研究，分析未来旅游活动可能对环境造成的影响和需要采取的对策。根据世界旅游组织统计，2010 年西班牙旅游外汇收入 525 亿美元，仅次于美国，位居世界第二；接待入境旅游人数 5270 万，仅次于法国、美国和中国，位居世界第四。在欧洲债务危机频发的 2011 年 1 ~ 7 月，西班牙入境游客达 3230 万人次，同比增长 7.4%；旅游收入 294.83 亿欧元，同比增长 8.8%，旅游业成为西班牙经济回升的重要力量。[②]

二　中国

20 世纪 80 年代，中国旅游业率先对外开放。在许多省市，第一家中外合作企业、中外合资企业都产生在饭店业领域。政府的主导作用一直影响着旅游业发展的进程，政府还对饭店业、旅行社、旅游车船公司、旅游景点景区等行业进行了全面的行业管理和规范。1984 年，国家旅游局在全行业推广北京建国饭店的先进科学的管理方法。1985 年，国务院发布了《旅行社管理暂行条例》，规定了旅行社经营和投资的标准和规范。1987 年，国家旅游局制定了《中国涉外旅游饭店星级标准》，后经国务院批准，于 1988 年在全行业开始宣传、贯彻、推行。饭店业星级评定制度的推行，使中国饭店

① 张红颖：《西班牙旅游业发展经验对中国的启示》，《科协论坛》2008 年第 10 期，第 159 ~ 160 页。

② 世界旅游旅行理事会官方网站：http：//www. wttc. org/research/economic-impact-research/，访问日期：2011 年 3 月 26 日。

业进入了国际现代化管理的新阶段，促进了中国饭店服务与管理与国际惯例和国际标准的接轨，使饭店业走上了规范化、国际化、现代化管理的新阶段。1992 年，国家旅游局又在东部沿海省份提出建设 12 个旅游度假开发区，进一步促进旅游业的发展。我国自 1995 年开始实行 5 天工作制，现在还设有五一、端午、中秋假期和十一、春节长假，而且《中华人民共和国劳动法》第 45 条，规定了工人享有带薪假期。虽然带薪假期制在我国还未有效实行，扣除带薪假期，我国工薪阶层每年仍有 114 天的休息时间，为人们开展旅游休闲活动提供了时间上的保证。在中国旅游业发展最初二十多年的时间里，中国旅游业一直以入境旅游为主体，随着旅游产业体系的建立和完善，人民生活水平的提高和改善，国内旅游市场发育起来，旅游经济各项指标都有了长足的发展。进入 21 世纪，中国旅游业逐步形成了出境旅游、入境旅游和国内旅游三大旅游市场。目前国家整个旅游产业体系有 16000 多家星级酒店、16000 多家旅行社和 10000 多个景区、景点等，旅游经济的一些指标已经达到或者接近世界旅游发达国家的水平。

2009 年 12 月，《国务院关于加快发展旅游业的意见》〔国发（2009）41 号〕发布，强调了旅游业在我国工业化、城镇化发展中的重要作用，提出了以国内旅游为重点，积极发展入境旅游，有序发展出境旅游，实现旅游业可持续发展的战略思想，并设立了把旅游业培育成国民经济的战略性支柱产业和人民群众更加满意的现代服务业的发展目标。同年 12 月，国务院发布了《关于推进海南国际旅游岛建设发展的若干意见》，提出要将海南建设成世界一流的海岛休闲度假旅游目的地。目前，中国已有 27 个省区市将旅游业定为支柱产业或第三产业的龙头产业，贵州、上海、北京、江苏、云南、新疆等省区市已明确提出把旅游业建设成为战略性支柱产业。2011 年国务院批准把每年的 5 月 19 日定为“中国旅游日”，进一步推进旅游业的发展。2012 年 2 月，中国人民银行、发改委、国家旅游局、银监会、证监会、保监会、国家外汇管理局联合发布了《关于金融支持旅游业加快发展的若干意见》。国家层面的“旅游法”立法工作由全国人大常委会财经委员会牵头，正在加快推进。① 据世界旅游组织统计数据，截止到 2010 年中国

---

① 《中国旅游业步入“黄金期” 立法工作正加快推进》，新华网：http：//news. xinhuanet. com/travel/2011 - 09/26/c_ 122089597. htm，访问日期：2011 年 9 月 26 日。

旅游外汇收入为458亿美元，居世界第四位；入境旅游人数5570万，居世界第三位，预计到2020年，中国将成为世界排名第一的旅游目的地。

三 泰国

泰国是东南亚较为发达的国家之一。随着经济迅猛发展，对外贸易和旅游业不断扩大，泰国旅游业发展速度快而且发展规模大，已经成为国家的支柱产业。泰国的旅游业不仅在东南亚国家当中跃居首位，而且在世界旅游业当中也占据重要地位。泰国旅游业的发展与政府政策和国家战略目标是分不开的。二战前的泰国是一个典型的农业国，其农业以稻谷种植为主。在少数民族地区，除农业外，人们还兼以渔业、狩猎等为生。二战后，1959年泰国政府成立了“泰国旅游业促进机构”（泰国旅游局的前身），开始发展旅游业。20世纪60年代初泰国的旅游业才起步，经过60年代、70年代的发展，80年代进入了空前繁荣的时期。80年代后期，泰国经济高速增长，1988～1990年，国民生产总值年平均增长率达到11.7%；1995年人均收入达到2400美元，成为亚洲新的“四小虎”之一。泰国经济之所以能够获得高速发展，其中的一个重要原因是，政府充分认识到本国的资源优势，将旅游业确立为优先发展产业，并使之成为社会经济发展的重要支柱。泰国政府发展旅游业的主要政策和措施有以下三点：

第一，政府加大对旅游资源开发和旅游基础设施建设。政府投入大量的资金兴建曼谷新机场，改善曼谷拥挤的交通等，有组织、有计划地进行旅游产业开发。同时大力开发各种旅游资源，普吉岛在几十年前只是一个不起眼的渔村，而现在已成了“泰南珍珠”。目前泰国投入营运的机场有26个，对外开放的国际机场就有4个。纵横交错、四通八达、布局合理的全国公路网和发达的铁路网为泰国旅游业的发展创造了基础条件。

第二，建有较完整的旅游法规体系，与旅游相关的法规也比较完备。泰国政府重视对旅游业的监管，不断加强旅游立法，适时地对法律进行修改。逐渐形成了强有力的法律法规体系来保障旅游业的发展。与发达国家相比，泰国旅游立法起步较晚，与旅游相关的法规，如《旅游法》《全国环境质量提高与保护法》《旅馆法》《旅游与旅游导游法》等，已比较完备。关于旅游景区的管理法规都明确了政府部门、旅游企业、地方社区和旅游从业者在旅游业发展中的责任和义务。泰国管理旅游业最重要的法律是1992年通过和实施的《旅游和导游执业法》，国家最高管理机构是成立于 1992 年的国家旅游和导游委员会。泰国政府要求每个省都建立一个省级旅游开发促进委员会，负责制定省内旅游业各类发展目标并组织实施。①

第三，重视旅游人力资源培训，提高全社会对旅游业的认识。在 20 世纪 70 年代末，泰国旅游机构就开办了各种旅游训练所，及时培养了大量导游、饭店管理和旅游规划等方面的专业人才。现在泰国的各主要大学都开设有旅游专业课程，还有各种专门的旅游学校，为泰国输送导游、饭店管理和旅游规划等方面的专门人才。泰国的《可持续旅游国家议程》明确规定了旅游应该是所有泰国公民有权享受的一项基本权利；必须把旅游作为教育年轻人和为泰国人民提供不断学习机会的一种手段，不断推动泰国政治体制改革与民主法制建设，特别是促进泰国人在思想意识、生活习惯和价值观念等方面的变化。

泰国的旅游业已经成为推动泰国经济发展的重要产业，旅游业收入占泰国 GDP 的 7% 以上，是泰国最大的外汇收入来源。从 20 世纪末到 21 世纪初期的几年时间内，世界范围内危机事件和局部战争不断发生，从 1997 年东亚金融危机、2001 年“9·11”恐怖事件、2003 年亚洲地区的 SARS 疫情和美伊战争、2004 年泰国南部地区暴乱及禽流感的蔓延，到 2004 年年底东南亚发生的海啸，这些都给泰国旅游业带来了巨大的挑战，但泰国旅游业总能战胜困难，一直以较高速度增长。据泰国《民族报》报道，为恢复泰国旅游市场信心，应对 2015 年东盟共同体（AEC）的启动，泰国政府将与私营部门联合制定四年旅游发展战略。2010 年泰国接待的游客数量达到 1910 万人次，同比增长 20%，未来泰国旅游业新发展战略是文化之旅和成为“东盟旅游中枢”，并将加大印度市场及国际会展市场的开拓，使泰国成为亚洲的旅游中心，并把泰国打造成一个高品质的世界级旅游目的地。

四　墨西哥

墨西哥是世界旅游强国中为数不多的发展中国家之一，在旅游接待能力、旅游收入、旅游人均消费、旅游就业等诸多方面，都居于世界先进行

① 齐康：《泰国旅游产业发展启示——以贵州省为比较样本》，《人民论坛》2010 年第 32 期，第 132～133 页。

列。墨西哥旅游部最近公布的预测报告认为，2013 年墨西哥将成为全球旅游增长最快的国家之一，增长幅度有望达到 9.5%，仅次于中国和印度尼西亚。①

墨西哥旅游业起步于二战结束以后，政府优先投资建设当时新的度假胜地——阿卡普尔科。20 世纪 60 年代初，巴亚尔塔港成为第二个度假胜地，吸引了众多的精英游客。1974 年，政府采取了一大举措，成立了墨西哥国家旅游信托开发基金会（National Trust Fund for Tourism Development，简称 FONATUR）。该机构作为墨西哥联邦政府下属机构，既是政府主要的规划师、咨询师、建筑师和房地产开发商，也代表政府对旅游企业融通资金、选址规划、基础建设、项目策划、招商引资等“一体化”的一条龙开发模式。该基金会成立后，直接融通资金近百亿美元，通过招商吸引资金百亿多美元，成功开发了 15 个滨海旅游区，使墨西哥成为西半球著名的度假胜地，直接推动了墨西哥旅游业的发展。

20 世纪 80 年代，拉美债务危机之后，墨西哥政府将旅游业确定为国民经济主导产业，以鼓励旅游业和其他行业的外商投资，并对效率低下的国有旅游企业实行私有化。政府在 1989 年修改法律，放宽对投资的法律限制，包括饭店、旅行社和其他商业企业在内的许多行业的外资所有权份额从 49% 增加到 100%，并允许外国人拥有沿海和边境地区 30 年的房地产使用权。政府优先批准了高达 100 万美元用于基础设施和饭店投资。外国投资者万豪饭店连锁与墨西哥水泥公司建立了一个合资企业，1990 ~ 1995 年期间里，共投资建设五个度假村。墨西哥城新成立的外资酒店包括斯托弗酒店、日航酒店、四季酒店、文华大酒店。在 1994 ~ 1995 年的经济危机中，政府将旅游业列入战略性产业，促进经济复苏。1996 年 1 月，政府提供额外资源宣布了新的刺激旅游计划。墨西哥还实施了中央式的旅游发展战略和灵活的运输业发展政策，为了鼓励空中旅行，政府取消了包机的限制，放宽了进入墨西哥的欧洲航班的限制，并与美国签署了新的双边航空协议。1989 ~ 1994 年，政府加强了重大基础设施的改善，耗资 15 亿美元增建现代高速公路 3600 公里。政府还设立路边巡逻的“绿色天使”，为旅游者提供特别巴

---

① 《蓬勃发展的墨西哥旅游业》，美洲旅游网：http：//am. bytravel. cn/art/pbf/pbfzdmxglyy/，访问日期：2011 年 11 月 10 日。

士护送，增加游客在墨西哥的安全感。为了增加美国车辆进入墨西哥的便利性，墨西哥旅游局和美国汽车协会（AAA）于1993年达成协议，为美国游客提供包括餐饮、信息、住宿的沿途旅游服务。1994年墨西哥政府放宽私营部门在饭店业的股份限制。美国汽车协会（AAA）对沿途饭店进行检查，并发布了饭店评级指南，并将类似的分级服务引入餐馆、汽车修理和其他旅游服务的评价系统。墨西哥边境和海关的“快速通道”，大大减少了过境时间，旅游局还创造了一个类似欧洲火车通票的“Mexipass”，提高对外铁路客运交通的效率。

为了促进旅游业继续发展，墨西哥采取了一系列有效措施，开辟旅游线路和增设旅游项目，例如文化旅游、生态旅游和探险旅游等。并且还与伯利兹、萨尔瓦多、危地马拉、洪都拉斯等中美洲国家继续组织“玛雅之路”旅游，让游客沿着玛雅文化遗址比较集中的地区观光，领略古代玛雅人的生活习俗和灿烂文化。

根据墨西哥《改革报》和《金融家报》报道，2010年来自世界其他地区的游客人数为7990万，比2009年减少7.3%；跨境游客人数为6083万，比2009年下降11.47%；邮轮游客为628万，比2009年增长10.9%。2010年墨西哥跨境旅游业降低到20世纪80年代以来的最低点。不仅游客人数大幅下降，外汇收入也跌入谷底。2010年墨西哥跨境旅游外汇收入18.7亿美元，分别比2009年和2008年减少10.4%和27%。跨境旅游下降的主要原因为美国受金融危机影响，旅游消费减少，同时，比索升值也是造成旅游收入下降的主要原因。

五　土耳其

土耳其旅游业的发展是和政府政策密不可分的。早在1953年，政府就颁布了《旅游鼓励法》，并将旅游业作为平衡国际收支、赚取外汇和创造就业机会的重点产业进行培育和扶持。土耳其政府在推动旅游业发展方面的主要政策措施是分阶段实施的，并且成效显著。土耳其政府的主要做法有以下三点：

第一，政府成立了专门的旅游银行有限公司，进行旅游基础设施投资、建设和经营。同时授权土耳其公务员退休基金会，进行旅游饭店的投资和经营。这两个部门作为政府树立的典型，成为土耳其旅游发展的示范企业，引导私人部门参与和经营旅游业。1963年，土耳其旅游信息部正式成立，全面负责国家旅游开发、规划和经营管理。并在全国范围内，建立旅游开发区和旅游中心区，提供土地、贷款和税收等多方面的优惠政策，予以大力扶持。

第二，从20世纪80年代开始，土耳其旅游业进入全面发展时期。1982年，国家颁布了新的《旅游鼓励法》，全面促进旅游业的发展。通过借鉴发达国家的经验和自己的探索，旅游管理越来越规范，并且形成了独特的、以国家旅游部和旅游银行为主导、以旅游行业协会为联系纽带、以旅游企业为中坚力量的完善的旅游发展体系。

第三，20世纪90年代，政府实施旅游业动态治理实践，提出保护环境、保护文化遗产，发展可持续旅游业。土耳其努力发挥传统自然景观旅游项目已发展成熟的优势，在为顾客提供优质服务的基础上，希望通过刺激游客加大消费力度，提高传统旅游项目的收入。同时，土耳其还大力发展文化旅游，开发高消费旅游项目。土耳其著名旅游城市安塔利亚目前共有255家酒店和度假村，其中几大著名度假村分别荣获2009年世界或欧洲旅游奖，有些度假村被评为欧洲顶级高尔夫度假村。这使当地成为土耳其“奢侈”旅游的首选地。土耳其旅游产品很多，有历史文化景点、海边度假村、温泉保健旅游、高山滑雪等。旅游业是土耳其吸引投资最多的三大产业之一，土耳其2010年接待外国游客达275万人次，比上年增长2.8%，居世界第七位，旅游业收入达208亿美元，居世界第十位。预计到2023年，土耳其接待外国游客数量有望达7100万人次，旅游收入将增至850亿美元，土耳其将进入世界旅游强国前五位。

在经济全球化条件下，世界产业结构经历大调整，旅游业现已发展成为世界经济的重要构成，并推动着世界产业结构不断优化升级。世界旅游组织认为，旅游是人们为了休闲、商务和其他目的，离开他们惯常的环境，到某些地方以及在那些地方停留的活动，并且从旅游者、旅游产品、旅游产品服务提供者以及旅游活动产生的环境四个方面明确了旅游业的构成。旅游业以旅游资源和基础设施为基础，以旅游者为中心，以旅游经营活动为纽带，涵盖吃、住、行、游、购、娱六项基本要素。自20世纪50年代大众旅游的兴起，历经半个多世纪的发展，现代旅游业已远远超出传统的经济、社会和文化范畴，成为促进人类社会全面发展、文明进步的主要途径。

基于旅游业与社会发展、经济增长、就业、国际贸易、国际关系、国际交流和文化传承的现实联系和重要作用，发展旅游业已成为经济社会发展的重要选择。在这种背景下，许多国家政府如西班牙、泰国、中国、墨西哥、土耳其高度重视旅游业发展，并努力引导旅游业的发展，对旅游业进行大力培育和扶持。就客观事实而言，一国旅游业的发展现实表现为政府的态度、政府的导向和政府政策。政府行为对于旅游业发展的国内市场环境和国际环境的营造，是决定一个国家旅游业生存和发展的关键。

第二章

政府行为理论的演进与探索

对于经济社会发展而言，政府的作用一直存在，认同市场机制的人也不会否认，良好的市场运行机制，要靠良好的国家制度和政府政策来指导、培育和支持。正是由于政府对于经济社会发展不可替代的重要性，政府与市场的作用一直是学术界和政策制定者最为关心的问题之一。本章通过对政府行为理论的归纳总结，引入自组织理论和协同理论观点，并结合当今对政府行为理论的讨论，在前人研究的基础上，提出了政府协同论，并对政府协同论的内在机理进行了分析。

第一节　政府行为主要理论观点概述

一　重商主义时期

（一）重商主义产生的背景

重商主义（Mercantilism）产生并流行于15世纪末至17世纪中叶的西欧。这一时期，是西欧封建制度向资本主义制度过渡的时期，也是西欧资本原始积累的时期。在15世纪末期，西欧封建社会开始瓦解，商品生产日益发展，城市手工业日益扩大，但这种新的资本主义关系受到封建关系的严重束缚和阻碍。为了消除封建割据，推动国内市场的统一和商品经济的发展，给资本主义发展集聚资本。重商主义提出了一系列国家干预经济的政策，力图依靠纯粹的行政手段，防止货币外流，为商业资本服务。同时，地理大发现也扩大了世界市场，给商业、航海业、工业以极大促进，海外贸易与殖民地带来了巨大利益。西欧一些中央集权的民族国家运用国家力量支持商业资本的发展。商业资本的加强一方面促进了社会分工和国内市场的统一，另一方面也促进了对外贸易的发展和世界市场的形成。同时，也催生了国家支持商业资本政策的实施，产生了从理论上阐述这些经济政策的要求，逐渐形成了重商主义的理论。

（二）原始的国家干预理论和政策主张

重商主义原始的国家干预主义是指一种处在原始积累阶段的国家干预主义，它实质上是商业资本和国家政权的结合。[①] 重商主义的发展经历了早期重商主义和晚期重商主义两个阶段。早期重商主义产生于15～16世纪中叶，这一时期商品生产和流通还不发达，所以早期重商主义者主张采取行政手段，禁止贵金属货币的输出，反对商品输入，以积累尽量多的财富。一些国家还要求外国人在本国进行交易时，必须将其销售货物的全部款项用于购买本国货物或在本国花费掉，以免货币外流。同时把贸易集中在指定的地方，建立贸易中心城市，强迫商人在这些城市交易，以便国家控制。

16世纪下半叶到17世纪是重商主义的第二阶段，即晚期重商主义，认为对外贸易必须做到商品的输出总值大于输入总值，即保证对外贸易的出超，以增加货币流入量。这就要求国家积极干预经济，实行保护主义的贸易政策。首先，规定了高额进口税率，限制外国商品进口；其次，对出口商品实行退税；再次，签订国际通商条约，保证国家对某些商品的垄断；最后，对那些生产在国际上有竞争力商品的厂商，发放奖金和补助金，扩大再生产。

无论是早期的重商主义还是晚期的重商主义，都主张国家积极干预经济，采取强有力的措施保护本国商业和工业，促进对外贸易的发展，增强本国的实力。重商主义促进了资本的原始积累，推动了资本主义生产方式的建立与发展，也为日后的国家干预理论的发展奠定了基础。

二 自由主义时期

（一）古典政治经济学自由主义思想产生的背景

17世纪末到20世纪20年代，资本主义工场手工业生产已经确立，资

---

① 吴孝政等编著《政府经济学》，湖南大学出版社，2003，第151页。

本原始积累已被资本主义积累所替代。由于工业革命和随后的资本主义体制的产生，资产阶级积累财富的形式已不再是靠国家干预来单纯地积累货币，而是力图发展资本主义生产。古典政治经济学正是在这一背景下形成的。古典政治经济学反对商业资本所特有的各种垄断，要求取消一切不利于财富生产的限制措施和政策，提出了"自由政治"的口号，推崇"自然秩序"思想，反对国家干预。这一时期，也被称为自由资本主义时期，代表人物是18世纪英国杰出的古典经济学家亚当·斯密。他在《国富论》一书中提出了著名的"看不见的手"的思想，认为政府的干预经常是阻碍了经济的增长，因此主张将政府排除出经济领域，让经济生活自行其是，让追求自身利益的无数个体理性的计算来引导经济生活的调整。因为利己与利他是相伴随的，个人利益的实现并不妨害他人利益的实现，个人利益与他人利益是一致的。

（二）古典政治经济学自由主义的政策主张

古典政治经济学信奉经济自由主义，坚信自由竞争市场机制的自发作用能够保证经济生活的协调和稳定增长，反对国家对经济生活的干预。认为只有完全的自由竞争才能实现个人利益最大化，"如果政治家企图指导私人应如何运用他们的资本，那不仅是自寻烦恼地去注意最不需要注意的问题，……而这种管制几乎毫无例外地必定是无用的或有害的。"① 并且只有通过自由市场机制，才能实现个人利益与社会利益的和谐统一；自由竞争的市场机制能够实现资源的合理配置；自由竞争的市场机制以公平交换为基本准则，能够实现福利的最大化。

尽管古典政治经济学推崇自由竞争的市场经济，反对国家干预，但并不否认国家的作用，认为国家只需充当为自由竞争的市场经济创造良好外部条件的"守夜人"②，即"按照自然自由的制度，君主只有三个应尽的义务——这三个义务虽很重要，但都是一般人所能理解的。第一，保护社会，使不受其他独立社会侵犯。第二，尽可能保护社会上各个人，使不受社会上

① 〔英〕亚当·斯密：《国富论（下卷）》，郭大力、王亚南译，商务印书馆，1974，第27~28页。

② 守夜人的比喻来自于奠定了自由学说基石的英国哲学家约翰·洛克，他认为，政府的唯一职能就是保护上帝赋予的自然权利，保护生命权、自由权和财产权；公民需要政府提供的仅仅是秩序、保护和遵守合同的手段。——作者注

任何其他人的侵害或压迫，这就是说，要设立严正的司法机关。第三，建设并维持某些公共事业及某些公共设施”。[①] 亚当·斯密之后，大卫·李嘉图、萨伊、约翰·穆勒等古典政治经济学家以及以马歇尔为代表的新古典经济学家对自由市场机制的理论进行了进一步的发展和完善，他们都普遍强调自由经济，主张发挥市场经济自身的功能，要求政府尽可能少地干预经济生活。

（1）李嘉图的彻底的经济自由主义思想。李嘉图认为，在资源配置上，市场机制可以自由调节；现实经济并不存在生产过剩的经济危机，市场经济运行机制能自行调节社会中的生产和消费；自由贸易、国际间的自由竞争有利于提高利润率和资本积累，从而有利于增进人类的幸福。认为国家对经济生活的干预，违反“最大多数人的最大幸福”的功利主义原则，政府“做的全部事情，就是避免一切干预，既不要鼓励生产的一个源泉，也不要抑制另一个源泉”。[②]

（2）萨伊的自由主义思想。萨伊提出了供给能自行创造需求的萨伊定律，认为市场经济具有内在的秩序性和自我均衡的调节性，能够自动实现均衡。萨伊认为生产者生产了一种产品，总希望把它卖掉，换回货币，而同样的，他希望用货币买进他需要的产品。所以，货币在交换中只起一瞬间作用，“当交易最后结束时，我们将发觉交易总是以一种货物交换另一种货物，一种商品一经给出，从那时起就给价值与它相等的其他产品开辟了销路”。[③] 萨伊反对国家干预，指出，如果对生产不加干涉，一种生产很少会超过其他生产，一种产品很少会便宜到与其他产品价格不相称的程度。国家应放弃对经济的干预，鼓励自由地发展生产，发展经济。

（3）穆勒的折中主义自由思想。穆勒比较系统地阐述了折中主义色彩浓厚的适度国家干预主义学说[④]，这是经济自由主义与国家干预主义两大思潮斗争史上第一次大综合。一方面，他极力维护经济自由主义的一般原则，认为“社会事务最好是由私人自愿去做”；另一方面，他又指出，“自由放

① 〔英〕亚当·斯密：《国富论（下卷）》，第252～253页。

② 〔英〕李嘉图：《李嘉图著作和通信集》第8卷，商务印书馆，1980，第95页。

③ 〔法〕萨伊：《政治经济学概论》，商务印书馆，1982，第144页。

④ 〔英〕约翰·穆勒：《政治经济学原理（下卷）》，商务印书馆，1991，第535页。

任有许多例外”，强调政府职能的多样性，认为“政府干预实际上并非无论如何不能超出其固有的适用范围”。[①] 主张自由放任原则是有一定限制的，政府在经济活动中应有更大更多的权力。

（4）以马歇尔为代表的新古典经济学。19世纪后期，由于城市工业的不断发展产生了许多问题，马歇尔把古典经济学派的供给分析和边际效用学派的需求分析加以综合，创立了新古典学派，形成了一个以生产成本分析为中心的供给理论和边际成本分析相结合的新经济学体系。新古典理论以微观活动为分析对象，使用边际概念，以均衡价格为核心，所谓均衡价格就是指市场供求平衡时所实现的价格，强调对市场竞争的研究。认为资本主义是一个自由竞争、自动调节、不需政府干预的市场经济体系，但对市场的分析从生产转向消费，从供给转向需求。

三　凯恩斯主义时期

（一）凯恩斯主义政府干预思想产生的背景

从20世纪30年代到70年代，主张国家干预的理论再度兴起并居主流地位，这一时期被称为凯恩斯主义（Keynesian）时期。1929年爆发的世界性的经济危机充分暴露了市场自发调节机制的局限性。英美等国政府纷纷对经济进行全面干预。美国于1932年提出了调节经济的新政纲领。“新政”的推行，对促使经济复苏、减少失业人数，起到了一定作用，国家干预政策反映了垄断资本主义时期经济发展的要求。1936年，英国著名经济学家凯恩斯发表了《就业、利息和货币通论》一书，书中揭示了20世纪30年代经济危机暴露出的工人失业严重、资本大量过剩以及其他各种社会矛盾，并指出，出现这些问题的原因在于有效需求不足。所谓有效需求，是指商品总供给价格和总需求价格达到均衡时的总需求，这里的总需求是指既有购买欲望，又有购买能力，并决定总就业量的总需求，进而阐述了政府干预经济的思想，认为现存社会并不是完美无比，还存在失业、分配不均等严重的问题，如不加以整治，可能会爆发深刻的社会危机，政府应当承担刺激有效需求、调节经济的重任。

（二）政府干预经济的政策主张

（1）凯恩斯的政府干预思想。凯恩斯认为，国家可以使用下面的措施

---

① 〔英〕约翰·穆勒：《政治经济学原理（下卷）》，商务印书馆，1991，第570页。

干预经济：第一，宏观财政政策，一个是收入政策，主要是税收政策；另一个是支出政策，包括政府开支和政府转移支付，财政政策的运用一般根据“逆经济风向”行事的原则来进行。第二，宏观货币政策，凯恩斯认为，有效需求不足表现为企业或居民手中没有足够的货币去购买商品，通过增加货币供给量的办法来解救危机和减少失业不失为一个好办法。一方面，货币供给量的增加，可以降低利息率，从而有利于投资，促使经济增长和就业的增加；另一方面，货币供给量的增加，引起适度的通货膨胀，从而降低工人的实际工资，增加企业利润，也有利于增加就业。其政策特点：一是以扩张为基调，主张实行赤字财政，通过政府举办大规模公共工程与巨额支出来刺激有效需求，实现充分就业；二是强调财政政策的重要性，认为财政政策的效果要比货币政策的效果大得多。

（2）萨缪尔森的新古典综合论。20 世纪 60 年代中期以前，新古典综合学派成为西方的正统经济学，并成为政府干预经济的理论基础。萨缪尔森认为，第一，“混合经济”是新古典综合理论分析的制度前提，“我们的经济不是纯粹的价格经济，而是混合经济；在其中，政府控制的成分和市场控制的成分交织在一起来组织生产和消费”①，既不是纯粹的私人经济也不是完全的公有经济，是指既有市场机制发挥基础作用，又有政府对经济生活进行干预的经济。第二，IS-LM 模型是新古典综合学派政府经济行为分析的理论基础，新古典综合学派的一般均衡分析是同时分析商品市场和货币市场的均衡。其经济政策主张：一是财政政策和货币政策的“松紧搭配”。如用“松”的扩张性财政政策来鼓励投资，增加就业；同时配合以“紧”的收缩性货币政策，防止经济过程中出现通货膨胀。二是财政政策和货币政策的微观化。所谓“微观化”是指政府针对个别市场和个别部门的具体情况来制定区别对待的经济政策。三是收入政策和人力资源政策。除此之外，新古典综合派还提出了实行浮动的汇率政策、对外贸易管制和汇率政策、消费指导政策等。

四　新自由主义时期

（一）新自由主义产生的背景

20 世纪 60 ~ 70 年代以后，资本主义社会面临着严重的“滞胀”危机，

① 〔美〕萨缪尔森：《经济学（上册）》，商务印书馆，1986，第 64 ~ 65 页。

政府干预经济的政策无能为力，反对政府干预经济的呼声日益高涨。于是，产生于20世纪30年代的新自由主义经济学得到较大发展。自20世纪80年代初期开始，由于凯恩斯的国家干预主义无法解决西方经济长期陷于“滞涨”状态的难题，新自由主义的兴起有了契机。同时，随着撒切尔夫人出任英国首相，里根出任美国总统，新自由主义成为英美政府的施政理念，在世界得到大力推行。当然，新自由主义兴起的根本原因是它迎合了国际垄断集团抢占国际市场、向发展中国家扩张的需要。这一时期，还出现了一些国家干预政策，主张回归自由放任的新自由主义的经济学流派，如以弗里德曼为代表的现代货币主义学派、以哈耶克为代表的伦敦学派、以卢卡斯为代表的理性预期学派以及以拉弗为代表的供给学派等。

（二）新自由主义的政策主张

（1）新自由主义继承了古典自由主义经济理论的自由经营、自由贸易等思想，主张自由市场、自由贸易和不受限制的资本流动，认为这样将能创造出最大的社会、政治和经济的利益。新自由主义的政策主张是：第一，反对依靠政府财政政策调节宏观经济总需求，反对通过政府开支和税收来调节经济周期波动的做法，认为政府的开支、税收应该最小化，同时政府的管制也应最小化，并将政府对经济的直接干预最小化。第二，主张放松乃至取消政府对公司行为的调节和控制，特别是政府对垄断企业的调节和控制，强调对国有企业和公共服务的私有化，认为自由市场的力量将能自然地在许多领域创造出最高的价值。第三，主张大幅度削减社会福利开支项目，主张以紧缩性的货币政策来消除通货膨胀。第四，主张实行彻底的自由贸易，并把它进一步发展为使外国投资完全自由化，运用全世界的资源，廉价的劳动力、原料、市场——尽可能以最有效率的方式来运作，并且主张开放更多的市场，以便发达国家参与。

（2）公共选择学派是新自由主义思潮的重要分支，一直是市场失灵的坚定辩护者，并试图为救治市场失灵提供最佳解决方案。其主要代表人物是詹姆士·布坎南、戈登·塔洛克。

公共选择学派的诞生可以追溯到阿诺（Kenneth J. Arrow）1951年发表的《社会选择与个人价值》一文。该理论对主流经济学将经济市场和政治市场割裂的研究方法进行了批评，认为人类社会由经济市场和政治市场两个市场组成，在经济市场和政治市场活动的是同一个人，没有理由认为一个人在经济市场是自利的，而在政治市场是利他的，政治市场和经济市场的“善恶二元论”是无法成立的。尽管经济市场中的主体是消费者和厂商，而政治市场中的主体是政治家、政客、选民和利益集团，但他们的行为目标并无差别，区别仅在于，在经济市场交易的是私人物品，而在政治市场交易的是公共物品；前者的最大化目标表现为效用和利润的最大化，后者的最大化目标表现为公共物品利益和政治支持的最大化。[①] 依据公共选择学派的观点，政府不过是个无意识、无偏好的“稻草人”，公共行为和公共目标在很大程度上受政治家和官员的动机支配。此外，由于政治市场上，政治家和官员之间的双边垄断，必然导致政府规模的不断膨胀。在民主制度下，没有一种选择机制可以称得上是最优选择机制（直接民主面临高成本，而间接民主面临机会主义），公共选择学派为此提供了两种改革思路：一是市场化改革，将经济市场的运行规则引入政府政治，通过竞争机制来提高政府行为的效率；二是宪法制度改革，通过重新确立一套经济和政治活动的宪法规则来对政府权力施加宪法约束，通过改革决策规则来改善政治。[②]

五　新凯恩斯主义时期

（一）新凯恩斯主义产生的背景

为了回应20世纪70年代所谓“凯恩斯主义理论危机”，80年代便产生了新凯恩斯主义经济学。20世纪80年代末，西方国家推行新自由主义政策的弊端逐渐显现，各资本主义国家失业率居高不下，资产收入分配分化严重。实践再次提出政府对经济进行干预的必要性问题，为新凯恩斯主义的发展提供了契机。新凯恩斯主义学派在经济学分析中引入了原凯恩斯主义经济学所忽视的厂商利润最大化和家庭效用最大化假设，吸收了理性预期学派的理性预期假设，建立了微观经济基础的新凯恩斯主义宏观经济学。与凯恩斯主义相比，新凯恩斯主义认为，在当代市场经济中信息是不对称的，而且工资和价格的变动具有黏性，这样，在短期仍然会出现偏离自然失业率的现

① 钱弘道：《从经济决定论到公共选择理论》，《制度经济学研究》2004年第3期，第32～53页。

② 王卫海：《宪政的经济分析》，牡丹江师范学院硕士论文，2010。

象，出现有效需求不足，因此，需求管理政策仍然是必要的和起作用的。新凯恩斯主义在重视政府干预的有效性时，也指出了政府干预的局限性。主要代表人物有曼昆、萨墨斯、布兰查德、罗泰姆·伯格、阿克洛夫、斯蒂格利茨、伯南克等人。

（二）新凯恩斯主义的政策主张

新凯恩斯主义经济学派是以信息的不完全、市场的不完备为分析前提，指出市场失灵和政府失灵是并存的，构建了政府与市场之间的相互合作、相互补充的关系。认为在不完全竞争、不完善市场、不对称信息和相对价格的黏性存在的情况下，市场配置无法达到帕累托最优时，政府有必要干预市场。由于政府所具有的普遍的强制力和约束力，使其在纠正市场失灵方面具有明显优势。同时，政府对经济社会的保障功能是始终存在的，市场越发达，政府的经济职能就越重要，要在逐步完善市场的同时，兼顾政府能力的提高，使政府与市场这一对伙伴共同为经济社会的发展发挥作用。

从上面的内容可以看出，经济自由与国家干预的问题，贯穿于西方经济学发展、演变的全过程。从各学派在政府与市场关系上的争论中不难发现两个特点：①自由主义并非反对一切国家干预的政策，并非彻底否定政府具有一定的经济功能；政府干预主义也并非完全排斥经济自由，并非主张干预一切。②一般说来，当资本主义发展比较稳定、经济危机和失业也不十分严重的时候，自由主义容易抬头；相反，当经济危机和失业严重的时候，政府干预经济的理论和政策主张往往会获得大量的拥护者。[①] 通过对自由主义和政府干预经济理论的理性反思，我们不难发现，近年来，经济自由主义和国家干预主义呈现融合趋势，国家干预主义在强调国家干预的必要性和重要性的同时，更加注重市场机制作用的发挥；而经济自由主义则由彻底的自由放任观点逐步向承认国家干预的合理性转变，国家干预主义和经济自由主义的争论，已经不是需要不需要国家干预的问题，而是在多大程度上进行干预，以及如何干预的问题。[②]

① 郭小聪主编《政府经济学》，中国人民大学出版社，2003，第19页。

② 华民：《西方混合经济制度中的国家与市场》，《世界经济文汇》1992年第4期，第26～32页。

第二节 政府行为理论的探索

第一节对政府作用以及政府和市场的关系问题进行了理论归纳和总结。面对当今的新形势，政府完全主导一切显然不行，计划经济时代已成为过去式。完全的自由市场经济也行不通，经济全球化这把“双刃剑”以及市场经济本身运行的无序性已经做出了明确的回答。新凯恩斯主义和新自由主义在进入 21 世纪之后的美国次贷危机、金融危机、欧债危机等种种现实问题面前也显得束手无策。当今的现实对各国政府行为能力提出了新的挑战，政府行为到底应该如何定位，政府应该发挥什么样的作用，已成为当今经济社会发展的重要课题。

一 本书理论观点——政府协同论

基于理论进步和经验积累，20 世纪 90 年代以来，尤其是 1997 年东亚金融危机引发的对政府主导的讨论，政府对自身经济职能的定位更加理性。人们的注意力已集中于“政府失灵”而不再是“市场失灵”，政府更加关注自身的结构缺陷和制度缺陷，以期通过自身的制度改革，提高政府效率。[①]理论界关于政府和市场责任如何有效分担达成的共识也越来越多。由于市场失灵的存在，市场配置资源的基础作用往往不能得到有效发挥。政府的中心责任就是为市场运行提供制度基础，政府行为的最佳表现形式就是政府效率和政策效果，如日本战后的贸易立国政策；亚洲四小龙的外向型战略政策；中国的改革开放政策；土耳其加入欧盟的政策等，良好的战略与政策已经成为撬动经济发展和腾飞的有力杠杆。

在本节，笔者引入自组织理论的思想观点，并以此为基础，提出“政府协同论”的思想观点，对新形势下的政府行为进一步探讨。政府协同论观点也是本书的立论观点。

笔者认为，在市场经济条件下，政府效率是政府自组织特性以及协同特性的发挥，表现为负责任、有所为、正确的战略与政策，促进微观市场发挥

① 〔美〕丹尼尔·耶金、约瑟夫·斯坦尼斯罗：《制高点——重建现代世界的政府与市场之争》，外交出版社，2000，第 8 页。

资源配置的基础作用，进而促进经济和社会发展。具体到旅游产业的发展，这种自组织特性的政府行为效率主要体现在以下三个方面：一是政府主导作用，即通过国家战略方式，确定旅游业为国家重点发展的产业并给予优先发展的战略发展次序；二是政府的协同作用，即采取宏观调控的方式，在充分发挥微观市场配置资源基础性作用的同时，运用政策法律手段、经济手段，辅之以行政手段干预和调控产业经济运行；三是政府规制，即政府完全退出产业领域，只通过政策手段和制度手段对旅游产业的发展予以协调。

二 政府协同论的科学依据

（一）自组织理论（Self-Organization Theory）

在宏观经济研究领域，基于自组织理论形成的较有影响的观点是：解决市场失灵和政策问题关注的主要焦点应该是科学和研究，而非传统经济学以需求为主导的方法。若想进一步提高未来决策的有效性，应该讨论如何拟订政策和预防系统发生故障，而不仅仅是市场失灵问题。[①] 著名经济学家福斯特（John Foster，1997）认为，在经济和政治经济背景下，非线性结构的变化是经济的持续功能系统。[②] 拉扎瑞尼亚等（Sergio G. Lazzarinia，Pedro Carvalho de Mellob，2001）运用自组织理论，分析了金融市场的运行，指出金融衍生品市场自我调节的功能缺乏强有力的政府政策支持和政府监管，显然有违市场的效率。[③]

自组织理论是系统理论的重要组成，也是20世纪自然科学研究的核心成果，并以其强大的科学性迅速被社会科学所接受，广泛应用于社会经济研究的众多领域。自组织理论的观点是：组织是指系统内的有序结构或这种有序结构的形成过程，应该深入研究组织系统是如何在一定条件下自动地由无

① Mark Dodgsona，Alan Hughesb，John Foster，Stan Metcalfed，“Systems Thinking，Market Failure，and the Development of Innovation Policy：The Case of Australia”，*Research Policy* 40，2011，pp. 1145 - 1156.

② John Foster，“The Analytical Foundations of Evolutionary Economics：from Biological Analogy to Economic Self-Organization”，*Structural Change and Economic Dynamics* 8，1997，pp. 427 - 451.

③ Sergio G. Lazzarinia，Pedro Carvalho de Mellob，“Governmental versus Self-Regulation of Derivative Markets：Examining the U. S. and Brazilian Experience”，*Journal of Economics and Business* 53，2001，pp. 185 - 207.

序走向有序，由低级有序走向高级有序。[①] 在自组织理论中，耗散结构理论（Dissipative Structure Theory）主要研究系统与环境之间的物质与能量交换关系及其对自组织系统的影响等问题。该理论认为，当开放系统内部某个参量的变化达到一定阈值时，它就可能从原来无序的混乱状态，转变为一种在时间上、空间上和功能上的有序状态，即耗散结构。形成耗散结构的主要条件是系统的非平衡态、非线性和开放性。所有自组织都具有耗散结构特征，是一个远离平衡态且达到非平衡的非线性区域的开放系统，自组织可以通过与外部环境持续地交换物质、能量和信息，从原来的无序状态转变为一种有序状态。[②]

在宏观经济理论中，政府既是"守夜人"也是"有形之手"。政府行为原则是通过政府政策和政府效率实现经济发展和社会公平。相比"无形之手"，由于政府的强制性职能，使它能做许多市场不能做的事件，甚至可以通过采取适当的政策，缓解乃至消除政府失灵。政府的基本职能决定了政府的自组织特性。也就是说，在开放的前提下，政府是一个具有耗散结构特征的独立系统，在获得空间、时间或功能的稳定的过程中，能够自行创生、自行演化、自主地从无序走向有序。[③] 竞争和协同是政府系统自组织演化的动力和源泉，政府系统自组织特性具体表现在如下几个方面：

（1）非平衡性。政府的强制性职能和提供公共服务等社会经济职能表明，政府作为一国最大的组织系统，包括资源配置、实现公平效率等职能的非平衡以及公共产品部门、社会保障部门等子系统种类、数量、发育程度等非平衡等诸多非平衡态。政府行为的绝对平衡状态是不可能达到的，只有相对稳定的平衡趋势状态，在非平衡态下，各子系统必须寻求与其他子系统的协同机制来促进政府系统的优化和政府效率的最大化。政府的非平衡性加强了政府内各个子系统的相互联系和相互作用。

（2）非线性。政府职能涉及的相关变量十分复杂。在政府系统内，各个子系统之间存在非线性的关系以及多层次、多种类的子系统等。政府通过

---

① 王松涛：《自组织理论及其对我国城市发展战略的启示》，《南通纺织职业技术学院学报》2008 年第 2 期，第 44～49 页。

② 卢福财：《论企业的自组织特性及其对现代企业管理的影响》，《当代财经》2000 年第 10 期，第 71～74 页。

③ 沈小峰：《普利高津与耗散结构理论》，陕西科学技术出版社，1998，第 51～89 页。

制度和政策，调节各个要素之间的非线性的关系，可以实现政府系统从无序走向有序，进而走向更高层次的无序和有序。

（3）开放性。政府作为一个系统是一个开放的系统，不断地与市场系统进行物质、能量和信息交换，不断输出制度产品和公共产品。

（4）涨落性。政府系统存在涨落。涨落是指通过破坏系统的原有的结构和功能，从而推动系统向有序结构进化。政府政策效应是对政府行为的检验，政府因此具有相当的张力，调整政策以适应剧烈变动的市场环境，于是产生了政府行为有效性，由于非平衡性的存在，政府系统具有涨落的随机性。

（5）协同性。系统内外大量的涨落的存在使系统具备了走向有序的可能。只有系统内各子系统达到协同，才能形成有序结构。政府子系统以各种各样的方式互相依存、互相作用，一方面通过竞争独立地发挥自己的功能；另一方面通过协作来完成单个主体所不能及的活动。这种合作和竞争的结合，实现了政府政策效应和政府高效，进而促进了政府系统与市场系统的竞争合作，使市场机制更趋完善。

（二）协同理论（Theory of Synergy）

协同理论创立于20世纪70年代，研究由完全不同性质的大量子系统组成，在诸如电子、原子、分子、细胞、神经元、力学元、光子、器官、动物乃至人类所构成的各种系统从无序到有序过程中，系统内部各子系统之间是通过怎样的合作才在宏观尺度上产生空间、时间或功能结构的。协同论集中研究以自组织形式出现的系统结构，找到与子系统性质无关的支配着自组织过程的一般原理。[①] 其创立者赫尔曼·哈肯（Herman Haken）认为，系统各要素及子系统之间的协同是自组织过程的基础，系统内部各个子系统通过竞争而协同，从而使竞争中的一种或几种趋势优势化，最终形成一种总的趋势（自组织理论称之为“序参量”），从而支配系统从无序走向有序。系统内各子系统的竞争和协同作用是系统产生新结构的直接根源。

协同学指出，在系统演化过程中，众多的状态变量在平稳发展时期所起的作用大致相同，差别不大，但在接近状态变化的临界点时，大部分“快

---

① 曾国屏：《竞争和协同：系统发展的动力和源泉》，《系统辩证学学报》1996年第7期，第7～11页。

变量”本身变化极快，还未来得及影响或支配系统的行为就已经消灭或转变了，极少数“慢变量”变化相对缓慢，有机会支配或影响系统的行为。因此，慢变量支配和主宰着系统的演化，代表着系统的“序”或状态，因而又叫做“序参量”。慢变量代表的“序参量”是在一定条件下由系统之中的子系统通过竞争实现协同产生出来的，反过来，它又支配着众多子系统。众多子系统对“序参量”的“役使或伺服”强化着“序参量”自身，也促进着子系统对“序参量”的进一步伺服，进而促进整个系统自发地组织起来。而且，“序参量”可以相互竞争、相互合作和相互共存，从而使得系统的自组织演化具有不同的组织演化形式。竞争和协同的对立统一是系统自组织演化发展的动力和源泉的观点体现了唯物辩证法思想。①

协同现象一旦产生，这个系统在宏观上就能够产生时间结构、空间结构或时空结构，形成一定的自组织功能结构，表现出新的有序状态。一个国家的政府，作为代表一个主权国家的特定行为主体，政府职能决定了它具有自组织的一般属性。因此，政府协同性就是政府和政府成员在运用公共权力服务统治阶级事务和公共事务时的主观协同性、积极性和创造性。就本质内容来说，政府协同性包括政府认知的协同性（探索和把握政府有效履行职能和实施高效管理的内在规律）、改造的协同性（将认知转化为实践）和审美的协同性（政府在履行职能的实践活动中树立社会公信力和良好形象）。改造层面的协同性是核心，认知层面和审美层面的协同性都是为改造层面的协同性服务的。从性质上讲，政府协同性包括政府合理使用公共权力的协同性和政府滥用公共权力的协同性。对于前者，要充分肯定；对于后者，要有效制约。在当今经济全球化条件下的国际竞争中，一个国家为了实现战略意图和战略目标，为了国家的整体利益，政府的协同性显得尤为重要。这正是本书把“协同论”这一哲学思想作为立论依据的基本理由。

综上，政府自组织要实现协同关系，发现、识别系统内部使大量子系统集体运动的宏观整体模式有序的变量（自组织理论称为“序参量”），成为系统形成协同机制的关键。一般来说，“序参量”支配系统各个部分，它不仅是系统内部大量子系统协同的产物，并且“序参量”一旦形成，又对子

① 曾国屏：《竞争和协同：系统发展的动力和源泉》，《系统辩证学学报》1996 年第 7 期，第 7～11 页。

系统有支配作用，主宰系统整体演化的过程。[①] 在系统自组织过程中，在临界点上，一个或几个“序参量”一旦处于支配地位，就会拥有主导优势，迫使其他因素或状态服从它们的伺服（Slaving principle），从而“序参量”产生支配子系统的机制，与子系统发生协同机制。

具体到旅游产业层面，旅游产业自组织系统通过与外部环境交换物质、能量和信息，并在内在机制的作用下，自行从无序到有序、从低级到高级、从简单向复杂方向成长，不断提高产业自适应、自成长。[②]

三 政府协同论的作用机制

在当前市场经济作为基础性的运行机制的世界大环境下，国家力量（政府力量）和市场力量（企业力量）作为当今人类社会发展中矛盾运动的统一体而并存。政府行为如何定位？企业作用如何发挥？政府的协同性如何发挥？本书认为，政府首先应该发挥自组织特性，使微观层面实现系统内部的协同；其次，在宏观层面上通过制定正确的战略与政策（“序参量”）发挥引领、导航、管理、规制的协同作用，重点在维护国家利益、确保国家安全、推动可持续发展、有效管理国家等方面有所作为，避免对微观层面的过多干预。企业则在发挥自组织特性的基础上，在政府宏观经济政策引领和指导下，充分发挥有效配置社会资源的基础性作用，实现效率与效益最大化。二者的关系及其行为表现、作用机制是根据自身作用实现的一种合理平衡，即协同问题。这种相互作用的协同机制既能有效解决政府失灵和市场失灵的问题，又能有效解决政府越位缺位、市场效率低下的问题，实现全社会的资源配置效率和经济社会发展，整个经济社会运行达到帕累托最优状态。下面运用自组织理论对这一观点进行演绎证明。

（一）假设条件

（1）复杂性。市场经济体系是一个复杂的经济系统，在一个主权国家里，政府代表国家，企业代表市场；政府为企业服务，企业在政府引领、指导、管理、规制下发挥资源配置的基础性作用。

---

① 张浩：《基于混沌理论与协同学的企业战略协同机制优化研究》，哈尔滨工程大学学位论文，2009。

② 许登峰：《基于自组织理论的旅游产业集群发展研究》，《广西民族大学学报（哲学社会科学版）》2010 年第 1 期，第 122 ~ 126 页。

（2）非平衡性。政府追求国力增强和企业追求利润的关系是一种竞争合作关系，也即协同关系。

（3）非线性。政府是服务公共事务型政府与服务统治阶级事务型政府的统一，是积极自觉型政府与消极自发型政府的统一，是契约型政府与道义型政府的统一。

（4）开放性。经济系统处于开放经济状态，非自由贸易政策。

（5）协同性。政府协同性的发挥主要是制定正确的战略与政策，体现国家意志；政府是公共性的，其衍生的自利性受道德准则和制度刚性的有效制约，政府自利性能够促进政府协同性的正面发生；政府廉洁、高效，对社会负有责任，具有很高的社会公信力。

以上假定条件最大限度地接近或者逼近现实。下面运用自组织理论对这一观点进行演绎证明。

（二）政府协同论的作用机制

根据协同理论，协同既有与竞争相对立的合作、协作、互助、同步等狭义的协同意义，也有竞争与合作的广义含义。在关于整体行为的系统科学理论中，所谓的竞争，都是与合作、协同相联系的竞争，是以协同和合作为基础的，是与协同和合作不可分离的相竞相争。[①] 系统在发展演化中存在一个共同规律，即任何系统中的子系统经过有目的的“自组织”过程，都可产生新的稳定有序结构。[②] 同时，系统从无序状态转变为有序状态，除了子系统间的协同作用机制外，还需要外部环境提供适当的控制参量。当控制参量发生变化，不仅改变着系统中各子系统之间的相互关系和地位，也改变着子系统之间的协同方式和程度。若外界环境不提供系统要素之间关联变化的条件，系统是不可能产生自组织行为的。[③] 因此，只有当外部控制参量持续不断地输入，并且输入量要达到某一特定的阈值，才能通过产业系统的协同机制产生协同放大效应。

基于此，开放的产业系统运行过程不仅是一个在外在环境作用下不断演

---

① 曾国屏：《竞争和协同：系统发展的动力和源泉》，《系统辩证学学报》1996 年第 7 期，第 7～11 页。

② 〔美〕H. 哈肯：《协同学引论》，徐易申等译，原子能出版社，1984。

③ 王欣、靖继鹏：《吉林省信息产业测度分析》，《情报科学》2009 年第 12 期，第 433～444 页。

化的复杂系统，也是一个有着内在的核心动力的自组织系统。从无序向有序转化的关键，是识别系统内部的序参量，当序参量变化到极大值时，系统之间通过非线性的相互作用就能够产生协同现象和相干效应，系统新的有序结构才能出现。从而在宏观上就能够产生时间结构、空间结构或时空结构，形成一定的自组织功能结构，表现出新的有序状态。笔者认为，随着世界旅游业的迅猛发展，旅游的经济意义和社会文化意义得以充分的展现，并最终与人的全面发展、与人类文明的构建和提升相联系。在宏观经济系统中，政府系统对于旅游业发展的作用，主要体现在政府政策对旅游产业的广义影响之上。在旅游业发展早期，政府政策的导向是产业发展的关键，当旅游业发展到一定阶段，政府的作用则体现在与微观企业的竞争合作上，也即协同发展。

（三）政府协同作用机理

在经济系统中，政府作为一个子系统，不仅具有自组织特性，也有与市场进行竞争合作的协同特性。政府有效和政府政策应该是这两种特性作用的最大限度发挥。

1. 自组织机理

政府的自组织特性使政府不断通过政府有效和政府政策使整个经济系统处于自组织状态，并通过政策工具，激发政府和市场系统自组织特性的创生、演化，进而形成更高级的政府与市场的协同系统，达到政府与市场整体系统自组织的创生、演化以及和外部环境的均衡，实现帕累托最优。

政府的自组织机理表现在：政府开放系统内部子系统之间的非线性相互作用，以及外部因素的随机扰动，政府系统内部状态参量由此产生涨落，当政府内部出现的涨落对原有结构的冲击低于临界状态，则涨落回归，强化原有政府结构；而当这些涨落超过了临界状态，则政府原有结构便失去稳态，政府出现不确定性，进而形成序参量，即政府政策和政府效率，序参量役使政府子系统产生协同机制，在包括协同机制在内的非线性机制的作用下，进而形成新的均衡，作用机理如图 2－1 所示。①

① 聪慧、崔永伟：《复杂经济系统的演化博弈分析》，《洛阳大学学报》2004 年第 4 期，第 19～20 页。

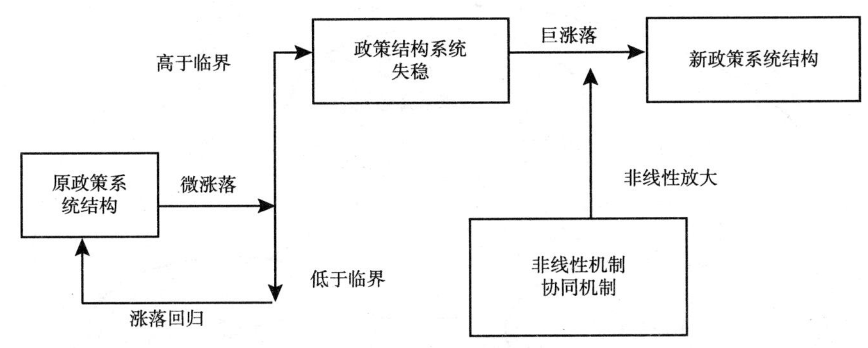

图 2-1　政府自组织机制

2. 协同作用机理

在经济系统中，政府与市场在各自的自组织过程中，在非线性区域内，由于非平衡性形成了随机涨落①，经济系统通过与外界的物质、能量、信息的交换，分别获得了自组织的外部条件，而政府与市场行为演化的动力是各自系统内部各子系统通过协同机制，使竞争力的一种或几种趋势优化，最终形成总的趋势，即序参量，在这里，序参量即政府政策和国家战略，政府政策和战略通过役使机制和协同机制使子系统走向均衡，并促进经济系统向有序或更高有序状态演化。

政府协同作用机理可以简单描述为：在开放的大环境下，由控制参量（政府）通过提供适当的环境，通过竞争机制促使子系统参量之间产生竞争，系统因而趋于非平衡状态，然后通过协同机制使子系统状态参量产生竞争合作，系统产生巨涨落并产生宏观序参量（政府政策），序参量补充市场进行自组织演化，最终形成整体系统的自组织和协同特性，作用机理如图 2-2 所示。

由此可以得出，在市场经济体制下，经济系统是一个开放的、远离平衡态的、具有耗散结构特征的复杂系统，具有鲜明的自组织特性。经济系统内部政府系统和市场系统之间既有相互联系、相互依存的一面，又有相互制约、相互排斥与竞争的一面，是一个复杂的自组织系统。政府与市场协同的本质是政府系统和市场系统按照一定的方式相互作用、协调配合、同步，产

① 娄峥嵘：《我国行政系统实现自组织演化的路径分析》，《云南行政学院学报》2008 年第 2 期，第 69～72 页。

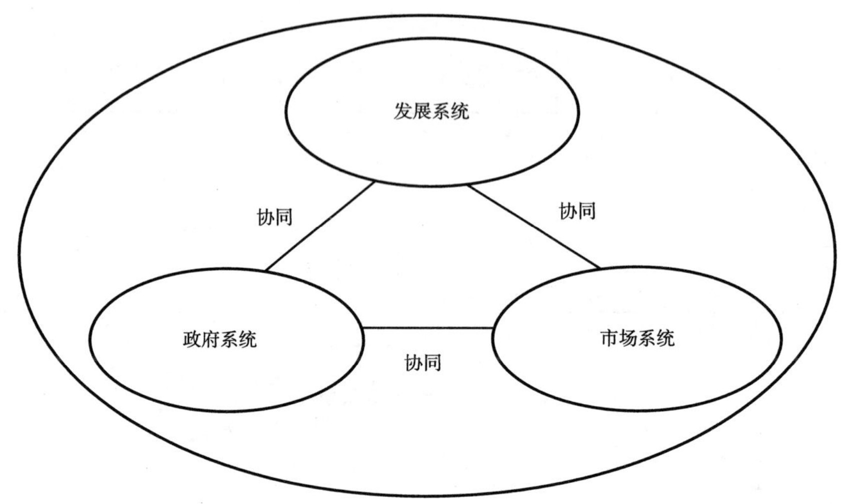

图 2-2 政府协同机制

生系统发展的序参量，支配系统向有序、稳定的方向发展，进而使系统整体功能发生倍增或放大，实现协同效应。[①] 在经济系统自组织演化过程中，序参量即政府政策和战略，是政府和市场两个子系统集体运动、相互竞争与协同的产物，序参量一旦形成，就成为支配子系统的因素。政府协同机制的本质，是政府政策与市场机制的协同，是政府自组织系统内部以及市场自组织系统内部各状态参量在政府政策的作用下，通过政府与市场产生协同机制，最终实现资源的最优配置。

本书在下面的章节里，根据本章对于政府协同机制的分析，对土耳其旅游业发展进行实证研究，检验笔者提出的政府协同论观点，并基于政府协同论，构建政府与市场协同型旅游发展模型。从理论上来说，旅游业属于市场系统的一部分，旅游产业系统应该在政府政策驱动下，一方面依据自组织演化的基本规律不断发展；另一方面，在政府协同机制的作用下，实现产业更高层次的发展。实证研究的基本思路是：

前提 1：旅游产业系统演化遵循自组织理论的基本规律；

前提 2：旅游产业系统自组织演化遵循协同动力机制规律。

---

① 潘开灵、白列湖：《管理协同倍增效应的系统思考》，《系统科学学报》2007 年第 1 期，第 70 页。

基于这两个基本的前提，根据政府协同动力机制模型的分析，提出以下的命题：

命题1：自然禀赋驱动，是开放系统下旅游业发展的前提；

命题2：政府政策驱动，是开放系统下旅游业发展的序参量，旅游产业发展模式即序参量的运行模式；

命题3：投资驱动，决定旅游业的发展模式；

命题4：创新驱动，决定旅游国际竞争优势。

结论：在旅游业发展的萌芽及起步时期，政府主导型旅游产业调节方式对旅游产业系统自组织演化起促进作用；在旅游业发展的成长及扩张时期，政府主导型旅游业发展方式须向政府协同型旅游发展方式转变，政府与市场协同型发展模式促进旅游产业走向更高层次发展。

本章对自重商主义时期原始的国家干预理论和政策主张、到自由主义时期、凯恩斯主义时期，再到新自由主义时期、新凯恩斯主义时期的政府行为理论以及政府和市场的关系理论进行了系统归纳总结。通过对自由主义和政府干预经济理论的理性反思，我们不难发现，经济自由主义和国家干预主义呈现融合趋势，国家干预主义在强调国家干预的必要性和重要性的同时，更加注重市场机制作用的发挥；而经济自由主义则由彻底的自由放任观点逐步向承认国家干预的合理性转变，国家干预主义和经济自由主义的争论，已经不是需要不需要国家干预的问题，而是在多大程度上进行干预，以及如何干预的问题。

对于经济社会发展而言，政府的作用一直存在，认同市场机制的人也不会否认，良好的市场运行机制，要靠良好的国家制度和政府政策来指导、培育和支持。近年来，系统学理论广泛地运用于经济学研究。本书结合当今新形势下有关政府行为以及政府和市场关系的讨论，以系统学自组织理论为理论依据，提出了政府协同论观点。分析了政府行为的自组织特性，即非均衡性、非线性、开放性和涨落性，以及在政府自组织过程中，运用正确的战略与政策作为序参量，促进市场自组织特性的发挥，并通过与市场的协同机制，形成整体经济系统的自组织特性，最终达到动态均衡的机理。这种均衡会实现资源最优配置，最终实现国家经济社会发展。这也是本书的理论观点——政府协同论的基本观点。这个观点在当今世界形势下是一种新型的具有竞争优势的观点。

第三章

要素禀赋驱动——土耳其旅游产业发展定位

地中海沿岸是世界上公认的旅游度假胜地和旅游者的乐园。土耳其作为地中海地区国家，伴随着世界旅游业的发展，经历了漫长的发展过程，形成了今天特色鲜明的旅游产业，并在世界旅游市场占据了一席之地。土耳其旅游业之所以在二战后迅速发展起来，得益于其位于地中海沿岸得天独厚的区位优势和丰富的旅游资源禀赋优势，这是土耳其政府确立旅游业发展战略定位的基础和先决条件，也是土耳其旅游业发展的基础性动力。

第一节　土耳其旅游业发展的历史回顾

人类社会早期的旅行活动已有3000年的历史了。世界旅游业的早期活动可以追溯到古巴比伦和古埃及王国时期，从公元前19世纪古巴比伦王国统一两河流域到公元前6世纪前后，巴比伦一直是西亚最繁华、最壮观的都市。特别是在新巴比伦王国尼布甲尼撒二世（公元前604～公元前562年）王朝，新巴比伦城进入鼎盛时期。当时，史无前例的扩建工程使巴比伦以宏伟的城市和豪华的宫殿闻名天下。公元前6世纪，古埃及人通过举办很多宗教节日，不仅吸引了那些虔诚人士，而且吸引了很多来观看城市著名建筑物和艺术品的人，同一时期，古巴比伦的“历史古物”博物馆对公众开放。①

① J. Christopher Holloway, *The Business of Tourism*, Foreign Language Teaching and Research Press, 2004, p. 17.

一 希腊文明时期的旅游

古代希腊高度发达的民主政治、发达的古代奴隶制经济和文化繁荣，也为古希腊的旅行与旅游发展提供了条件。古希腊时代是世界旅游史上宗教旅行的鼎盛时期。古希腊的提洛岛、特尔斐和奥林匹斯山是当时世界著名的宗教圣地，古希腊最重要的宗教仪式和节日主要在这些地方举行。从公元5世纪下半叶开始，雅典开始发展成为一个旅游胜地，人们纷纷前来观赏建在雅典卫城上面的帕提农神庙和其他新建筑。至少早在公元前6世纪时，古希腊就已经出现了专门接待游客的地方。古希腊著名悲剧诗人埃斯库罗斯曾两次提到客栈。他把“客栈”形象地称为“大众接待者”或“大众接待所”。除各地都有小旅店供旅行者吃住外，众多的王宫成了旅行者和游客的安息之所。① 对于古希腊早期旅行活动的了解，多来自于古希腊著名历史学家和旅行家希罗多德的作品，他也被称为世界上最早的游记作家。最早的导游手册出现于公元前4世纪的古希腊，旅游目的地包括雅典、斯巴达和特洛伊。

二 罗马文明时期的旅游

罗马帝国时期，真正意义上的国际旅游开始了。公元前129年，罗马帝国在安纳托利亚建立了一个省，成为罗马帝国的一部分，首都为以弗所，这里成为丝绸之路连接欧洲的桥梁。在罗马帝国时期，从英格兰到叙利亚之间没有国家间的界限，由于罗马军队巡逻的作用，海上旅行也没有了海盗的侵扰，罗马货币被普遍接受，拉丁语成为当时的通用语言，旅行的基本条件终于具备了。罗马帝国庞大的疆域使旅行活动得到了进一步发展，中世纪时期许多古老的城市，如君士坦丁堡、热那亚、威尼斯和巴塞罗那，一度成为商业和文化中心，罗马人开始了到西西里岛、希腊、罗得岛、特洛伊、埃及的旅行。从公元3世纪起，罗马人就开始了到耶路撒冷圣地的旅行。

公元330年，东、西罗马帝国开始分裂，君士坦丁大帝从罗马迁都至君士坦丁堡（今天的伊斯坦布尔）。公元395年，东西罗马帝国彻底分裂。东罗马帝国以巴尔干半岛为中心，属地包括小亚细亚、叙利亚、巴勒斯坦、埃及及美索不达米亚和南高加索的一部分，首都为君士坦丁堡。君士坦丁堡是古希腊的移

① 彭顺生：《世界旅游发展史》，中国旅游出版社，2006，第49～54页。

民城市拜占庭的旧址，故又称拜占庭帝国。拜占庭帝国作为地跨欧、亚、非三洲的大帝国，地理位置非常优越。君士坦丁堡扼黑海出海口，是联系欧亚交通的桥梁，也是当时国际贸易的中心。北欧的毛皮、蜂蜜、琥珀乃至奴隶，印度以及中国的香料、丝绸、象牙、珠宝等，都源源不断运于此，再从这里经地中海转运到巴尔干及西欧各地。在公元527～565年，查世丁尼一世在位期间，拜占庭帝国文治武功达最盛时期，兴建了帝国时期最吸引旅行者的人文景观——圣索非亚大教堂。这个教堂代表着东罗马帝国建筑艺术的顶峰，堪称古代建筑艺术的珍品。

三　奥斯曼文明时期的旅游

1288年，奥斯曼帝国建立。1453年，奥斯曼军队占领君士坦丁堡并改名为伊斯坦布尔，拜占庭帝国灭亡。1461年，希腊人在安纳托利亚黑海沿岸的最后一个属地特拉布宗投降。至此，奥斯曼帝国完全取代拜占庭帝国，并逐步形成了一个地跨欧、亚、非三洲，地中海、红海、印度洋皆在其管辖范围内的庞大帝国。兴起的奥斯曼帝国最强盛时疆土达到欧、亚、非三洲，从维也纳到黑海、从阿拉伯半岛到北非埃及，都在它的掌握之下，统治者苏丹统管了世界六分之一的领土。

关于奥斯曼帝国时期的旅游方面的文献，多出自游记、信件、日记以及文学作品。几乎所有的作品都对西方作者的经历、观点以及社会现象做了较为详细的描述，同时也介绍了奥斯曼帝国内的城市、建筑、宗教、文化遗迹、风土人情、美食等。最早的描写奥斯曼帝国时期社会生活的旅游文献是1585年出版的、由T. 华盛顿翻译成英语的《尼古拉斯·D. 尼古莱 1517～1583》四卷本图书，该书按照不同国家、港口、商业、建筑装饰、法律、宗教和生活方式以及当时的战争与和平等内容，记录了航海游历和航行的奥斯曼土耳其帝国。同年，马克·安东尼奥·彼加法特撰写的游记也得以出版，书中描述了作者作为英国外交大使，1567年常驻奥斯曼土耳其帝国时在君士坦丁堡的生活以及自己的游历。①

---

① Pigafetta, Marco Antonio, Itinerario di Marc Antonio Pigafetta gentil'huomo Vicentino. All illustrissimo signore Eduardo Seymer Conte d Hertford & c. Early English books, 1475 - 1640 Londra, 1585. Eighteenth Century Collections Online. Gale. National Library of China. 20 Dec. 2010. http: // find. galegroup. com/ecco/infomark. do? &contentSet = ECCOArticles&type = multipage&tabID = T001&prodId = ECCO&docId = BL3025021886&source = gale&userGroupName = nichina&version = 1. 0&docLevel = FASCIMILE.

到了19世纪初期，奥斯曼帝国已经成为世界上广为谈论的旅游目的地之一。1830年后，欧洲旅游文学非常盛行，这些作品激起了西方人对东方地毯和古董，以及家庭剧院作品、众多的画作以及数量极少的博物馆陈列品的兴趣，更重要的是引起了他们对奥斯曼土地和人民的兴趣。自考古学家1834年发现博兹柯伊（古赫梯帝国的旧都哈吐沙）之后，引来了更多的人来到这一地区考察、发掘。1869年，在以弗所发现了大神庙。1870年发现了特洛伊遗址。1893年在博兹柯伊出土了首批泥板文（总共数千块），上面刻有某种形式的楔形文字。对这些泥板文的研究最终揭示，安纳托利亚的历史比古希腊、罗马时期要早许多年。在这一时期，伊斯坦布尔金角湾的大桥修建完毕；19世纪80年代伊斯坦布尔与欧洲铁路网接轨；1875年世界上最古老的地下铁路开通。虽然比欧洲的一些城市晚一些，稳定的水网、电网、电话、有轨电车等一些现代设施，在随后的年代里陆续被引进到了伊斯坦布尔。

尽管不同学科领域对阿拉伯中东的西方旅行者的研究颇多，但从旅游学的角度研究奥斯曼帝国的文献极少。1835～1870年的旅行札记，被广泛用来做奥斯曼时期旅游发展的相关研究。这些旅行札记，为奥斯曼帝国调整已有的旅游服务体系，改进旅游方式，特别是适应19世纪西方新型旅游者需求方面的研究，提供了丰富的基础材料。这一时期，除了土耳其原有的历史文化资源，土耳其温泉浴作为一种新的休闲度假形式，引起了游客的注意，温泉逐步发展成为土耳其又一项新的旅游资源。英国外交家、政论家和政治活动家戴维·乌尔卡尔特（David Urquhart）受土耳其文明和文化的吸引，曾经发表了《土耳其及其资源》一文，并于1850年出版了《赫尔克力斯的支柱》一书，详细介绍了土耳其蒸气浴设施并宣传其水疗作用①，成为土耳其浴的最早推动者。

在奥斯曼帝国从开始兴盛到衰落的6个世纪时间里，随着社会的发展和科学技术的进步，奥斯曼帝国对西欧和美国已变得非常重要。新技术的产生使日益增长的旅游活动变得更加容易、便捷。从另一方面看，西方社会文化的发展，如基督教精神和新帝国主义跟西方的信息和娱乐业相吻合，刺激了

---

① David Urquhart，http：//en. wikipedia. org/wiki/David_ Urquhart，访问日期：2011年3月21日。

许多新的海外探险和游历活动的产生，探险者的探险体验和旅行者的游历见闻为报纸、传教士的期刊、学会讲座、书籍、教堂布道和街谈巷议提供了丰富的素材，并被广为流传。在帝国内的阿拉伯人、土耳其人、希腊人、苏丹人、欧洲移民等各民族中，许多人依靠经营古老的交通和住宿业，给奥斯曼和阿拉伯精英们的探亲、商务、政治、休闲和旅游等活动提供服务，有的人甚至直接加入朝圣者的队伍，给前往麦加、麦地那和耶路撒冷的亚洲、非洲和欧洲的犹太人、基督教徒和穆斯林提供导游和宗教服务，并以此为生。有学者认为，土耳其的旅游行业是由英国人托马斯·库克开办的合作假日协会（Cooperative Holiday Association，Natur Freunde by Thomas Cook）的成立开始的，在1869年托马斯·库克公司开始组织环球旅行时，奥斯曼帝国的旅行和旅游业已非常繁荣。①

第二节　土耳其现代旅游业的形成

作为奥斯曼帝国的继承者，土耳其位处古文明发祥地小亚细亚，由于其特殊的地理位置，自古就被视为“文明十字路口”。在人类发展史上，无数的文化、历史、文明在此诞生、发展、繁衍生息直至消亡。土耳其的旅游业具有悠久的历史，在世界旅游史占有重要的位置。伊斯坦布尔曾经是罗马帝国、拜占庭帝国和奥斯曼帝国三个古老帝国的首都，伊斯坦布尔是世界上唯一横跨欧、亚两大洲的城市。关于土耳其的现代旅游，在世界旅游史及中东旅游史等相关文献中都有所涉及，并且作为一种社会现象和旅游活动进行了分析。② 土耳其现代旅游业就是在此基础上逐步产生的。

一　土耳其的现代旅游

土耳其的现代旅游③可追溯至19世纪中叶。18世纪以后，奥斯曼帝国

---

① Susan Nance，“A Facilitated Access Model and Ottoman Empire Tourism”，*Annals of Tourism Research*，Vol. 34，No. 4，2007，pp. 1056 - 1077.

② Myra Shackley，*Middle East and North Africa：Ancient Empires Atlas of Travel and Tourism Development*，Elsevier Ltd，2006.

③ 旅游活动是一种古老的社会现象，约产生于封建社会时期。旅游业作为一个产业是经济社会高度发展的产物，出现于19世纪中期，于20世纪中后期形成现代产业规模。——作者注

就开始走下坡路了，为了挽救自己的统治，奥斯曼封建统治者在19世纪上半叶曾进行过多次改革，但均无成效。在1853~1856年的克里米亚战争之后，土耳其进一步走向半殖民地化。土耳其苏丹于1856年颁布敕令，给予基督教徒和其他非伊斯兰教教徒信仰自由，保证其人身和财产的安全，敕令还提出要设银行，修铁路，开运河，发展商务。[①] 这道敕令一方面表明土耳其的大门已完全向欧洲资本敞开，它的主权进一步受到损害；另一方面它也打开了土耳其与欧洲交流的大门。交流，无论是主动的还是被动的，都刺激着社会的进步和发展。近代其他文明世界的旅游就是在不断的交往和冲突的背景下开展的。[②]

随着西方殖民主义在中东的不断扩张，越来越多的军人、官员、传教士、考古学家、商人、旅游者纷至沓来。1845年，世界上最早的商业旅游机构——英国托马斯·库克旅游公司在英国成立。1869年，苏伊士运河开通，该公司首次组织团体乘坐蒸汽船到耶路撒冷和埃及旅游，在旅行线路中，君士坦丁堡是重要的一站。在该公司后来发展的环球旅行线路中，从亚历山大港到君士坦丁堡后，一般停留数天时间，然后再返回欧洲各国。[③]

从19世纪60年代开始，交通设施的改善和财富的增加带来了强劲的旅游需求，海外旅游被人们竞相效仿。猎奇、教育价值和新体验的吸引力则成为旅游需求的主要动机，历史遗产、文化名胜、探亲访友、商务出行以及好奇心成为海外旅游魅力之所在。这一时期，中东成为19世纪到20世纪早期精英的著名旅游目的地。[④]

19世纪末20世纪初，奥斯曼土耳其帝国已经沦为英国、法国、德国等西方国家的半殖民地。1919年国内爆发了凯末尔领导的资产阶级革命。在推翻腐朽的奥斯曼帝国并打败外来侵略者之后，土耳其共和国于1923年10月29日宣布成立。民族独立为经济建设和社会发展创造了条件，也为日后旅游业的发展奠定了基础。第一次世界大战后被意大利侵占的安塔利亚在共

① 彭树智主编《世界近代史教程》，西北大学出版社，1987，第361~362页。

② 王永忠：《西方旅游史》，东南大学出版社，2004，第198页。

③ Thomas Cook, *Letters from the Sea and from Foreign Lands: Descriptive of a Tour Round the World*, Routledge/Thoemmes Press, 1998, reprinted from the 1873 edition, p. 109.

④ 〔英〕伦纳德·J. 利克里什、卡森·L. 詹金斯：《旅游学通论》，程尽能等译，中国旅游出版社，2002，第21页。

和国成立时收回，日后成为世界著名的滨海旅游度假胜地。同年，土耳其第一届旅游大会召开，年轻的共和国对公众开放了几个考古遗址，供游人参观、学习。

1929 年政府废止了《洛桑协议》，这也成为土耳其加强国家干预经济的重要转折点。从 30 年代早期开始，政府进入国民经济的各个领域，开始成为经济发展的最高指挥，土耳其由此也进入了凯末尔式的国家资本主义发展阶段。为了实行国家的现代化和世俗化，在 20 世纪 30 年代，土耳其实行了外资企业的全盘国有化运动。几乎所有的铁路、交通设施、采矿业、新铁路建设、邮政和电话服务、保险和银行都被国有化了，最后被国有化的项目是伊兹密尔的城市供水系统，时间是 1944 年。国有化政策在增强土耳其经济方面发挥了巨大作用，它限制了资本外流，促进了国际收支平衡。在这种背景下，国家充分发挥了计划者的作用，政府公布了两个五年发展计划。但由于计划目标远远超出了国家实际情况，第一个五年计划并未实现。第二个五年计划的实施也因第二次世界大战的爆发而中断。

凯末尔政府实行世俗化政策，大力推行社会改革，引进科学技术、文化知识和西方现代思想。在这种情况下，西方国家，尤其是美国，对土耳其派驻了大批工程技术人员，以及农业、公共卫生、文化教育方面的专业人才，土耳其开始了与美国之间的文化交流和人员交流。成立于 1923 年的旅行者协会是一家私营机构，于 1930 年更名为土耳其旅游和汽车俱乐部，制定了一些旅游规则和规定，出版了第一本旅行线路图和游客指南，组织安排导游课程学习和考试，举办旅游相关的会议和研究。此时土耳其国民经济的战略重点是发展制造业、建筑业和港口服务业，整个国家开始了广泛的基础设施建设。随着现代工业的发展，土耳其工人阶级产生了，并且人数不断增长。1930 年政府通过了《公共健康法》，第一次把劳动者健康、工作时日等纳入法律保护范畴。1936 年颁布的《劳动法》，规定了每日八小时工作制，每周休息一天，公休假日有酬等内容[①]，这为日后土耳其国内旅游业的发展提供了制度基础和市场条件。

1934 年政府设立了旅游特别办公室，隶属于经济部，后又并入新闻局。这是土耳其政府层面上第一个制定旅游政策的部门，也是国家旅游部的前

① 杨光、温伯友主编《当代西亚非洲社会保障制度》，法律出版社，2002，第 112～117 页。

身。值得注意的是，在两次世界大战之间二十多年的时间里，土耳其的经济结构已经发生了转变。现代工业、商业和城市服务业建立起来，传统农业和牧业的主体地位在下降；中产阶级队伍逐渐强大；社会世俗化、法制化程度在提高；文化观念和生活习俗更加西方化。①

尽管土耳其在第二次世界大战期间保持中立，但依然受到战时物资短缺的影响，经济一直处于停滞状态。二战结束后，土耳其政府加大了港口、机场和道路基础设施的建设，再加上战后欧洲复兴计划提供的国际援助，政府对伊斯坦布尔和伊兹密尔进行了扩建和修建，并且新建了伊斯肯德仑港和特拉布宗港，几十公里的一级公路和二级公路建设竣工。服务业和工业产值逐年提高，工业和采矿业占到国民生产总值的25%。1949 年，新闻局机构重组，成为新闻、出版和旅游总局，这为日后旅游部的成立奠定了基础。

在此期间，除政府官员、专业人士之外，有少量的国际休闲游客开始到土耳其旅游，他们中的许多人选择乘坐著名的“东方快车”前往伊斯坦布尔。政府把奥斯曼新皇宫、托普卡比宫和圣索菲亚清真寺改造成博物馆向公众开放。虽然连接伊斯坦布尔和其他地区的铁路网络已基本建成，但大多数游客考虑到住宿条件和安全问题，只在伊斯坦布尔短暂逗留。这一期间，土耳其政府经受了大萧条和随后的第二次世界大战的严峻考验，政府经济工作的重点是基础设施建设和对初级工业的超结构投资，欧洲经济复兴计划提供的经济援助也主要用于公路、铁路、港口、电站的修建。与旅游相关的国家政策尚未制定，政策的执行机构也未建立，交通、通讯、医疗和其他服务业的发展也很缓慢。但是，一些旅游私营机构的建立和旅游办公室的设置，尤其是 1949 年第一届旅游咨询委员会会议的成功举行，表明旅游业已经进入了政府的视野。此次会议明确了国家和私人部门在旅游业发展中的作用，该会的会议报告成为日后国家旅游政策制定的基础。会议委员会编写的《旅游总体规划》，促成了 1953 年《旅游鼓励法》的颁布，也对计划经济时期的五年发展规划的制定产生了影响。这一时期土耳其旅行代理机构已经由 1923 年的 4 ~5 家增加到 100 家。②

---

① 王三义：《工业文明的挑战与中东近代经济的转型（1809 ~1938）》，西北大学博士论文，2005。

② 土耳其旅行社联合会（TURSAB）：http：//www. tursab. org. tr/en/statistics/development-of-turkish-tourism-in-brief，访问日期：2011 年 12 月 9 日。

二 土耳其现代旅游业萌芽

具有充裕、良好的旅游自然资源是旅游业发展的基本条件之一。优美的自然环境、宜人的气候条件，再加上融合东西方文明的民俗文化以及宗教因素，土耳其一直被认为是充满异域风情的旅游目的地。土耳其现代旅游业是在国家基础设施落后、入境旅游迅猛发展的巨大压力下开始缓慢形成的。著名的“东方快车”连接着欧洲的心脏和被称为东西文化熔炉的伊斯坦布尔。法国著名作家皮埃尔·洛蒂（Pierre Loti），以及享有“侦探小说之后”称谓的英国小说家阿加莎·克里斯蒂（Agatha Mary Clarissa Christie），则通过他们的作品，如《阿齐雅黛》《东方快车谋杀案》《尼罗河上的惨案》等介绍了伊斯坦布尔作为东方旅游目的地的魅力和神秘，对欧洲旅游者具有很大吸引力。

土耳其民主党于1950年开始执政，政策目标是将国有企业转变为私人部门，实行私有化和贸易自由化。1952年，土耳其正式成为北约成员国，作为与西方国家合作的一部分，同时也是加入西方社会必须遵循的游戏规则，土耳其的社会政治与经济发展开始全面“西化”。与此同时，西方国家的经济援助也给土耳其经济发展注入了大量资金。整个20世纪50年代，土耳其国民经济高速发展，在世界范围内创造了一个经济奇迹。①

土耳其政府于1953年颁布了《旅游鼓励法》（第6086号），这是旅游业发展的重要里程碑。该法律规定：对于本国和外国投资者全面开放旅游业，并提供包括信贷体系和税收优惠在内的各种激励措施。政府第一次明确规定了旅游设施的设计规范，并采用法律手段来管理旅游设施的建设，实行新的“旅游设施建设许可证制度”。旅游设施必须按国家规定建设，并且只有在达到国家标准和服务质量规范后，才能获得旅游经营证书。该法律极大地提高了旅游设施建设的标准，并使旅游设施在规划设计阶段就与国际标准接轨，为旅游业后续的发展打下了良好的基础。

1954年，政府又颁布了《外资鼓励法》。该法律规定，经济领域中所有

---

① 肖宪、吴庆玲、吴磊等：《土耳其与美国关系研究》，时事出版社，2004，第119页。

对土耳其个人创业开放的领域均对外资开放；外资不必与当地资本建立合作伙伴关系，可自行开办公司；在土耳其境内的外资公司可将所得利润的全部返回母国，也可增加投资或投资到新行业等，通过延长实施投资鼓励政策的时间，提供额外的投资保障等手段，进一步吸引外资进入。这一时期，大量的外资涌入土耳其实体经济，尤其是石油、制药、轮胎、化肥、食品加工等工业部门。1951 年，第一条连接主要旅游中心城市以弗所和伊兹密尔的公路开始建设，去往以弗所和其他历史纪念地以及海滨城市的汽车旅游开始了。

土耳其政府于 1953 年授权直辖市和基金会银行，开始管理旅游企业的信贷，主要负责向国有旅游企业提供信贷资金。1955 年，土耳其旅游银行（Turkey Tourism Bank）正式成立。作为政府旅游政策的实施机构，该银行不仅为私营部门的旅游投资提供信贷，并且经营由其他公共部门建成的旅游设施，同时还为私人投资项目提供技术援助。在此期间旅游银行购买了许多历史建筑物，如赛特·哈利姆帕夏大厦等，并在进行重新装修和改造后供旅游者使用，土耳其旅游银行对历史文化遗产的改造和成功经营，吸引了许多私营部门进入旅游行业。作为旅游业的开拓者，土耳其旅游银行为旅游业发展做出了巨大贡献。还有一个重要机构，即土耳其公职人员退休基金会［Emekli Sandiği（Pension Fund）］，获得政府授权，在主要旅游城市建设高标准的饭店设施，满足日益增长的外国商务人员和旅游者的需要。遵照政府政策，该基金会相继在伊斯坦布尔、安卡拉、伊兹密尔、布尔萨四个旅游城市投资兴建了七家豪华饭店（在伊斯坦布尔兴建了希尔顿饭店和特拉博雅大饭店、在安卡拉市兴建了安卡拉大饭店和爱斐斯饭店，在伊兹密尔市兴建了爱斐斯大饭店和付莎饭店，在布尔萨市兴建了西里克·帕拉斯饭店）。其中，1955 年建成并开始营业的希尔顿饭店，由基金会和希尔顿集团联合出资，开外资进入土耳其饭店业的先河。

总之，在这一时期，旅游业作为一个新兴产业初步形成。由于旅游基础设施建设需要巨额投资，政府利用财政资金，率先开始投资高档旅游设施，同时也加大了对交通和通讯等城市基础设施的投资，并且普及旅游教育、开展旅游培训工作。这一阶段，国家授权的旅游管理部门不仅进行旅游投资和建设，并且直接经营和管理旅游企业。在这种环境下，旅游管理部门成了饭店业主、旅行社经营者、旅行交通运营商。通过这种形式，政府的主要目的是鼓励和引导私营部门进入旅游业，为私营部门的投资、创业和经营提供示范。1950~1960 年期间，外国游客数量的年平均增长率为 12%，饭店设施的床位数量增长 7 倍，外国旅游者数量增长了 6 倍。[①] 截止到 1961 年，土耳其已有 258 家饭店，15685 张床位，但这些设施依然不能满足日益增长的外国旅游者的需求[②]，这一时期拥有豪华的饭店设施已经成为各旅游城市现代化和文明的象征。

三 土耳其旅游业发展的要素禀赋

按照资源基础理论观点，任何具有价值、可以利用的要素构成了一系列有形和无形的资源。资源的差异性和利用资源的独特方式是形成国家竞争优势的基础。旅游资源，作为国家经济增长和社会发展的重要资源，包括自然旅游资源、人文旅游资源以及人造旅游资源三大类。自然旅游资源主要分为地貌景观类、水域风光类、天气气象类和生物景观类四种类型；人文旅游资源分为古迹与建筑类、消闲求知健身类，历史古迹、文化遗迹，以及民族习俗、文化艺术三种类型；人造旅游资源是指人工创造的旅游资源，它可以是物质性的，也可以是非物质性的；可以是自然的，也可以是人文的，如主题公园等。大量的、无与伦比的旅游资源为土耳其旅游业发展提供了坚实的资源基础。

（一）优越的交通、区位优势

土耳其地处亚洲、非洲和欧洲三大洲构成的古老世界的结合点，并且跨越了欧亚两州。从地理区位方面来看，该国位于北半球北纬 39°55′，东经 32° 50′，恰好处于赤道和北极中间的位置。国土面积约为 78.35 万平方公里，其中 97% 位于亚洲的小亚细亚半岛，3% 位于欧洲的巴尔干半岛。土耳其国内分为 81 个省（市）行政单位。根据气候条件、地理位置特征，以及地形地貌和农业、交通等发展状况，土耳其可分为马尔马拉海、爱琴海、黑

① Yasa Memduh, *Cumhuriyet Dönemi Türkiye Ekonomisi*（*1923 - 1978*）, Istanbul, Akbank Kültür, Yaylnl, 1980.

② Turgut Var, *Mediterranean Tourism: Facts of Socioeconomic Development and Cultural Change*, edited by Yorghos Apostolopoulos, Philippos Loukissas and Lila Leontidou, London: Routledge, 2001.

海、安纳托利亚中部、安纳托利亚东部、安纳托利亚东南部和地中海七大地理区域。陆路与欧洲、亚洲相连，三面又被黑海、马尔马拉海和地中海环绕，扼黑海海峡咽喉，是黑海和地中海之间唯一的交通要道和战略要地，自古以来就是兵家必争之地，也是世界贸易、商业的中心。

优越的地理位置使土耳其与世界最大的旅游客源市场和旅游目的地欧洲毗邻。整个欧洲的客源数量、社会经济发展水平和游客出游率等，都位居世界前列。因于受收入、时间、距离的影响，旅游者的出游半径不可能无限延伸，而是以居住地为中心，呈现出由近及远的特征。得天独厚的地理位置使土耳其旅游业发展具有了雄厚的客源基础。同时，土耳其优越的区位优势、丰富的历史文化资源和相对发达便利的水、陆、空交通条件，对国际游客构成了巨大的吸引力。与此同时，大量的世界著名旅游跨国集团也纷纷在此投资、兴建饭店、度假村和其他休闲娱乐设施，土耳其成为世界主要的旅游集散地和旅游目的地之一。

（1）马尔马拉地区是土耳其两个工业区之一，也是土耳其最大的城市——伊斯坦布尔所在地。这里是土耳其人口最稠密的地区，也是重要的国际中转枢纽，属于土耳其发达地区。

（2）爱琴海地区也是土耳其两个工业区之一，人口密度列全国第二，伊兹密尔是该地区最大的城市，也是土耳其第三大城市，属于土耳其发达地区。

（3）安纳托利亚中部地区，土耳其首都安卡拉位于该地区。由于地处内陆，该地区多数地方属于土耳其的欠发达地区。

（4）地中海地区是旅游业最发达的地区，旅游收入占土耳其旅游业的三分之一。

（5）黑海地区拥有肥沃的土地，农业较为发达，旅游业发展具有很大潜力。

（6）东南安纳托利亚气候干燥，属于土耳其的欠发达地区。

（7）东安纳托利亚地区位于山区，夏天短暂，冬季严寒，是开展滑雪等冬季旅游项目的最佳地区，具有较高的旅游发展潜力。

（二）适宜的气候和气象资源

土耳其横跨欧亚大陆，濒临地中海与黑海，多样的地理环境造就了土耳其各地的多样的气候特征。东部山区地带冬季寒冷、夏季炎热干旱，属典型的内陆山地气候；安纳托利亚高原腹地冬季严寒多雪、夏季炎热少雨，属典型的大陆性气候；而地中海、爱琴海沿岸冬季凉爽多雨、夏季干燥炎热，属于典型的地中海气候。土耳其位于小亚细亚半岛，三面环海，一年四季阳光充足，降雨量少，每年日照时间在300天以上。这里没有飓风、台风的侵扰，也极少受到高热天气的影响，夏季最高平均气温不超过30摄氏度，最适宜出游的时间长达8个月（见表3－1）。适宜的气候条件为旅游业发展提供了基础，地中海沿岸地区一直是世界著名的旅游目的地，吸引着世界各地的游客。黑海海滨现已成为中东欧国家居民旅游度假的首选之地。

表3－1　土耳其气候状况

	1月	2月	3月	4月	5月	6月	7月	8月	9月	10月	11月	12月
平均最高气温（摄氏度）	4.1	6.4	11.9	17.2	21.0	26.2	29.8	29.8	25.8	19.6	12.9	6.4
平均气温（摄氏度）	0.1	1.9	6.1	11.2	15.5	19.6	22.9	22.6	18.3	12.6	7.1	2.6
平均最低气温（摄氏度）	-3.3	-2.3	0.8	5.4	8.9	12.5	15.3	15.1	10.9	6.8	2.5	-0.7
降雨量（毫米）	47.0	36.3	36.3	48.3	54.6	37.4	13.8	12.4	19.3	26.8	33.4	49.0
降雨日数*	8	7	8	8	9	6	3	2	2	5	6	8

* 降雨日数表示日降雨量不少于1.0毫米的降雨天数。

资料来源：Karadeniz，N.，*Biodiversity Conservation and Management in Protected Areas and Biosphere Reserves*：*Country Report of Turkey*. Report of the UNESCO-MAB-SEE Countries，Ars Docendi，Bucharest，2003。

（三）漫长的海岸线地质、地貌资源

土耳其国土北接黑海，西邻爱琴海，海岸线（包括海岛岸线）长达8333公里。滨海地区多海湾和岛屿，风景秀丽，沙滩处处，是旅游度假的好地方。伊斯坦布尔横跨博斯普鲁斯海峡两岸，曾经是罗马帝国、拜占庭帝国和奥斯曼帝国的首都，城内到处是华丽壮美的清真寺和不同时期的历史文化遗迹，是一座连接欧亚的历史文化名城。在远离中心城市的地方，土耳其的也有很多值得一游的地方，如亚罗瓦温泉、特洛伊城遗址、观鸟胜地库什湖、世界奇景帕慕克卡莱（棉花堡）和卡帕多西亚地形等。[①]

① 旅游网：http：//ly. cs. js. cn/new_ tour/showjd. html? id＝808，访问日期：2011年10月10日。

土耳其拥有的丰富的生态系统和生物多样性，主要包括森林、草原、湿地和海洋生态系统。土耳其的动植物种群无论是在整体植物多样性和特有水平方面都比欧洲、北非、中东地区其他任何国家更为丰富。欧洲拥有的12000种植物物种，其中有75%位于土耳其。① 在世界大陆国家中，土耳其在生物多样性丰富度方面排名第九，国内有超过33%的动植物是土耳其的地方性物种，属土耳其独有。②

土耳其目前有37个国家公园、18个自然公园、33个严格保护区、123处野生动物保护区和102处自然遗迹景区，共计906个保护区，面积约390万公顷，约占全国领土面积的5%。③ 这些保护区大部分位于土耳其西部和北部地区，每年接待大约15万游客，并提供康乐设施及服务。保护区的设立不仅保护了当地的自然资源和生物多样性，同时，这些保护区在促进国家和农村经济发展方面也发挥了重要作用。④ 土耳其《国家公园法》（第2873号）于1983年颁布，要求建立以国家公园、自然公园、保护区、自然遗迹、大自然和野生动物保护区以及延伸到整个林业系统的国家生态网络。土耳其的国家公园，包括拥有国家和世界层面的珍贵的自然和文化遗产地区，以及具有较高景观价值的重点地区，均按照国家制定的旅游长期发展规划——总体规划以及土地规划和其他的功能性规划进行开发、建设和保护。建立国家公园和其他保护区的主要目的是实现自然和文化环境的传承，保护生物多样性，为教育和科学研究以及全民的身体健康、精神愉悦提供自然环境。保护的原则在于确保这些独特的资源，作为国家和全球共同遗产，能够世代传承下去。

（四）独具特色的文化资源

土耳其地处亚、欧、非三大洲交界处，旅游资源得天独厚。这里是东西方文明的交汇点，是赫梯文明、希腊文明、罗马文明和奥斯曼文明的诞生地，也

---

① Karadeniz, N., "Biodiversity Conservation and Management in Protected Areas and Biosphere Reserves: Country Report of Turkey", Report of the UNESCO-MAB-SEE Countries, Ars Docendi, Bucharest, 2003.

② UNCCD, "National Report of Turkey, United Nations Convention to Combat Desertification", 2002, Retrieved March 25, 2006, from http://www.unccd.int/cop/reports/northmed/national/2002/turkey-eng.pdf.

③ Zal, N., "Reflections from the Mab Activities in Turkey, 2005 - 2006", Turkish National Commission for UNESCO, 2006. Retrieved October 25, 2006, from http://www.unesco.org/mab/icc/countryRep/E_ Turkey.pdf.

④ Savaş, Y., *An Overview of Protected Areas in Turkey*, PARKS, 2000, 10 (1), pp. 33 - 36.

曾是罗马帝国、拜占庭帝国、奥斯曼帝国的政治、经济和社会文化中心。这里拥有6500年的悠久历史和前后13个不同文明的历史文化遗产，丰富的人文资源是土耳其发展旅游业的先决条件。古巴比伦、古埃及、赫梯、古希腊、罗马、拜占庭、阿拉伯、波斯和奥斯曼等文明和犹太教、基督教、东正教、伊斯兰教都在这片土地上留下深深的印迹，不同时期文明的历史遗迹在土耳其俯拾皆是。丰碑式的赫梯族雕刻、罗马圆形剧场、拜占庭镶嵌艺术、塞尔柱人的商队客栈、土耳其民间音乐、旋舞、奥斯曼清真寺等是土耳其旅游资源的重要构成。

古代著名的世界七大奇迹中的伊兹密尔以弗所古城的阿特米丝（月亮女神）神庙和哈力卡尼斯的卡里亚王陵就位于土耳其。首都安卡拉位于安纳托利亚高原中部，是一座有3000年历史的古城，城内有大量的古罗马时期的历史文化遗迹，如奥古斯丁神殿等。在安塔利亚有全世界保存最完好的阿斯潘多斯古罗马露天剧场；在黑海沿岸城市特拉布宗有基督教著名的苏迈拉修道院；在达达尼尔海峡的亚洲一侧有特洛伊古城；还有横跨欧亚大陆、拥有2600多年历史的世界名城伊斯坦布尔等。此外东罗马帝国和奥斯曼帝国时代留下的建筑遗迹，是世界建筑艺术的珍品。[①]

现代旅游业的发展离不开现代的文化艺术活动，土耳其政府非常注重现代文化旅游产品的开发，每年举办100多个节庆活动，吸引了来自世界各地的游客。伊斯坦布尔是国际文化艺术节最重要的举办中心，举办的国际电影节、国际戏剧节、国际音乐节、国际爵士乐节和每两年举办一次的国际双年展，吸引了著名表演艺术家和音乐家欢聚在伊斯坦布尔。安卡拉、伊兹密尔、安塔利亚都是国际性文化艺术节的举办地，土耳其主要的国际性文化艺术节如表3-2所示。[②] 与此同时，土耳其政府还积极引导和开发会展旅游市场。据国际会议协会（International Congress and Convention Association，简称ICCA）数据统计，土耳其举办的国际大型会议数量已由2000年的37个上升到160个，在伊斯坦布尔召开的国际会议数量由29个上升到109个。土耳其在世界会议市场的排名已升至第14位。截止到2010年，伊斯坦布尔已成为国际会议旅游联盟中继维也纳、巴塞罗那、巴黎、柏林、新加坡、马德里之后，排名

① 李玉东：《土耳其重视发展旅游业》，《光明日报》2010年8月27日。

② 《土耳其》，江西文明网：http://wiki.jxwmw.cn/index.php? doc-innerlink-%e5%9c%9f%e8%80%b3%e5%85%b6，访问时期：2011年2月7日。

第七位的世界著名会议举办地。目前，土耳其政府为了减少伊斯坦布尔会展旅游的压力，正在积极推出安塔利亚、伊兹密尔、安卡拉和埃斯基谢希尔的会议设施，会议旅游每年给土耳其带来约 30 亿美元的收益。①

表 3－2　土耳其主要国际性文化艺术节

日期	举办地	活动名称
4 月 1～7 日	玛尼萨	传统梅斯尔糖果节，至今已有 470 年的历史
4 月 17 日～5 月 2 日	伊斯坦布尔	国际伊斯坦布尔电影节
4 月 23 日	安卡拉	4.23 国际儿童狂欢节，也称国家主权及儿童日
4 月 26 日～5 月 9 日	安卡拉	安卡拉国际电影节
4 月 27 日～5 月 20 日	安卡拉	安卡拉国际音乐节
5 月 6～10 日	埃斯基谢希尔	尤奴斯·艾姆雷文化艺术周
5 月 7～11 日	安卡拉	安卡拉国际卡通艺术节
5 月 30 日～6 月 2 日	伊斯坦布尔	伊斯坦布尔国际戏剧节
6 月 6 日～7 月 19 日	安塔利亚	阿斯潘多斯芭蕾舞及歌剧节
6 月 6 日～7 月 2 日	伊斯坦布尔	伊斯坦布尔国际音乐节
6 月 12 日～7 月 12 日	布尔萨	国际布尔萨节
6 月 15～25 日	安卡拉	比尔肯特国际戏剧盛会
6 月 15 日～7 月 15 日	伊兹密尔	国际伊兹密尔节
6 月 20～26 日	埃迪尔内—克尔克普那尔	克尔克普那尔传统涂油摔跤节
6 月 22～27 日	阿德亚曼	国际科马基尼节
6 月 28 日～7 月 3 日	伊兹密尔	阿拉卡提（Alacati）国际儿童和青少年戏剧节
7 月 5～10 日	科尼亚	纳斯列丁·霍加狂欢节
7 月 7～18 日	伊斯坦布尔	伊斯坦布尔国际爵士音乐节
7 月 20～25 日	伊兹密尔	切什梅海洋狂欢节及国际唱歌大赛
8 月 14 日	安卡拉	比尔坎特国际安那托利亚音乐节
8 月 16～18 日	奈乌谢希尔	国际哈基·拜库塔什·威利纪念日
9 月 4～12 日	伊兹密尔	伊兹密尔国际民间舞蹈节展示大会
9 月 17 日～11 月 8 日	伊斯坦布尔	伊斯坦布尔国际双年展
10 月 2～3 日	乌法	国际阿塔图尔克（Ataturk）大坝水上运动节
10 月 3～5 日	阿兰亚	阿兰亚国际文化艺术节
12 月 3～7 日	安塔利亚	圣诞老人圣尼古拉斯国际纪念日
12 月 10～17 日	科尼亚	梅乌拉那（Mevlana）纪念日

资料来源：百科江西网：http://wiki.jxwmw.cn/index.php? doc-innerlink-%e5%9c%9f%e8%80%b3%e5%85%b6，访问日期：2011 年 2 月 7 日。

① Gamze Goren, "Cities Climbing to the Summit", *The Turkish Perspective*, July-August 2011, Issue 5, p. 14.

四　土耳其旅游产业定位

基于国家的旅游文化传统和得天独厚的要素禀赋优势，土耳其政府为了能够在短时间内实现经济增长的目标、获得国民经济发展急需的外汇，在20世纪60年代初期发布的第一个国家五年发展计划中，确立了发展大众旅游和滨海旅游的旅游产业定位。由此，土耳其开始了大规模的基础设施和旅游设施建设，并对全国土地和旅游资源实施旅游总体规划和土地规划。在漫长的地中海、爱琴海和马尔马拉海海岸线上，伊斯坦布尔、伊兹密尔、穆拉、安塔利亚等一些基础设施较为完善、经济较为发达的滨海地区，作为旅游业优先发展区，首先获得了政府优惠政策，并且通过土耳其旅游银行和公职人员退休基金会对这些地区的旅游国有企业和私营部门融资，为旅游业的发展起到了很好的促进作用。

本章梳理了土耳其古代旅游发展史，历经了希腊文明时期、罗马文明时期和奥斯曼文明时期的长期发展和积累，旅游作为一种社会活动在土耳其已经较为普遍。源远流长的历史文化和得天独厚的地理区位、气候、自然资源等要素禀赋，为土耳其现代旅游业的萌芽提供了先决条件。进入现代社会后，旅游在土耳其逐步由一种社会现象发展成为一个庞大的产业体系，土耳其政府基于要素禀赋的资源优势基础，明确了发展旅游业的产业定位，其发展表现出突出的拥有资源优势的要素禀赋驱动特征。

在要素禀赋的驱动下，土耳其政府充分发挥本国自然旅游资源、文化旅游资源的比较优势，确立了发展大众旅游和滨海旅游的产业目标定位。由此，土耳其开始了大规模的城市基础设施和旅游设施建设，并对全国土地和旅游资源实施旅游总体规划和土地规划，逐步形成了伊斯坦布尔、伊兹密尔、穆拉、安塔利亚等一些基础设施较为完善、经济较为发达的滨海旅游目的地。优越的交通区位优势、一年长达300天的日照时间以及长达8个月的适宜出游的气候条件、漫长的海岸线、独特的地质地貌资源、独具特色的文化资源，再加上政府举办的国际节事活动和会展活动，土耳其的旅游产品日益丰富和完善，并逐步形成了独具特色和魅力的现代旅游产业。在旅游业发展初期，土耳其政府明确的旅游产业定位，为日后旅游业的发展指明了方向。

第四章

政策驱动——政府推动旅游业发展的战略与政策

20世纪50年代，鉴于当时的国际环境和土耳其所处的经济发展阶段，国家对外汇需求的增加以及平衡国际贸易和安置就业的需要，旅游业开始进入政府的政策层面。政府颁布了土耳其旅游业发展史上具有里程碑意义的第一部《旅游鼓励法》，成立了专门为旅游产业提供金融服务的土耳其旅游银行，并授权土耳其公职人员退休基金会在旅游城市投资兴建高档旅游设施。在政府政策的推动下，土耳其现代旅游业初步形成。在此后的50多年时间里，土耳其政府发挥自身的自组织特性和协同特性，积极鼓励、引导、推动并主导了旅游业的发展。到21世纪初期，土耳其在国际市场上形成了较强的国际竞争力，其发展成就为世界所瞩目。本章重点剖析土耳其旅游业发展中的政府作为和政策效应及其战略导向。

第一节　政府将旅游业确立为重要产业部门

在经历了土耳其共和国成立后近二十年的经济社会发展，土耳其旅游市场逐步发育成熟。从20世纪60年代开始，土耳其政府有意识地确立了旅游业发展的战略导向，第一次把旅游业正式确定为国民经济的重要产业和国家最重要的无形出口产业，为推动旅游业起飞做好了充分的前期准备。而后政府又将旅游与新闻出版分离，成立了专门的国家旅游和信息部，设立了旅游开发区，建立了旅游开发规划体系，制定出台了《旅游开发规划条例》，颁布了促进旅游业发展的各项立法，刺激私营企业进行旅游基础设施投资和建设。到20世纪80年代，土耳其旅游业已发展成为比较成熟的重要产业部门，为土耳其经济的腾飞奠定了坚实基础。

一　政府政策和旅游规划（1960～1972年）

1960年，土耳其发生军事政变。随后，新政府结束了自由经济政策，开始实行“混合经济”政策。私营企业被认为是国家经济的重要组成部分，得到迅速发展。更为重要的是，旅游业第一次被国家正式确定为重要产业，并作为国际贸易中的无形贸易类别项目，被政府确定为最重要的无形出口产业。同时，还被列入发展国际关系的重要部门。在当时的国际经济发展形势下，赋予旅游产业如此重要地位的国家在世界上并不多见。土耳其政府成立了国家计划组织（State Planning Organization，简称SPO），负责国家中长期发展规划和短期发展计划的制订。在第一个五年计划中，政府明确提出旅游业的发展目标是：“缩小土耳其国际贸易收支平衡差距，充分发挥国际旅游业能够增加和扩大外汇收入的优势……主要目的是在最短的时间内，做出必要的投资，吸引潜在国际游客到土耳其旅游。因此应该加强宣传和推广，增加服务设施、拓展纪念品贸易，延长游客逗留天数”。[①]为此，政府于1963年正式成立了旅游和信息部（Ministry of Tourism and Information，简称MTI），负责旅游规划；旅游企业投资许可证和经营许可证的发放以及旅游设施的标准化工作；监督确定饭店房价和现有设施的经营；制定“旅游餐馆”的菜单价格；开设旅游培训中心（Türem），加强旅游专业人才的教育和培训，并树立和推广“示范型”旅游企业的经营管理经验；在国内外开设土耳其旅行社分社，促进土耳其旅游产品的宣传和销售。

（一）建立旅游开发规划体系，实施分区管理，进行旅游总体规划

在1961年通过的新《宪法》中，土耳其大国民议会批准了政府提出的土地私有化方案，同意政府征用沿海土地并转让给投资者。新的土地政策给旅游业带来了巨大的发展机遇，政府首先组建了旅游开发规划体系，负责全国范围的旅游开发规划工作。土耳其旅游开发和规划部门由中央、区域、省

① Turgut Var, *Mediterranean Tourism: Facts of Socioeconomic Development and Cultural Change*, edited by Yorghos Apostolopoulos, Philippos Loukissas and Lila Leontidou, London: Routledge, 2001.

和市构成。中央政府机构和单位由高级规划委员会——国家计划组织（负责制定五年发展计划），旅游咨询委员会（由政府官员、产业领域人员、旅游信息部和大学学者构成），旅游协调委员会（负责协调与林业部、交通部、文化部的协调工作）和土耳其旅游银行有限公司以及下辖的“A”类旅游公司组成；旅游地方机构或区域旅游总局由一个或多个省旅游局构成，负责区域旅游开发和规划工作；在地方的主要旅游接待区、入境城市设立旅游局；地方的旅游协会（至少40%的成员由地方旅游企业构成）包括国家公园、野生动植物总局、土耳其旅游和汽车俱乐部，各类基金会和社团，可以通过省旅游委员会向旅游部申请融资。旅游研究机构由大学、文化旅游部研究中心、国家统计局、安全总局和金融部组成；还设有规划机构、协调机构，以及由旅游企业，喜来登、希尔顿、地中海俱乐部等国际饭店连锁集团，土耳其地接运营商和旅行社、外国的和境外的土耳其旅行经营商等旅行社以及国外的政府旅游办公室和景区景点的外派机构等构成的庞大的营销机构。自此，土耳其形成了从旅游规划到开发建设，再到旅游研究和宣传推广的一个多方位、多层次的旅游业发展体系。

（二）成立旅游开发区，吸引外商投资，重点培育和发展饭店业

为了吸引投资，加速旅游业的发展，政府将马尔马拉海、爱琴海和地中海沿岸地区设为投资优先区，第二个五年计划中，又将这三个地区列为“最具潜力旅游区”，又称“旅游路线区”。1969年，国家计划组织的最高机构——计划委员会发布了《旅游开发规划条例》，爱琴海沿岸大部分地区，从恰那卡莱南部到安塔利亚—梅尔辛的地中海沿岸地区，规划为“旅游开发区”。另一政府机构——旅游协调委员会，将伊兹密尔市、穆拉市、安塔利亚市确立为“旅游中心区”。1973年，卡帕多西亚成为“旅游开发区”。1974年，地中海沿岸东部一半以上地区、安塔利亚东部部分地区以及整个伊斯坦布尔成为旅游开发区。随后，旅游和信息部又对大都市的旅游娱乐区、黑海地区（包括一些非沿海省份）、安纳托利亚东部地区、温泉、山地、湖泊和保健度假胜地等特殊资源区，安纳托利亚东南部的阿德亚曼进行了规划。截止到20世纪70年代末，覆盖75%的领土面积的国内旅游规划基本完成，旅游区内的旅游企业均能享有旅游银行实施的激励性优惠政策，旅游银行不仅为区内旅游项目提供信贷资金，还实行低利率和优惠的旅游用汇政策。与此同时，政府还对旅游投资和旅游企业实行了投资退税和税收优惠政策。

两大政府机构——土耳其旅游银行和埃美柯集团（土耳其公职人员退休基金会）承担了这一时期住宿接待设施的建设和管理。饭店设施包括注册类设施、国有饭店连锁以及非商业设施，并且主要集中在马尔马拉海沿岸地区，其次是爱琴海沿岸、地中海沿岸和安塔利亚中部地区。马尔马拉海沿岸的伊斯坦布尔和安塔利亚中部的安卡拉获得了政府大量的旅游投资。据统计，1967～1971 年，在旅游银行的贷款总额中，马尔马拉地区占 34.2%，爱琴海地区占 25.4%，地中海地区占 17.3%，安塔利亚中部占 12.2%，黑海地区占 4.5%，安塔利亚南部占 4.1%，安塔利亚东部占 2.3%，马尔马拉海地区和爱琴海地区旅游业得以率先发展。与此同时，在旅游银行和埃美柯集团投资建设的住宿设施中，床位数量也增长迅速（见表 4－1 所示）。

表 4－1　住宿设施所拥有的床位数量

年份	旅游银行	埃美柯饭店集团	注册类	非注册类	国有非商业
1965	258	1622	14293	111541	—
1967	498	3120	18158	—	—
1969	825	4325	24907	—	—
1972	1463	4693	34628	165000	—
1974	1542	4693	40895	—	—
1976	1762	4693	48078	196558	—
1978	—	4693	52385	—	25000
1980	2628	4693	56044	3000000	11593

（三）刺激私营企业发展，增加基础设施建设投入，加速旅游业发展

为了鼓励私营企业发展，使私人部门公平地参与到经济建设中来。土耳其政府规定：①经济政策将明确界定内容，并为公共部门和私人部门提供参与投资计划和实施的同等机遇；②国家将依照计划目标进行直接投资，并将经济发展情况通告私人部门；③国有企业实行收益最大化的价格政策，鼓励国有部门参与市场竞争；④利率和激励措施由部门按照计划目标自行确定；⑤公共和私人部门在进口项目中不存在区别。在此政策鼓励下，旅游业得到极大发展，1971 年土耳其有 192 家旅行社，到 1978 年增加到 307 家，其中 A 类旅行社 195 家，A 类旅行社中有 119 家旅行社在伊斯坦布尔设立了办事

处，占总数的61%。

这一时期，土耳其实行进口替代工业化发展战略，整个国民经济保持着较高的发展速度。自1965年开始，土耳其国内生产总值的年平均增长率达6.3%，其中制造业的年平均增长率为7.5%，制造业在国内生产总值中所占的比重由1963年的14.1%上升为1979年的19.1%。[①] 国民经济的发展活力为旅游业的发展奠定了良好基础。土耳其基础设施进一步完善，旅行社数量、饭店数量和床位数量都有了较大幅度增长，国际游客数量和旅游收入的增长都直接表明了旅游业的发展速度。土耳其旅游收入由1963年的765.9万美元增长到1972年的10373.1万美元；外国旅游者数量由1963年的19.88万人次增长到1972年的103.49万人次，首次突破100万人次。旅游账户也于1970年首度出现盈余（见表4－2）。并且随着国家经济发展，土耳其本国居民生活水平日益提高，土耳其国内包价旅游开始出现。

表4－2　土耳其旅游收入和外国游客数量（1963～1972年）

年份	旅游收入（万美元）	外国游客数量（万人）	人均收入（美元）	收入增长率（%）	土耳其公民的旅游消费（万美元）	顺差或逆差（万美元）
1963	765.9	19.8841	39		2051.1	－1285.2
1964	831.8	22.9347	36	0.09	2180.7	－1348.9
1965	1375.8	36.1758	38	0.65	2431.0	－1055.2
1966	1213.4	44.0534	28	－0.12	2632.9	－1419.5
1967	1321.9	57.4055	23	0.09	2681.3	－1359.4
1968	2408.2	60.2996	40	0.82	3340.9	－932.7
1969	3657.3	69.4229	53	0.52	4223.1	－565.8
1970	5159.7	72.4784	71	0.41	4773.8	385.9
1971	6285.7	92.6019	68	0.22	4219.2	2066.5
1972	10373.1	103.4955	100	0.65	5932.0	4441.1

二　政府政策和旅游微观企业发展（1972～1980年）

20世纪70年代初期，第一次世界石油危机的爆发使土耳其旅游业大受

① 安维华：《浅析八十年代土耳其的外贸政策》，《国际贸易》1990年第9期，第16～19页。

影响，国际游客人数骤减。然而，这一时期最具有划时代意义的事件是土耳其汽车工业的发展，在政府政策的鼓励下，私家汽车和商用大巴车的数量急剧增长。汽车工业的发展改变了人们的出游方式，土耳其国内旅游开始蓬勃发展起来。

（一）颁布《旅行社和旅行社协会法》，鼓励旅游行业协会发展

土耳其政府于 1972 年颁布了《旅行社和旅行社协会法》（The Law concerning Travel Agencies and the Association of Travel Agencies，第 1618 号法）。该法实施后，土耳其旅行社协会（Association of Travel Agencies）宣告成立，协会章程设立了佣金制度，确立了旅行社的职业价值观，保护旅游者利益，与旅游部共同开展土耳其旅游产品营销。并将已有旅行社分为三类，A 类机构可以开展第 1618 号法规定的所有服务项目，B 类机构经营空运、海运和陆地运输的票务业务和 A 类机构委托代理的业务，C 类机构仅提供土耳其公民国内旅游业务。同时，B 类、C 类机构都可以开展服务 A 类机构委托代理的业务。

20 世纪 70 年代中期以后，大部分国际连锁饭店以及世界知名的旅游经营商开始进入土耳其市场，旅游市场竞争加剧。为了提高整个行业的整体抗风险能力，在政府政策的鼓励下，旅游企业自发联合起来组成了行业协会。1971 年旅游饭店和投资者协会（Touristic Hotels & Investors Association，简称 TÜROB）宣告成立，该协会的基本目的是为旅游企业存在的问题提供解决方案，致力于旅游业以及旅游相关问题的科学和实践研究。它和土耳其旅行社协会，在日后土耳其旅游业的发展中发挥了巨大作用。随后，饭店经营者协会、导游协会等行业组织相继成立。这些行业组织的出现，表明土耳其旅游业出现了公共部门和私营部门共同发展的新的产业形式，预示着未来私营企业将在土耳其旅游业中发挥更大的作用。

（二）改善道路环境，旅游产业结构逐步完善

土耳其汽车工业的发展和道路的改善，对旅游业发展产生了直接影响。旅游者数量发生了巨大变化。1973 年，土耳其有 226603 辆汽车，其中 29% 归公司所有。到 1980 年，汽车数量增长了 200%，达到 679857 辆，其中 17% 归公司所有，这一时期，旅游人数增长了 16.7%，但是，与私人汽车和商用大巴急剧增长形成鲜明对比的是国家垄断的铁路和航空运输的停滞和缓慢增长，铁路运输增长尤为缓慢，1974～1976 年间，旅客人数都呈下降状态（见表 4－3）。

表 4-3 土耳其公路和铁路运输情况（1973～1980 年）

年份	公路			铁路	
	私人汽车数量（台）	公司汽车数量（台）	商用大巴数量（台）	主干线旅客旅程（千公里）	主干线旅客数量（人次）
1973	161225	65378	15777	2533353	17078
1974	217189	81194	16744	2833112	18812
1975	271199	87601	18190	2199355	14595
1976	343840	101229	19295	2109757	13603
1977	403671	104625	20420	2495465	14917
1978	459581	108625	21254	2969600	16440
1979	515724	112526	22191	4039994	23847
1980	563286	116571	23121	3548954	21641

土耳其航空公司的国内营业收入在 1977 年达到这一时期的最高峰（见表 4-4）。

表 4-4 土耳其航空公司营业情况（1965～1981 年）

年份	国际旅客旅程（千公里）	国际旅客数量（人次）	国内旅客旅程（千公里）	国内旅客数量（人次）
1965	71674	49952	155009	331475
1969	235548	205108	258561	709747
1976	1951417	1015275	888998	1846419
1977	1991908	1027997	1073388	2167983
1978	1962756	1030524	807795	1638455
1979	2084501	1095320	830241	1834559
1980	1416187	737661	395263	852755
1981	1916476	1004308	670936	457063

经历了 20 世纪 60 年代的高速发展，土耳其旅游业在 70 年代发展缓慢，尤其是入境旅游。这主要是受两次“石油危机冲击”及随之而来的资本主义世界经济“滞胀”的影响。截止到 1977 年底，土耳其用了 20 年的时间，使人均产出增长了一倍，完成了罗斯托定义的经济起飞阶段，实现了工业和经济的现代化，开始进入经济发展成熟阶段，土耳其国内旅游进入快速发展阶段。整个国民经济的发展为未来旅游业的起飞奠定了良好的基础。

也应该看到，随着旅游人数不断增长，甚至旅游者的逗留时间也增加了3倍，但是，却没有带来这一时期实际外汇收入的显著提高。旅游收入占GDP的比重，以及占世界旅游业的比重在整个70年代增长缓慢（如图4－1所示）。这主要是由于国际环境的影响，同时也有旅游客源市场变化的原因。土耳其的传统国际旅游者由休闲文化旅游者，转变为新型的多为学生和青年人等收入较低的包车或全包价团体观光旅游者，旅游者人均消费没有显著提高，政府旅游投资的平均收益只有预期收益的50%。1970年土耳其GDP约12亿美元，旅游业仅贡献了3000万美元；出口总额为496.3万美元，旅游收入仅占4.3%。而刚刚进入国际旅游市场的邻国希腊，旅游收入占到GDP的13%，南斯拉夫占10%。[①] 自1969年开始，埃美柯集团停止了对饭店设施的投资，政府开始反思前期的旅游政策和实施情况。

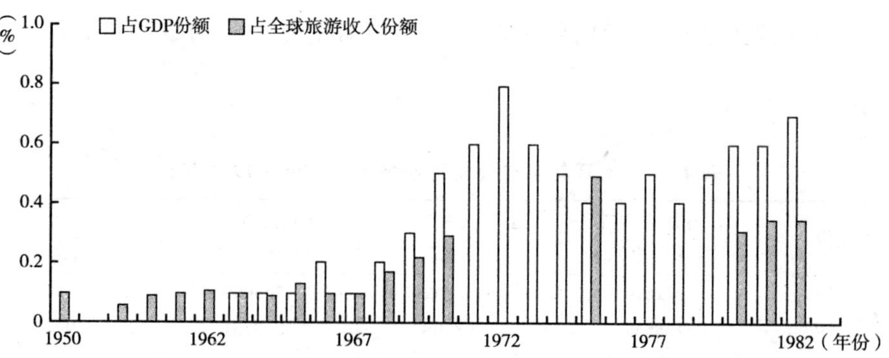

图4－1 土耳其旅游收入占GDP比重及其占全球旅游收入份额

第二节 政府主导优先发展旅游业

进入20世纪80年代，土耳其经济已经进入了成熟阶段，在工农业生产、基础设施、科技教育事业等方面取得了很大进展。与此同时，土耳其政府将旅游业提升到了国家战略和国家整体利益的层面，下决心大力推动旅游业发展。

① J. Diamond, "Tourism's Role in Economic Development: The Case Reexamined", *Economic Development and Cultural Change*, Vol. 25, No. 3, Apr. 1977, pp. 539－553.

一　国家战略调整和旅游业发展（1980～1990年）

土耳其在1980年经历了又一次军事政变，新政权宣布实行自由化改革，实施出口导向型的发展战略。在国际货币基金组织（IMF）和世界银行（WB）的指导下，土耳其开始推行市场经济制度。由于国家宏观经济中存在的债务沉重、出口潜力低下以及劳务输出收入下降等因素，在新自由主义政策的影响下，土耳其政府将旅游业作为新的产业增长部门，推行大旅游政策，优先发展旅游业，将旅游业作为国家实现出口导向型工业化战略的重要发展途径。

（一）土耳其旅游业发展的转折点——《旅游鼓励法》颁布实施

1982年政府颁布《旅游鼓励法》，又称2634法，此项法律开创了旅游业发展的新纪元。法律明确了与旅游业相联系的行业间缺乏协调的问题以及获取最佳旅游投资用地问题，并且简化了进入“优先发展区”的正式手续。依据新的法律，新的旅游形式，如游艇、博彩、餐饮中心以及综合服务设施获得了承认和许可，旅游业成为了新的“经济增长点”。自此，旅游业发生了一系列连锁反应。政府停止了对旅游设施的投资，并对已有设施进行私有化改革，让市场机制发挥作用。土耳其旅游业的年均增长率比前十年提高了6个百分点。1989年土耳其政府进一步撤销文化旅游部，单设旅游部，完全走上了国家主导旅游业发展的道路。① 到20世纪80年代末，一个以国家旅游部和资金雄厚的旅游银行为主要机构的、高效的旅游发展激励体系逐步建立起来。从1983年到1997年，政府发布了18个有关国有土地的公告，并安排297个投资企业在139个旅游区和中心建成了95178张床位（MOT 1997：3）。同时，国内旅游发展也很迅速，自1988年以来，土耳其个人旅行及旅游增长了82%，预计将以每年4.3%的速度继续增长。土耳其居民现在花费约8.2%的个人收入用于旅行和旅游，其中大部分是在土耳其境内。

（二）实行灵活的汇率政策，放松外汇管制

汇率制度是影响一国对外贸易的重要因素之一。为改变里拉比价长期被高估、汇率固定不利于出口的局面，政府开始实行灵活的汇率政策。1980年1月将里拉贬值33%，随后不断调整汇率，以抵消国内与主要工业贸易伙

① 巴山：《国家主导型的以色列、土耳其旅游业》，《旅游时报》1996年第9期。

伴国家相应的通货膨胀率。从1980年到1988年，里拉与美元的官方比价已由1美元兑换89.25里拉下降为1美元兑换1681.61里拉（买价），至1990年2月15日进一步下降为2379.23里拉。[①]

与此同时，政府取消了实行了50年的外汇管制，1984年颁布《保护土耳其币值的法令》，对外汇制度作了重大改革。该法令规定：居民可持有外汇，也可在银行立外汇户头。出口所得的外汇，1/5可自由使用；居民向非居民提供劳务所得的外汇则可全部使用。此后，进一步放松对外汇的控制，规定居民可兑换多达3000美元的外汇。这些规定对整个国民经济的发展产生了明显的促进作用。由于鼓励出口与放松对进口的限制，促进了各生产部门，尤其是旅游业的发展。生产能力的利用率至1987年已上升到75%。灵活的汇率政策使土耳其在欧美市场上初步树立了新兴、低廉的历史文化观光胜地和海滨度假胜地的形象，为入境旅游的发展提供了良好的机遇。外汇管制的放松，给旅游企业的扩张和发展提供了条件，同时也为公民出境旅游提供了资金保障。土耳其入境旅游、国内旅游和出境旅游三大市场逐步形成。

（三）继续加大基础设施投资

外向型的经济发展战略加速了旅游业的发展，旅游需求增长迅速。1988年旅游银行与国家投资和工人投资银行合并，组成了土耳其发展银行。在1989～1994年间新成立的土耳其发展银行为75000张床位的建设提供了信贷。该机构作为发展银行，为不同部门的许多旅游企业提供中期和长期的软贷款。利率较低并且还款限期较长的软贷款，成为最有吸引力的信贷产品。与旅游业相关的固定资产投资总额占国家固定资产投资的比重由1989年的0.7%上升至1997年的5.8%，旅游业及其他无形贸易的发展对促进建筑业的繁荣以及发挥建筑业的某种带动作用具有重要意义。1984～1987年连续四年的国内生产总值年增长率之所以能超过5%，在很大的程度上受益于对外贸易尤其是出口贸易的增长。

（四）旅游业中公共部门和私人部门的构成发生了显著变化

旅游业中私营部门的投资总额由1977年的38%，上升至1996年的72%。原有的以国有企业为主导的市场结构被完全打破，政府逐步退出了旅

① Rodrik, Dani, "Premature Liberalization, Incomplete Stabilization: The Ozal Decade in Turkey", in M. Bruno et al., ed., *Lessons of Economic Stabilization and Its Aftermath*, MIT Press, 1991.

游市场，由私人部门发挥基础作用的旅游市场已经成熟，私营部门成为旅游业发展的主体。随着旅游业的发展，代表旅游企业利益的行业协会相继成立，旅游业发展和教育基金会（The Tourism Development and Education Foundation，简称 TUGEV）作为一个非政府组织于 1985 年宣告成立。土耳其旅游业投资者协会（Turkish Tourism Investors' Association）于 1988 年成立。

1982 年当土耳其开始采取措施鼓励旅游业发展时，全国仅有 62372 个旅游床位，全年共接待 140 万旅游者，旅游收入仅 3.7 亿美元。至 1989 年注册的床位数已上升到 140364 张，旅游者数量上升到 430 万；旅游收入 1988 年为 23 亿美元，1989 年为 25.2 亿美元，相当于商品出口收入的近 14%，旅游业在国民经济中占有重要地位。

二　政府角色转变与旅游业发展（1992～2000 年）

进入 20 世纪 90 年代后，土耳其旅游业进入了多元化发展时期。80 年代的旅游大发展成为大众旅游在国内兴起的主要原因。土耳其旅游部在欧洲、日本和美洲大力宣传土耳其旅游目的地形象。相关行业也对旅游寄予很高期望。然而，1990 年 8 月海湾战争爆发，土耳其旅游业陷入瘫痪。

正确道路党（DYP）和社会民主党人民党（SHP）于 1992 年组成联合政府。政府首先下放权力，建立以项目为主导、注重效率的组织机构，相继成立了财政部、对外贸易总局和资本市场委员会等，国家计划组织（SPO）的职能被削弱。从 20 世纪 80 年代末开始，在整个 20 世纪 90 年代，在世界银行和国际货币基金推行的“部门调整贷款”和后期的“结构调整项目”以及私有化的促进下，自治的观念、参与的观念、透明度、问责制和权力下放开始进入土耳其国家政策议程。这一阶段，蓬勃发展的私营部门和活跃的市民社会成为经济发展的新生力量，在新自由主义经济和政治框架下，新政府着手制定新的旅游政策，并提出新的战略目标和政策：第一，开发和建设一个高效的、具有竞争优势的旅游业；第二，为国内外游客和当地居民创造最好的社会环境；第三，发展所有地区的旅游业，平衡旅游业发展的经济环境；第四，维护和增强国家的自然资源和文化遗产的保护和开发。政府明确提出：旅游政策的制定由中央集权的官僚计划转变为参与式决策过程，在可持续发展方面，旅游政策实施和旅游活动的开展，需要所有相关方之间的合作。在此期间，政府将给予应有的重视，以维持自然和人为两方面的因素，确保平衡和可持续发展。并通过旅游多样化政策，在全国各地不同地方开发和举办旅游活动，缓解沿海地区的环境压力。

（一）提高服务设施标准和服务质量，参与国际竞争

随着旅游设施建设的发展，饭店床位数量也急剧增加，土耳其的旅游接待能力有了很大提高。然而，由于服务质量问题，只有 30% 的航空旅客选择乘坐土耳其航空公司的航班，大多数的国际游客更愿意选择入住外国人经营的饭店或国际连锁饭店。外国旅游企业在土耳其占主导地位，土耳其超过一半以上的旅游收入由外国的旅游经营者和航空公司分享。[①] 改善服务质量和提高游客满意度已成为土耳其重要的发展战略。因此，政府将服务质量改进纳入最新的五年旅游发展计划，并确保土耳其成为世界主要旅游目的地。

（二）推动经济欠发达地区旅游业发展，实现均衡发展

随着西部和西南部旅游业高速发展，不仅加大了地区之间的社会经济差异，而且产生了不良的环境恶果，造成地区发展的不平衡。爱琴海沿岸、地中海西部及其内陆地区完全依赖于旅游业的发展，服务业在经济中占有重要地位。为了实现经济均衡发展的目标，让不同地区受益于旅游业带来的积极影响，政府推出了冬季度假旅游、体育旅游、登山旅游、海洋潜水、高尔夫球、骑马和所有其他的旅游活动。度假旅游包括文化旅游、温泉、会议和展览会、奖励旅游和特殊兴趣旅游等多个项目，发挥土耳其在旅游资源方面的优势，全面发展土耳其北部和东部地区的休闲度假旅游市场。

（三）调整土地和投资政策，实现旅游可持续发展战略

为了实现可持续发展目标，土耳其政府开始调整旅游发展政策，提高现有土地和资本的利用效率，控制新的投资。首先，公共土地的转让受到限制，缩短了投资抵押时间。其次，提高旅游贷款利率，严格控制旅游信贷政策的实施。由国家计划组织颁发的投资激励证书总额由 20 世纪 80 年代中后期的 267 亿美元降至 61 亿美元，同期，旅游银行提供的信贷总额也由 7 亿美元降至 1 亿美元，旅游投资占比也由 10.3% 降至 4.7%（见表 4－5），旅游业发展进入战略调整期。旅游业在消除旅游活动的季节性、延长旅游旺季、改善旅游产品种类、加强基础设施的建设的同时，保护环境、保护文化遗产、提倡

① H. Sezer and A. Harrison, "Tourism in Greece and Turkey: An Economic View for Planners", *Tourism: the State of Art*, edited by A. V. Seaton, London: John Wiley and Sons, 1994, pp. 75－84.

生态旅游和可持续发展的新概念受到政府重视，并进入政府政策框架。为了提高环保意识，并实现改善环境和可持续的经济、社会和文化发展目标，环境部和国家计划组织在1998年签署协议，开始实施国家环境行动计划，对土耳其的旅游投资项目进行强制性的环境影响评估（EIA）。旅游部于1992年在土耳其申请成为蓝旗运动（FEEE）欧洲环境教育基金会的成员，并由卫生部、文化部和旅游部提供技术和财政支持，在滨海地区开展蓝旗运动。

表4-5　土耳其旅游业获得的投资激励证书情况

	1980～1984年	1985～1992年	1993～1999年
旅游业投资激励证书占总量的比例(%)	2.1	10.3	4.7
投资激励证书总额(单位:10亿美元)	1.3	26.7	6.1
旅游银行和土耳其开发银行提供贷款金额(单位:10亿美元)	—	0.7	0.1
年平均占固定资产投资总额中的比例(%)			
私人部门	0.7	3.4	3.0
公共部门	0.6	1.4	1.2

数据来源：土耳其央行、土耳其统计局、土耳其旅行社协会。[①]

（三）转变政府职能，实行旅游业动态管理

在20世纪90年代，　旅游私营部门，不包括银行，一直是资本净流入的主要组成，一直占据着中期和长期信贷。随着旅游私营企业力量的壮大，过度的中央集权的传统决策方式成为利益相关者参与旅游规划的障碍。政府由完全参与向协调职能转变。旅游政策的制定由国家主导和官僚为中心的框架逐渐演变一个多元参与决策的治理框架。1999年，在维护和开发世界遗产名录项目——棉花堡（帕慕克卡莱）的过程中，采用了规划——项目——融资——运作四个阶段的综合方式，在国家旅游银行的监督下，该项目除了从国家分配预算外，还从世界银行获得2600万美元的贷款。项目的成功实施，给土耳其的旅游企业树立了榜样并赢得了国际赞誉。

（四）积极参与经济全球化，大力发展旅游业

经济全球化深入发展是新兴市场国家快速发展的重要外部条件，经济全

① Central Bank of the Republic of Turkey, The Impact of the Globalization on the Turkish Economy, June 2002, Ankara, Turkey.

球化带来了前所未有的资本流动、产品流动、信息流动和人员流动。随着市场范围的扩大，旅游经营者开始寻找新的旅游目的地。同时，跨国公司快速发展，成为经济全球化的引擎，推动着世界经济结构调整和全球产业大转移。土耳其政府抓住了这个历史机遇，大力推动旅游业的发展，使土耳其成为世界新兴旅游目的地国家。1999 年，土耳其成为欧盟候选国，正式启动加入欧盟进程。在土耳其加入欧盟的进程的推动下，土耳其的旅游发展国家战略和政府政策一律向欧盟政策靠拢，力求与欧盟政策保持高度一致。

这一时期，受海湾战争、1999 年两次地震和追剿恐怖主义头目等事件的影响，土耳其入境旅游人数和旅游收入有短暂下降。然而，经济改革和不断扩大对外开放政策是土耳其旅游业快速发展的内在动力。旅游业作为一种有效的经济发展工具，在传统旅游项目已发展成熟的基础上，通过提高旅游服务质量促进旅游业发展，提升土耳其旅游品质成为政府主要战略。与 20 世纪 80 年代初相比，土耳其注册类床位数量增加 3 倍，旅游收入增加了 10 倍，旅行社数量增加了 3 倍。在 2000 年，游客人数达到了创纪录的水平，达 10. 4 亿人次，旅游收入达 76. 36 亿美元，比上年增加 39%，游客消费增长 47. 4%，旅游收入占 GNP 的比重达到 3. 2%，占出口总额的比重达到 21. 4%（见表 4 - 6）。这是土耳其旅游业持续至今的惊人成就的开端，也是政府调整旅游战略产生的政策效果，极大地提升了土耳其在世界旅游市场的地位。

表 4 - 6　土耳其主要的宏观经济指标（1970 ~ 1999 年）

指　标	1970 ~ 1979 年	1980 ~ 1989 年	1990 ~ 1999 年
人均 GNP(美元)	1073	1502	2810
GNP 增长率(%)	4. 8	4. 0	3. 9
农业	1. 9	0. 7	1. 6
工业	6. 4	6. 0	4. 6
贸易	7. 1	6. 1	5. 0
农业占 GNP 的比重(%)	31. 9	20. 4	15. 6
工业占 GNP 的比重(%)	18. 0	23. 2	24. 8
贸易占 GNP 的比重(%)	13. 7	18. 3	19. 3
旅游收入占 GNP 比重(%)	0. 4	2. 0	3. 2
旅游收入占出口总额的比重(%)	11. 5	13. 7	21. 4
饭店床位数量(千)	79. 7	435. 0	564. 9
年平均接待旅游者数量(百万人次)	1. 3	2. 4	7. 4

第三节　确立旅游业国家核心产业战略和政策

迈入21世纪，土耳其政府将旅游业、农业和出口确立为三个最重要的经济部门。旅游业既是最重要的出口行业，又是拉动经济社会发展的重要引擎和加入欧盟的重要载体。旅游业核心产业战略的确立及其积极有效的政策效应，使土耳其旅游业迈入了世界旅游业的前列。

一　旅游业上升为国家核心产业战略

1999年，土耳其成为欧盟候选国，正式启动入盟进程。在加入欧盟进程的推动下，政府全面调整旅游政策，力求与欧盟政策保持高度一致。旅游业的发展目标和政策重点开始转移到提高设施和服务质量、加强对环境以及自然和历史文化资源的保护、消除地区发展不平衡、实现国家经济和社会的公平与可持续发展，并具有较强的国际竞争力和国际影响力的旅游产业。为了规范旅游设施的建设和旅游企业的经营，促进欠发达地区旅游业的发展，为大型旅游项目融资，2003年土耳其文化部与旅游部合并，成立了土耳其文化旅游部，并且修订了1982年颁布的旅游基本法——《旅游鼓励法》。该法律进一步明确了旅游组织的主要职责。国家旅游委员会是确定政策实现土耳其旅游战略的指导和决策机构，该机构由15~20名具有代表旅游业利益相关者资格的成员构成，并由行政人员董事会管理。其主要成员来自旅游文化部、国家计划组织和旅游企业。旅游委员会的职责是：

（1）创建国家、地区和地方旅游品牌并且协调旅游中心的营销；

（2）本着发展国内旅游的原则，确保旅游业的积极影响能够惠及全体国民；

（3）制定适用于住宿设施、旅游产品和旅游从业人员的质量标准；

（4）致力于旅游产品多元化发展；

（5）通过在职培训支持旅游企业发展；

（6）实施调查研究，为文化旅游部的决策过程提供数据；

（7）衡量和监督旅游政策的一致性；

（8）为旅游部的危机管理提供建议和指导。

国家计划组织（SPO）是国家旅游委员会的主要成员，并在旅游业发展中发挥着积极的作用。文化旅游部是旅游业的主要协调、监督和指导机构。

负责旅游规划的实施、文件发布和旅游教育。其主要职责是：

（1）确定文化旅游开发和保护区、旅游中心、需要特殊保护的历史和自然景点；

（2）按照年度执行计划提供旅游基础设施和公共服务设施；

（3）制定和批准旅游区和商业中心的土地使用计划；

（4）促进海外国家宣传；

（5）开展旅游研究和产业的数据统计；

（6）开展旅游职业培训；

（7）协调与政府机构、当地政府、专业协会、工会和非政府组织的工作。

文化旅游部与公共工程和移民安置部、林业和环境部负责协调土地开发规划，以及旅游项目的环境影响评估（EIA），确保所有设施的建设和开发与环境和谐。国家计划组织、环境和林业部、贸易和产业部、交通部和财政部等政府部门是文化旅游部的重要合作部门。文化旅游部直接下属的部门机构有：旅游工会、旅游商会、旅行社协会、饭店业主联盟、导游联盟，投资、支持和促销联盟以及各市政旅游局等。文化旅游部的组织结构见图4－2。①

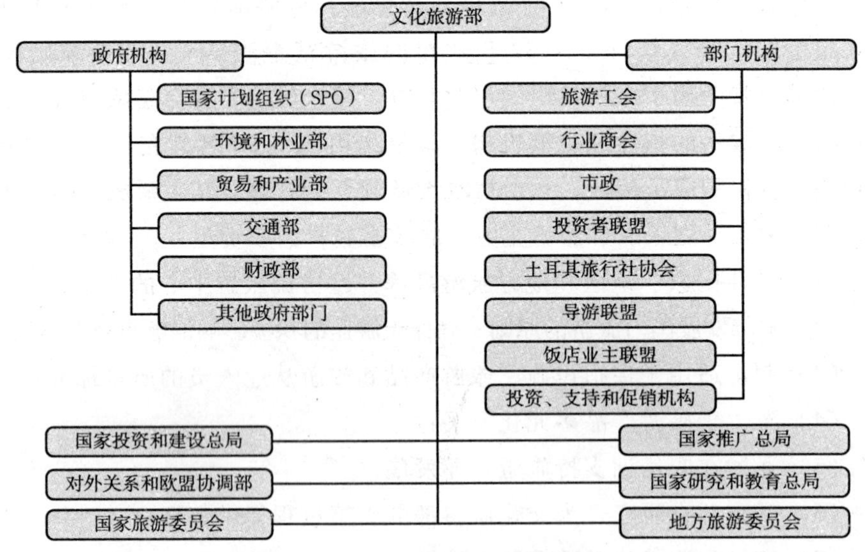

图4－2　土耳其文化旅游部结构图

① "Members Turkey Tourism Policies and Trends", http://hotelmule.com/management/html/93/n-3893.html，访问日期：2011年2月2日。

文化旅游部下辖的国家推广总局，在世界各地拥有36个办事处，负责土耳其旅游市场营销和广告活动。办事处在准确进行世界旅游市场趋势评估上，针对土耳其国内不同地区独特的旅游产品，在世界范围内开展旅游战略营销活动，内容包括：筹资、潜在市场识别、市场研究、目标市场确定、营销与推广和营销创新效果评价，全面促进土耳其全年的旅游活动活动开展。投资和企业总局以及分布于世界各地的36个办事处，若收到国内外游客的投诉，由旅游部负责调查，并联合产业和贸易部以及其他地方机构对旅游企业，如饭店、餐馆、旅行社等进行处罚。

旅游信息数据的统计由土耳其中央银行转移至旅游文化部和国家统计局，国际游客人数由护照警察每月向旅游局提供。

通过修订和颁布《旅游鼓励法》，政府为旅游业的发展提供了制度基础，形成了科学决策、政策实施和政策效果评价相互结合的、动态的旅游组织结构和运作模式，为实现旅游业跨越式发展奠定了基础。

二　与旅游业相关的政策调整

（一）外交政策

自2001年开始，为了与欧盟“申根协定”所规定的人员自由流动以及签证制度保持一致，土耳其开始实行开放和灵活的签证政策。政府调整护照费、出（入）境签证、出境税、外币兑换额度限制、健康标准、缴纳保证金等政策，降低了收费标准，简化了申请手续。到2009年，土耳其对高加索和中东地区的邻国，实行互免签证政策，先后与叙利亚、阿尔巴尼亚、利比亚、约旦、塔吉克斯坦、阿塞拜疆、黎巴嫩与沙特阿拉伯签署单边免签证协定。后土耳其根据欧盟理事会和欧洲法院以及入盟协定的有关规定，又取消了对塞尔维亚、马其顿和黑山共和国的签证要求，并开始了与俄罗斯的免签谈判。土耳其承诺在成为欧盟成员国后，将全面接受“申根协定”内容，与协定签署国实行针对第三方的共同签证。开放和灵活的签证政策，不仅加强了与这些国家在文化、政治和经济方面的交流，更重要的是，土耳其由此拥有了世界第一大旅游客源市场并同时获得了众多的独具特色的旅游目的地。有理由相信到2020年，土耳其旅游业将以高于世界平均增长水平和欧洲平均增长水平的速度继续快速发展。

（二）贸易政策

1995年，土耳其成为关贸总协定缔约国，1996年，土耳其和欧盟之间的关税同盟协议正式生效。土耳其和欧盟国家之间的货物贸易不受任何关税限制。依据关税同盟协议，土耳其签署了22.2亿欧元的金融合作协议，以缓解其过渡到欧盟层面面临的竞争和挑战，提高土耳其的基础设施水平，减少土耳其和欧盟之间的经济差距。1999年签署服务贸易总协定后，旅游业的市场准入限制很低，外资企业进入土耳其后，外籍人员在饭店或餐馆的人数不得超过当地员工的10%。外国旅游经营商只能从事入境旅游，不能开展出境旅游业务。对于外资企业在销售和营销方面的唯一限制是必须在土耳其境内建立自己的分支机构。外资旅游企业、外籍员工及导游进入，没有任何限制。土地所有权仍限于土耳其公民。

（三）环保政策

加强环境立法，严格控制地下水过度开采。提高废水处理设施的利用率。旅游企业应自愿参与环境污染监测，有效利用清洁水和污水循环利用。通过实施环保标准生态标签是保持旅游竞争力的重要方面。土耳其已在旅游服务领域的饮用水供应和废水处理方面取得了进展。改善了海滩水质和卫生基础设施落后的局面，协助旅游中小企业实现可持续发展。1998年，76%的旅游开发区没有污水处理设施。大量未经处理的废水直接排入沿海水域、河流和湖泊，增大了脆弱的淡水和海水生态系统风险。因为旅游相关的基础设施固体废物的再循环率相对较低，依据《土耳其国家环境行动计划》，18%的餐馆废弃物和25%的酒店废弃物将实现回收利用。

（四）产业政策

旅游部出台了一系列与1985～1991年类似的激励政策，主要内容包括：降低旅游业的增值税，从18%减少到8%～10%；支持私人航空公司的发展，降低汽油价格；增加对中小企业信贷的数量和范围。给予旅行社中小企业的市场地位；旅游企业享有出口企业的优惠政策和激励措施；分配土地，促进度假城项目的实施；加强和环境部、林业部之间的协调。并提出了基于成本领先原则发展大海、沙滩、阳光（sea-sand-sunshine）旅游和高附加值的教育娱乐环境（education-entertainment-environment）旅游的混合发展模式。

（五）运输政策

为了改善旅游目的地交通基础设施，同时又不会导致旅游产品成本增加，必须建立公共部门和私营部门的合作伙伴关系。政府短期政策有：①调整海事立法安全标准，实施和执行新安全标准；②采取海上行动计划，监测海上运输并提高土耳其国旗登记的效果。政府中期的政策有：①统一道路运输立法，包括市场准入、道路安全、危险货物和税收规则等。铁路、航空运输，尤其是空气安全和空中交通管制，内河航运（船只的技术要求）等采取统一标准；②确保有效地实施和执行交通法例，尤其是海上安全；③土耳其的运输车船队，尤其是海上和公路运输的标准规范，完全与国际标准接轨。

（六）区域政策

土耳其最有代表性的区域政策是东南部安纳托利亚规划项目（GAP）。这是一个综合开发项目，包括能源供应、农业和其他方面的社会经济发展项目。该项目自 1989 年实施，在 320 亿美元投资中，1999 年 6 月实现了 43.9%，期间在 1.77 万公顷的规划范围内，已经有 201000 公顷获得灌溉。虽然 GAP 项目不是一个旅游项目，但 GAP 地区的旅游市场份额占整个旅游注册机构的 0.8%。其他一些区域项目还有：①旅游部的度假城项目；②自主政策。直辖市可以直接规划和建设旅游设施；③在伊斯坦布尔的试点区域，艾敏厄努和苏丹阿哈麦特区域规划和建设中，当地社区委员会及其他利益相关者均可以参与决策和规划的制定。

（七）竞争政策

欧盟竞争政策的目标是确保自由竞争和防止滥用市场主导力量。1999 年 11 月 15 日，欧盟委员会与土耳其缔结服务和采购自由化协议。2000 年 4 月 11 日，欧共体—土耳其理事会公开谈判，旨在实行服务自由化以及欧盟和土耳其之间相互开放采购市场。在服务市场和采购市场开放的背景下，服务业所涵盖的领域十分广阔，旅游业成为投资者的首选。

（八）财政政策

土耳其 2000 年的税收占国民生产总值的 21%，相比 2001 年欧盟平均水平的 43.5% 较低。为了加强税收管理，增加税收，土耳其政府规定，实施国际审计标准，所有公司的审计事务必须达到会计质量标准并纳税。

三　土耳其旅游业走向世界

从1960年到1997年，土耳其旅游业主要是投资驱动，入境旅游人数和旅游收入的增长率都非常高。政府注重扩大供给（如住宿和基础设施建设）。自90年代初以来，兴建饭店和餐馆的多项激励措施额度已经下降，从而导致更多的以需求和创新为导向的增长。① 在20年的时间中，土耳其经济实现了从半封闭的、计划经济体制向开放的市场经济体制的转型，加快了融入世界市场的步伐，并保持了年均9%以上的高增长率。② 在此过程中，土耳其旅游产业发展也取得了令人瞩目的成就。政府通过制定发展战略和产业政策，把发展外向型经济同旅游业发展紧密结合在一起，在引进、学习和自主发展的过程中，把土耳其建设成为世界著名的旅游目的地国家，为其他新兴经济体和发展中国家树立了榜样。

进入21世纪后，土耳其旅游业进入了高速发展时期，这种持续增长的趋势，除了2006年，受德国世界杯事件影响出现下降外，一直保持到目前。2008年，尽管受全球经济危机的影响，但是，土耳其旅游业达到了历史最好水平，接待游客超过30万人次，其中国际游客达26万人次，本国居民达4万人次。旅游人数和旅游收入同比增长13.6%和18.5%，实现了人均消费708美元的消费纪录。旅游业已经成为土耳其政府减少失业、提高国内生产总值和改善国际收支的最重要推动力。截止到2010年底，旅游收入占国内生产总值的7.2%，占整个服务业的23.1%，旅游直接就业人数占国家就业总数的4.0%③，在世界旅游业中，土耳其成为游客接待数量世界排名第七位的旅游目的地国家（如图4-3所示）。

---

① Siemon Smid and Ebru Loewendahl-Ertugal, "Study on the Situation of Enterprises, the Industry and the Service Sectors in Turkey, Cyprus and Malta", IBM Global Services Business Consulting Services, 23 December, 2002.

② 桑百川、欧阳峣：《新兴市场国家力量步入上升期》，《人民日报》2011年1月7日。

③ 土耳其文化旅游部官方网站：http://www.turizm.gov.tr，访问日期：2011年9月20日。

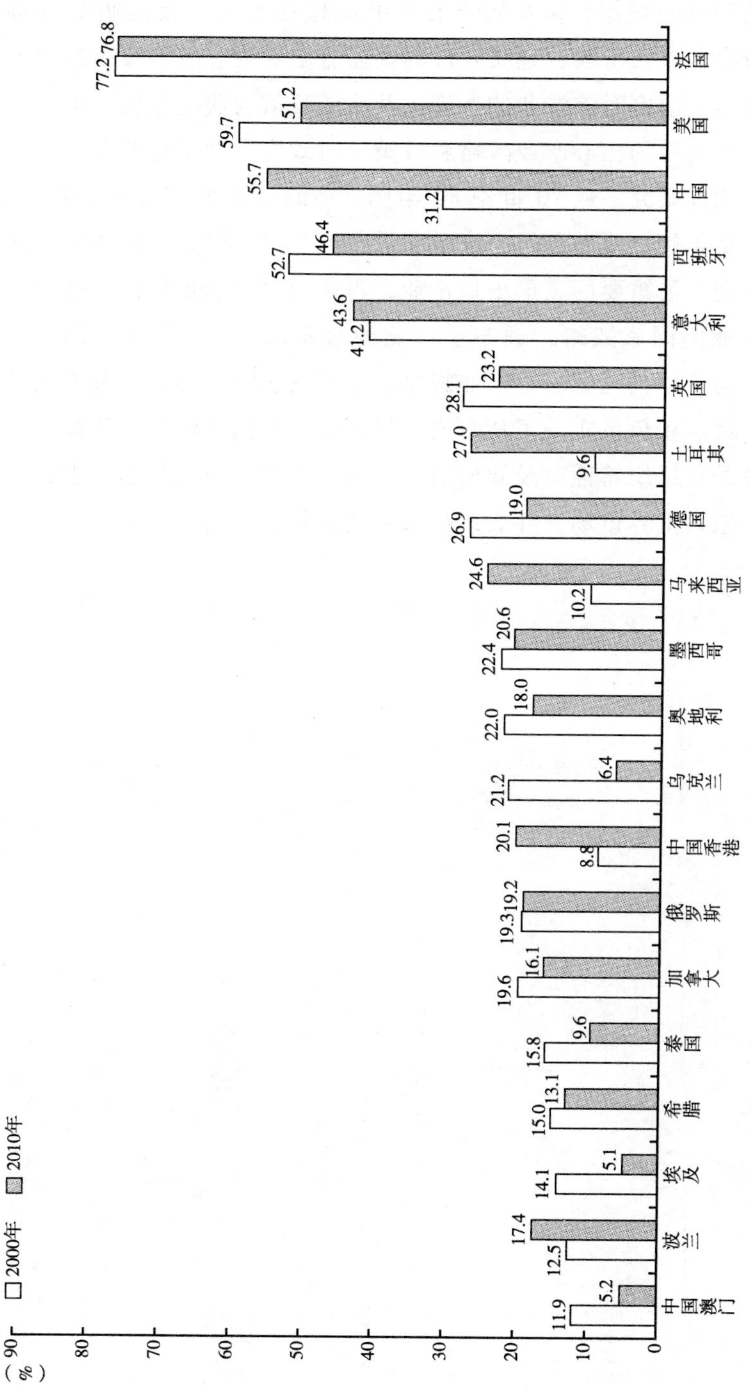

图 4－3　国际游客接待量排名前 20 位的旅游目的地国家和地区情况

本章按照时间顺序，依次对土耳其共和国成立后，旅游业发展萌芽阶段、起步阶段、成长阶段、起飞阶段的国家旅游业发展战略及政府政策进行了梳理。揭示了政府对旅游业的态度以及旅游政策的演变过程，重点介绍了土耳其旅游业发展的核心产业战略和政策，对政府推动旅游业发展的政策效应进行了透视性研究。从20世纪50年代，旅游业逐步进入政府政策层面，到20世纪60年代，政府专门的旅游和信息部部正式成立，旅游业被确立为重要经济部门和最重要的无形出口产业，再到20世纪80年代，政府确立优先发展旅游业的国家战略，颁布了《旅游鼓励法》，直至进入21世纪后，旅游业上升为土耳其国家核心产业战略，土耳其旅游业发展的政策驱动效应逐步加大，政府角色也实现了从政府主导到政府协同的转换，阐释了土耳其旅游业发展的自组织特性以及政府协同特性。在政府政策的驱动下，土耳其旅游业完全融入世界市场，并表现出极强的国际竞争力。

第五章

投资驱动——构建完善的现代旅游产业体系

现代旅游产业体系涵盖直接旅游业和间接旅游业。直接旅游业包括旅游产品、饭店、旅行社、交通运输业；间接旅游业包括餐饮业、博物馆、公园和自然历史文化遗产地等。旅游产业具有前期投入高、资本密集、市场聚集度高、产业结构松散的特点。土耳其政府发挥国家的作用，在加大政府投入的同时，充分调动私营部门的积极性，为旅游设施的建设和发展提供了政策支持和资金支持。在公共部门和私人部门投资驱动下，土耳其现代旅游产业体系逐步形成并开始逐渐完善。

第一节 政府的旅游基础设施投资

旅游基础设施（tourism infrastructure）或（tourism superstructure），又称为旅游设施或旅游上层建筑，指为满足旅游者在旅行游览中的需要而建设的各项物质设施的总称，主要包括旅游景点、旅游饭店（宾馆）、餐馆，会议中心，航空、铁路、水运、公路和汽车出租等旅游交通设施和各种文化娱乐、体育、疗养等休闲娱乐设施，以及水、电、金融、电信等辅助设施。建设国家旅游基础设施是发展旅游业的重要内容，而旅游基础设施的建设需要大量的投资，没有政府的支持，是难以完成的。土耳其政府在旅游业发展的早期阶段，政府采取大规模资金投入的方式，提高国家基础设施建设和旅游设施水平。

一 计划经济时期政府的旅游基础设施投资

在第一个五年发展计划和第二个五年发展计划期间（1963～1972 年），土耳其政府的基本政策就是发展大众旅游，大力兴建旅游基础设施，满足国际游客的需求（见表 5－1）。旅游发展基金主要来自财政部预算，根据 1963 年的《旅游鼓励法》第 30 条规定，主要采用自由配套基金、配套资金和信贷资金三种形式。1966 年长期旅游贷款已完全使用，建立了 4461 间旅游饭店客房和 8583 张床位。1967 年，政府实施额外措施，对旅游业追加 40 万美元投资，计划建造一艘新邮轮；扩建伊斯考伊机场；投资 21 万里拉修建连接重要旅游区和主要农村的道路；另投资 150 万美元的基金项目，其中 110 万美元来自国际援助，40 万美元来自政府预算，全部分配给由私营部门用来建造适合大众旅游的城市基础设施；另有 24 万美元的资金分配给爱琴海南岸，建立一个能够接待 3000 人的旅游项目。

表 5－1 计划经济时期旅游业投资情况

单位：百万土耳其镑（以 1965 年价格计算）

	1963 年	1964 年	1965 年	1966 年	1967 年	总计
公共投资	114.8	114.2	120.5	125.0	143.0	617.5
私人投资	42.7	61.8	120.0	206.1	200.0	630.6
总投资	157.5	176.0	240.5	331.1	343.0	1248.1

资料来源：Aydin Alacakaptan，Tourism Situation and Policy in Turkey，Conference presented to the 22nd AIEST Congress on September 8th，1972，at the Hotel Tarabya，Istanbul ，Turkey.

制约这一时期土耳其私人经济发展的主要因素，是国内基础设施的缺乏，如交通、水电、通讯等基础设施的落后和不完善。[①] 随着政府加强在公共部门的旅游设施投资，私营部门也开始了旅游设施投资，并且投资规模不断扩大。“一五”期间，公共部门的投资占旅游总投资的 28%，私营部门投资占旅游总投资的 72%。“二五”期间，公共部门的投资一直占旅游投资总额的 31.7%，私营部门投资占旅游总投资的 68.3%。政府加大了旅游基本

① 黄维民：《战后土耳其经济发展的历史考察及评析》，《西北大学学报（哲学社会科学版）》1993 年第 3 期，第 33～42 页。

投资，主要用于与旅游互补的地方服务和基础设施投资，以及旅游交通投资。为了提高旅游基础设施投资的效率，马尔马拉海、地中海地区、爱琴海、卡帕多西亚、凡湖、阿德亚曼和乌鲁达被政府确定为旅游投资重点地区，获得了政府的优先投资。

在土耳其前两个五年计划期间，在政府政策的鼓励下，土耳其优先完善了安塔利亚费特希耶和马尔马里斯两个机场地区的给排水、污水收集和处理系统、网络系统和国际通信系统。政府投资对历史遗产和古迹进行修复和改造。① 虽然在第一个五年计划中，政府的旅游计划投资占国家年投资总额的1.4%，但实际旅游投资达到总投资的2.04%，并在计划的前三年时间内，就实现了计划投资总额的81%，其中87%的投资金额用于三星级饭店、四星级饭店以及汽车旅馆、露营地和度假村等大众旅游基础设施的建设。② 截止到20世纪80年代初，土耳其每年接待的游客数量约130万人次，获得旅游部许可证的旅游饭店床位数量约5万张，旅游业净收入超过300万美元③，旅游基础设施有了较大改善，但依然满足不了迅速增长的旅游业发展需要。

二　自由经济时期的政府旅游基础设施投资

20世纪80年代，土耳其政府开始了自由化改革，实施出口导向型发展战略，旅游业成为国家的重点发展产业。1982年，政府重新修订了《旅游鼓励法》，依据新的法律规定，政府进一步放松土地政策，降低了国有土地分配标准，简化了分配手续；游艇业、博彩业、餐饮中心等综合基础设施相继建立，旅游投资开始投向政府设立的“优先发展区”。旅游业不仅享受政府全面的投资优惠政策，同时还享有政府对于旅游业的特殊的投资奖励措施，政府通过旅游部和旅游银行两个政府部门，采用建设旅游大项目的方式，完成了旅游基础设施建设的重大飞跃。

---

① Aydin Alacakaptan, Tourism Situation and Policy in Turkey, Conference presented to the 22nd AIEST Congress on September 8th, 1972, at the Hotel Tarabya, Istanbul, Turkey.

② Tunay Akoglu, Tourism Sector in the Second Five Year Development Plan of Turkey (1968 - 1972), Lecture at the Academy of Economic and Commercial Sciences of Ankara, Ankara, 1968.

③ Korel Goèymen, "Tourism and Governance in Turkey", *Annals of Tourism Research*, Vol. 27, No. 4, 2000, pp. 1025 - 1048.

（一）旅游银行

在旅游部的监督下，旅游银行除了从国家获得分配的预算金额进行旅游投资外，还担任世界银行2600万美元贷款项目的执行公司。作为项目执行人，旅游银行将58个公共土地项目分配给私人投资者，为他们提供信贷资金，并监督其建设施工，直到竣工验收。同时，旅游银行还协调公共部门的基础设施投资；重视环境的协调发展（净化水源，污水综合处理系统以及污水处理厂）；并与经营者协会合作，推行“基建工程管理模式”。这些项目的顺利实施，给土耳其同类企业起到了很好的示范作用，并且赢得了国际赞誉。

（二）安塔利亚南部旅游开发项目

该项目涵盖了安塔利亚南部沿海地区80公里长的区域，平均深度9公里，包括了奥林普斯、费斯里斯、艾迪罗斯等历史文化名城和一些村庄。项目内部成立了安塔利亚南部旅游发展基础设施管理公司，旅游部、中央政府的地方代表、市长、旅游投资者和项目管理者，甚至项目所在地的一些村长也成为公司成员。该项目采用规划、项目、融资和运营（planning + programming + financing and operational stages）的综合模式，创造了65500张床位的接待能力，约2万个工作岗位，实现每天接待20万人次的接待量，并进一步改善了当地居民的卫生、教育和培训基础设施状况。该项目在里约热内卢举行的世界旅游组织代表大会上，被选为世界最成功的六个综合性旅游项目之一。[①]

（三）地中海—爱琴海旅游基础设施和海岸带管理项目

该项目是土耳其最大的与旅游相关的基础设施投资，投资由世界银行提供，分阶段实施，计划到2023年完成，投资总额为30亿美元。第一阶段于1989年开始，包括建立由25个产业集群组成的10个优先发展区。该项目总范围接近4000公里的海岸线，约有100个定居点，其中大部分城市是主要的旅游中心。基础设施旨在开发水资源，建立定居点，建立或完善污水处理系统和污水处理厂，安装固体废弃物处理以及循环再造工程，改善海水水质，并加强海岸带管理。该项目所在的直辖市政府是主要合作伙伴，为了获

① Hilal ErkuŞ-Öztürk, “Planning of Tourism Development: The Case of Antalya”, *Anatolia: An International Journal of Tourism and Hospitality Research*, Vol. 21, No. 1, 2010, pp. 107 - 122.

得优先施工，直辖市政府协助土地规划，提供合适的土地和新设施，并动用当地资源以补充项目投资。该项目是利用外国贷款，中小型直辖市地方政府以及私营部门共同参与的范例。自 1992 年开始，私营部门为获得国有土地的分配条件，开始广泛参与旅游投资，投资总额达到政府总基建投资成本的三分之一，大大缓解了旅游部和其他国家和地方的政府投资压力。到 80 年代末期，土耳其旅游基础设施建设已初具规模，为旅游业快速发展打下了良好的基础。

1983 年和 1997 年之间，国家发布了 18 个公告，列出 297 个投资地块和供旅游开发使用的国有土地，为 139 个旅游区和旅游中心投资建设了 95178 张饭店床位。在 1983 年和 1990 年，私人部门自有资金旅游投资达 11 亿美元，同时这些私人部门还从政府获得了 4.54 亿美元左右的信贷金额。进入 90 年代以后，政府进一步扩大了旅游固定资产投资规模，旅游投资总额逐年上升（见表 5－2）。[①]

表 5－2　土耳其旅游业固定资产投资（1991～2000 年）

单位：百万美元，%

年份	旅游投资	总投资	旅游投资占比
1991	976	24555	4
1992	1082	37619	2.9
1993	1056	47834	2.2
1994	712	32060	2.2
1995	974	41182	2.4
1996	980	46314	2.1
1997	1050	51000	2.1
1998	1450	50120	2.8
1999	1625	41335	3.9
2000	1860	46940	4

在这一时期的固定资本投资中，旅游投资的占比由 1977 年的 0.7% 上升至 1989 年的 5.8%，进入 90 年代后，由于海湾战争的影响，政府旅游投

① Siemon Smid, Ebru Loewendahl-Ertugal, Study on the Situation of Enterprises, the Industry and the Service Sectors in Turkey, Cyprus and Malta. Almere, 23 December, 2002. http://www.dto.org.tr/en/data/TR'DE%20 TURİ ZM-EN. pdf，访问日期：2012 年 1 月 31 日。

资略有下降，而私营部门投资在旅游总投资中占比由1977年的38%上升至1996年的72%。旅游业在国民生产总值中的比重由1983年的0.8%，上升到1993年的3.3%，1998年达4.2%；同期，旅游出口收入在国家总出口中所占比重从7.2%跃升至30.8%，私营部门开始在旅游业发展中发挥重要作用。

三　政府的交通运输基础实施投资和建设

在进行旅游设施建设的同时，土耳其政府还非常重视公路、铁路等国家基础设施的投资建设，一直将交通部门作为国家的重大基础设施项目优先发展，形成了海、陆、空一体化的旅游交通系统。

（一）公路

土耳其的公路网拥有超过382000公里的道路，并且非常繁忙。公路运输系统承载了超过95%的旅客运输和92%以上的水陆运输转运的货物运输。土耳其公路网包括1726公里的高速公路，96000公里的柏油路①，高速公路网在长度和覆盖度方面仍具有很大的发展潜力。政府在投资建设新交通路线的同时大力改建和扩建现有公路交通系统，并将主要公路节点与主要的高速公路干线和部分支线连接起来，提高公路交通的安全等级和质量。公路交通系统的建设和发展，为日后旅游业的发展，尤其是国内汽车自驾游的发展，奠定了良好的基础。

（二）铁路

随着现代铁路技术发展，铁路旅行变成了所有旅行方式中最安全和舒适的方式。土耳其西部和东部之间拥有46786公里的铁路线，电气化铁路有2133公里，铁路系统是土耳其最薄弱的运输方式之一，大多数老化的商业和公共交通铁路系统急需改造。政府增加了2000公里的新建铁路投资，计划到20世纪90年代末，将铁路运输系统采用先进信号和通信系统设备的比重，从90年代初的29%提高到57%，电气化铁路运营里程占铁路干线总长度的比重从21%增加到53%，实现大约4000公里的运营线路状况全面改观，路网的通过能力可提高50%的目标。② 铁路运输的投资，包括改造首都

① 刘重庆：《土耳其重视铁路网现代化改造》，《中国铁路》2001年第5期，第55页。

② 刘重庆：《土耳其重视铁路网现代化改造》，《中国铁路》2001年第5期，第55页。

安卡拉—伊斯坦布尔主要通道，修建凡湖北岸及安卡拉—锡瓦斯等新线路，改善了土耳其国内东西方向的运输条件。

（三）航空

土耳其与国际旅游市场之间的距离，以及陡峭狭窄的地形特点使空中交通成为旅游者的最佳选择，也是航空运输成为旅游业发展的最便捷的选择。航空公司在土耳其多样性的旅游活动和贯穿全年的旅游传播中扮演着重要角色。土耳其 1992 年允许私营部门进入航空运输领域，航空运输业进入了新的发展时期。截止到 1999 年底，土耳其共有 118 个机场，其中有 22 个国际机场。大部分的国际运输集中在伊斯坦布尔阿塔图尔克机场、伊兹密尔的安德南·梅德里斯机场和首都安卡拉埃森博阿机场三个主要的国际机场。土耳其除了土耳其航空公司（THY）拥有 73 架客机的机队，还有超过 300 家外国航空公司经营国内和国际目的地。有 15 个由公共部门和私人经营的规模较小的国内航空公司。

（四）港口

船运在土耳其经济中起着重要的作用，在土耳其 8430 公里长的海岸线上布满了大大小小的港口，其中有 21 个国际港口。地中海、爱琴海和马尔马拉海沿岸的伊斯坦布尔港、科贾埃利港、伊兹密尔港、梅尔辛港和伊斯肯德伦港是五个最大的港口。马尔马拉海是黑海和地中海之间的唯一连接，也是世界上最繁忙的海运航线之一。在旅游业高潜力地区建造游艇能够安全停泊的港口，开展邮轮游艇业务，为那些喜欢海洋旅游的游客提供服务，努力吸引更多的游客，并努力延长游客在目的地停留的时间，成为土耳其旅游业发展的新的经济增长点。进入 20 世纪 90 年代，海洋旅游方面巨型豪华邮轮业务表现出快速增长的趋势，政府投资扩建了伊斯坦布尔、安塔利亚和伊兹密尔的游艇泊位以满足巨型游轮增长的需要，同时，在港口不超过 35 海里的区域内，将 200 多名渔民小屋改建成游艇旅游设施，这些措施大大增加了游艇旅游在旅游业中所占份额，对旅游业发展产生了巨大促进作用。

总之，依据土耳其现代旅游业的发展阶段，从 1960 年到 1997 年，土耳其旅游业的发展是政府投资驱动为主，旅游基础设施建设主要由国家负责，政策的重点是创造供给。政府对于旅游业的投资驱动主要体现在三个方面，一是通过旅游银行、埃美柯集团等国有企业的形式，直接进行旅游基础设施的投资和建设，并进行经营管理，对私营部门产生了巨大的示范效应，再加上政府优惠的信贷政策，私人部门开始了对旅游基础设施的投资。二是通过实施大项目，推动与旅游业相关的基础设施的投资和建设，发展区域经济。三是进行大规模交通基础设施的投资和建设，全面提升土耳其的国家基础设施和旅游设施水平。

第二节 旅游及度假产品开发

一 旅游目的地开发和规划建设

土耳其土地政策的改变，为旅游业的发展提供了广阔的土地资源。1961年政府颁布了新《宪法》，批准了国有土地的私有化方案，同意政府征用沿海土地并转让给投资者，并由国家计划组织（State Planning Organization，简称 SPO），负责国家中长期发展规划和短期发展计划的制订。依据新《宪法》，政府具有了土地转让权，随后土耳其沿海地区开始了大规模的旅游开发。在第一个五年规划中，政府首次提出要优先发展旅游业，大力发展大众旅游、滨海旅游并扩大旅游投资规模。设立“旅游开发区”，并将马尔马拉海、爱琴海和地中海沿海地区作为投资优先区，第二个五年计划中，将这三个地区列为“最具潜力旅游区”，又称“旅游路线区”。1969 年，国家计划组织的最高机构——计划委员会发布了《旅游开发规划条令》，实行总体规划、土地规划和实施规划三级旅游规划体系。爱琴海沿岸大部分地区，从恰那卡莱南部到安塔利亚—梅尔辛的地中海沿岸地区，规划为“旅游开发区”。旅游协调委员会，将伊兹密尔市、穆拉市、安塔利亚市确立为“旅游中心区”。1971 年，政府授权旅游部负责前期由国家计划组织进行的旅游规划编制工作，旅游部开始了国家第一个西部和南部的海岸带开发规划编制，1973 年，卡帕多西亚也成为“旅游开发区”。随后，旅游部又对大都市的旅游娱乐区、黑海地区（包括一些非沿海省份）、安纳托里亚东部地区、温泉、山地、湖泊和保健度假胜地等特殊资源区、安纳托里亚东南部的阿迪亚曼进行了规划。截止到 20 世纪 70 年代末，覆盖 75% 的领土面积的国内旅游规划基本完成，为日后国家旅游长廊、旅游区、旅游中心和旅游城市的形成打下了良好的基础。

为了鼓励旅游产品的发展，开辟新的旅游领域，推广旅游项目，旅游部一直协助提供基础设施，开放或改善小城市的二级公路，促进野餐区的发展并提供可饮用水，进行海滩养护和美化。截止到1998年，土耳其约3200个直辖市中有342个直辖市，81个省中有51个省级特别行政区的行政单位在小城市和农村地区建立旅游服务设施，开展乡村旅游。[①] 这种方式使小城市和农村也受益于旅游业的发展，带动了土耳其区域经济的发展。

二　历史文化旅游资源的开发

（一）文化遗产资源

土耳其拥有古希腊文明、赫梯文明、波斯文明、罗马文明、塞尔柱文明和奥斯曼文明等众多人类文明的历史遗产。在土耳其这些历史遗迹和古迹从大城市到小城镇再到农村居民点随处可见，对数量众多的文化遗产的开发、保护和经营管理一直是土耳其旅游部的一项重要任务。

土耳其对于历史文化旅游资源的开发，没有沿袭传统的以旅游景点为中心的开发模式，而是采用传统的历史文化名城和现代城镇、村庄和农村居民点结合成片开发的模式，形成旅游产业集群，带动整个区域经济的发展。自20世纪50年代起，土耳其政府就对公众开放了几处考古遗址。1955年土耳其旅游银行正式成立，购买了大批历史文化遗址进行整修、装饰，改造成博物馆、饭店、国家公园等旅游设施并直接经营和管理。1972年联合国教科文组织通过“保护世界文化和自然遗产公约”，要求各国对所拥有的全人类的共同遗产进行保护，并将这些遗产保留给子孙后代。1982年土耳其签署了“公约”。1985年12月6日，伊斯坦布尔历史区域被联合国教科文组织世界遗产中心纳入世界文化遗产名单。随后格雷梅国家公园和卡帕多西亚石窟遗址（1985年）、迪夫里伊的大清真寺和医院（1985年）、哈图沙什（1986年）、内姆鲁特达格（1987年）、桑索斯—莱顿（1988年）、卫城—帕慕克卡莱（棉花堡）（1988年）、萨夫兰博卢城（番红花城）（1994年）和特洛伊考古遗址（1998年）共九处历史文化遗址被列入世界文化遗产名录，其中格雷梅国家公园和卡帕多西亚石窟遗址、卫城—帕慕克卡莱（棉

① 土耳其旅游部网站：http://www.kultur.gov.tr/EN/dosya/2 - 2826/h/communication-marketingstrategies.doc，访问日期：2012年2月6日。

花堡）被列入文化和自然双遗产名录，另有23处遗址被列入暂定名录。[①]土耳其的历史文化遗迹是宝贵的旅游资源，也为进一步发展国内和国际旅游市场奠定了基础。目前，在土耳其81个省级城市中，有61个城市把博物馆作为旅游促销产品；有56个以城堡作为旅游促销产品；有55个以古城遗址及废墟作为旅游促销产品；有38个以当地古老的墓葬作为主要旅游产品。[②]历史文化遗迹是土耳其重要的旅游资源。

（二）宗教旅游资源

土耳其几个世纪以来不仅是东西方文明的交汇处，也是伊斯兰教和基督教以及被现代人所遗忘的一些古老宗教的融合发展之地。许多宗教信徒都可以找到一个景点、一个祠堂，一座丰碑、一座坟墓或与他们的宗教和信仰相关联的一片废墟。土耳其是当代伊斯兰世界中唯一的世俗国家，宪法规定政教分离，宪法保护人们的信仰自由。在奥斯曼帝国时期，许多不同信仰的人如希腊人、热那亚人、亚美尼亚人、犹太人和土耳其人就和平地生活在一起，这个传统一直保持到今天。大部分土耳其人都信仰伊斯兰教，城市内随处可见清真寺，每天都能听到清真寺里传出的召唤人们祈祷的唱音。目前土耳其有69个城市以安纳托利亚的伊斯兰历史和文化资源作为城市主要旅游产品，有44个省以教堂为重要旅游产品，有39个省以穆斯林文化为主要旅游产品进行旅游促销。[③]只有少部分人信仰基督教和犹太教，全国共有236个基督教堂以及34个犹太教会堂供人们礼拜。

（三）民俗文化和节事旅游资源

民俗文化包括方言、艺术、节庆、民俗、工艺品、食品、音乐和不同民族的生活的方式和价值观等。经历了从塞尔柱王朝至今漫长的发展时期，土耳其音乐成为表现安纳托利亚人宗教音乐以及军队音乐的一种最直接的方

---

① 联合国教科文组织世界遗产委员会网站：http://whc.unesco.org/en/list/?search=&searchSites=&search_by_country=&search_yearinscribed=&type=cultural&themes=&media=®ion=&criteria_restrication=&order=，访问日期：2012年3月8日。

② Teoman Duman, Metin Kozak, "The Turkish Tourism Product: Differentiation and Competitiveness", *Anatolia: An International Journal of Tourism and Hospitality Research*, Vol. 21, No. 1, 2010, pp. 89–106.

③ Teoman Duman, Metin Kozak, "The Turkish Tourism Product: Differentiation and Competitiveness", *Anatolia: An International Journal of Tourism and Hospitality Research*, Vol. 21, No. 1, 2010, pp. 89–106.

式，深受大众喜爱。土耳其具有在社交场合跳民族舞蹈的传统。并且每个地区都有反映该地区文化生活的民族舞蹈，其中最受欢迎的舞蹈来自埃尔祖鲁姆的旋舞、东部及东南部的哈莱舞、色雷斯的霍拉舞、黑海的火荣舞以及科尼亚及周围地区的勺舞，近年来，土耳其民间舞蹈还出现了河舞的舞蹈风格。丰富多彩的民间歌舞表演，构成了现代旅游业重要的文化旅游资源。

伊斯坦布尔文化艺术基金会于每年 4 月举办伊斯坦布尔国际电影节；5 月举办伊斯坦布尔国际戏剧节；6 月和 7 月举办伊斯坦布国际音乐节，来自世界各地的音乐家欢聚在伊斯坦布尔，为这座历史文化名城添姿增彩。此外还有许多具有国家影响力的文化旅游产品，安卡拉国际音乐节是欧洲艺术节协会成员之一，自 1983 年开始举办，到目前为止，参加过该音乐节的著名艺术家已多达 8000 多人。此外，还有土耳其合唱协会举办的土耳其合唱节。一年一度的伊兹密尔国际艺术节由伊兹密尔艺术教育基金会举办，各类活动在不同的历史遗迹举行，如埃菲斯古剧场、塞尔萨斯图书馆、圣母玛丽亚小屋，世界著名艺术家和团体每年都会聚集于此，表演管弦乐、室内乐、芭蕾舞、戏剧、爵士乐和流行乐。此外，还有阿斯潘多斯戏剧和芭蕾艺术节等。安纳托利亚比尔坎特国际音乐节也是最重要的节日活动之一，每年举办一次，1999 年开始举办，每届历时达一个月，它将古典音乐的神韵带到安纳托利亚岛的每个角落，由于它先后在安纳托利亚岛的不同地区进行，因而成为土耳其众多国际性节日中第一个流动性的节日。

土耳其历史最悠久的电影节是安塔利亚电影节。它有时也被称为“土耳其电影业的奥斯卡”，2010 年举办了 50 周年庆典。另外两个深受土耳其影迷钟爱的电影节为安卡拉国际电影节和阿达纳·阿尔丁·库萨电影节。此外，其他许多城市也有电影周活动。每年在土耳其举办的节日活动还有：在玛尼萨（Manisa）举办的传统梅斯尔糖果节、在阿达纳市举办的国际音乐和民俗音乐节、在切什梅举办的国际音乐节、在曲蒂举办的 GAP 文化艺术节以及在凯梅山举办的凯梅尔狂欢节。

土耳其美食是世界著名的三大菜系之一，土耳其美食种类繁多，且每一个地区都有自己的传统特色，这是因为古代商路都通过安纳托利亚，常会出现新的食物、香草和佐料，也就产生了新的菜品。古老的饮食文化和现代生活方式的完美结合，使土耳其成为当之无愧的美食王国，吸引了来自世界各地成千上万的旅游者。

三 自然旅游资源的开发

（一）滨海旅游资源的开发

土耳其超过70%的领土边界由北部的黑海、西北部的马尔马拉海、西部的爱琴海和西南的地中海四个海洋环抱，具有长达8333公里的海岸线。漫长的海岸线上不仅有沙滩、海湾、峡湾、港口，还有众多的半岛和岛屿。受地中海式气候影响，夏天很长，在一些地区有长达八个月之久的旅游时间。滨海旅游资源的多样性，不仅满足了传统的大海、沙滩和阳光3S旅游需求，而且还为现代滨海旅游活动，如邮轮、游艇和巡航游的发展提供了条件。1992年，土耳其加入欧盟的“蓝旗计划”①，政府投入巨资，用于滨海地区环境保护和旅游设施的改善，目前，在漫长的海岸线上共有313处海滩和14座港湾获得了“蓝旗”标志，“蓝旗海滩”的数量居世界第四位，主要集中在安塔利亚、梅尔辛、穆拉、爱伊旦、伊兹密尔和伊斯坦布尔等地区。滨海旅游资源的开发是土耳其发展大众旅游和滨海旅游的开端，并且取得了良好的成效。

（二）度假和探险旅游资源的开发

土耳其还拥有雄伟的高山、峡谷、湖泊、河流、瀑布与各种适合夏季和冬季旅游的著名景区。北部的黑海山脉和南部的托罗斯山脉，与海岸线平行，把安纳托利亚高原和沿海地区分开。安纳托利亚水平地带平均海拔高度是1000米，地势逐渐向东攀升，进入平均海拔约2000米的高原区，继续向东就到了平均海拔4000米的死火山区。土耳其拥有超过300个自然湖泊和130个人工湖，安纳托利亚高原内有15条河流。土耳其高原山区占国土面积的一半，适合于各种度假活动，如徒步旅行、登山、滑雪和冬季运动。土耳其最高的山是远在东部的亚拉腊山上，被认为是诺亚方舟停靠的地方，山上有全国最大的湖泊——凡湖，海拔1720米，面积达3750平方公里，是皮划艇、漂流爱好者的首选旅游目的地。其他著名的山脉还有埃尔吉耶斯山、

① “蓝旗计划”最早由法国提出，倡导海滨城市重视海洋环境保护工作，标准包括4个大项，27个小项。1987年，欧洲环境教育基金会将滨海旅游开发规划、环境保护等标准纳入“蓝旗”标准范围，并将“蓝旗”标志作为海洋旅游的最高荣誉，授予那些虽然已经商业化运营，但对自然环境保护非常重视的沙滩和码头。除环保以外，还要求海滩具备基本的娱乐、服务设施，如洗手间、救生设备、运动设施、残疾人士专用设施等。目前，“蓝旗”标准已经在全球推广，世界上共有3450个海滩和港湾获得了“蓝旗”标志。

哈桑山、布尔萨乌鲁达山和有着山脉链之称的陶鲁赛斯山，其中凡湖已成为土耳其东部著名的旅游度假胜地。

（三）地热旅游资源的开发

土耳其的地热资源世界排名第七位，拥有约1300座水温是20～110℃的地热资源[①]，分布在土耳其西部靠近马尔马拉海和爱琴海区域。土耳其的温泉度假胜地，温泉水质都经过土耳其健康管理局的严格检测，甚至达到了饮用水标准。土耳其利用丰富的温泉资源以及具有治疗作用的水质和泥浆，向世界推出了土耳其保健旅游产品，各种古汤、神汤、秘汤适用于许多不同类型的健康问题的理疗和治疗，满足了现代人日益增强的健康需求。著名的慕克卡莱（棉花堡）天然矿泉在古罗马时期就已经是著名的温泉疗养地，至今依然吸引着来自世界各地的旅游者。

（四）生物资源

土耳其的植物种类繁多，有超过12000种植物，其中20%属于土耳其独有。在黑海地区，雨量充沛，非常适合森林植被的生长。恰纳卡里海峡两岸之间的黑海和爱琴海地区形成了一个过渡区，这里是温带和地中海植被的混合生长区，色雷斯享有“巴尔干半岛的森林”之称。爱琴海和地中海沿岸，从恰纳卡里海峡的伊斯肯德伦海湾，延伸至1000米的高平原和山脉的西坡，具有典型的地中海植被。南部海岸拥有非常炎热和干燥的夏天，具有亚热带的香蕉树和椰枣植被。托罗斯山脉的植被由松树和雪松以及高海拔地区的桧树构成。

土耳其野生动物种类繁多，有超过114种哺乳动物。在北方森林带有灰熊、野山羊以及在世界其他地区已经灭绝或濒临灭绝的野生亚洲驴、狮子和老虎等。土耳其还有约800种横跨60个不同地区的鸟类自然栖息地，巴拉克什附近的玛雅思湖是200多种本地或迁徙水鸟的家园，被认为是欧洲种类最多的水鸟中心之一。开塞利附近的苏丹·萨斯里湿地拥有250多种本地鸟类或候鸟，其中有20个濒危物种在这里交配和繁殖，也是土耳其唯一的火烈鸟、鹤、苍鹭、鹈鹕等稀有鸟类繁殖的地方。伊兹密尔附近的盐湖保护区像一个天然博物馆，拥有生活在沼泽、湖泊和丘陵的鸟类约190种。山上还

---

① Turkey's Tourism Potential And Resources，http：//www.tursab.org.tr/en/statistics/development-of-turkish-tourism-in-brief/turkeys-tourism-potential-and-resources_ 1079.html，访问日期：2012年3月6日。

有野兔、狐狸，甚至野猪。达利安市附近的埃尔祖鲁姆海滩是海龟的主要栖息地。土耳其政府正在大力发展生态旅游产品，以吸引众多的旅游者。

四 城市旅游资源的开发和建设

入境旅游城市空间分布的研究表明，一个众所周知的人口稠密的城市是大多数国际和国内游客首选的旅游目的地。仅安塔利亚、伊斯坦布尔和穆拉三个城市接待的外国游客数量就占全国总量的50%左右，伊斯坦布尔、安塔利亚、安卡拉、伊兹密尔和穆拉吸引了超过50%的国内游客。[①] 土耳其政府为了增加在会展旅游、节庆事件旅游等生产性服务业的竞争力，加大了城市的促销力度。伊斯坦布尔在国际会议协会的排名已经由1996年的第49位攀升至第15位。[②] 更为重要的是，针对国际会展市场，伊斯坦布尔会展和旅游局加大了对会展旅游产品的设计和市场营销，并且力争将伊斯坦布尔打造成全球性会议中心和最具吸引力的世界节庆事件旅游目的地。

经过长期的旅游资源的开发和建设，土耳其逐步形成了太阳、大海、沙滩3S旅游，历史（信仰）旅游，环境旅游（包括生态旅游、探险、狩猎、冬季滑雪等），文化（民族遗产）旅游，温泉（健康）旅游，城市旅游（包括商务旅游，会展奖励旅游，体育、节庆事件旅游）六大旅游品牌，成为世界新兴旅游目的地。（见表5－3）

表5－3 土耳其主要旅游产品类型

旅游产品类型	主要特征
太阳沙海(3S、愉悦)旅游	气候温暖、沙滩、日光浴、轻松的环境
历史(信仰、宗教)旅游	博物馆、清真寺、教堂、纪念碑、考古遗址、古丝绸之路线路
环境(生态、探险、狩猎、冬季)旅游	自然和环境奇观、自然旅游景点、登山运动、户外活动、露营、摄影、植物和动物
文化(种族文化、文物)旅游	建筑、民俗、手工艺、当地的美食、土著艺术和手工艺、社会风俗、文化景观、怀旧
地热(健身、水疗)健康旅游	地热温泉、矿泉、温泉、保健、医疗和健康
商务(市区观光、会议、体育、教育)旅游	研讨会、购物、体育运动、旅游观光和教育旅游活动

① Teoman Duman, Metin Kozak, "The Turkish Tourism Product: Differentiation and Competitiveness", *Anatolia: An International Journal of Tourism and Hospitality Research*, Vol. 21, No. 1, 2010, pp. 89－106.

② ICCA, Country and City Rankings, International Congress and Convention Association, 2009, http://www.iccaworld.com.

第三节　现代旅游产业体系的形成和发展

自20世纪80年代开始，经过近20年的迅猛发展，土耳其旅游业形成了旅游饭店、旅行社、旅游交通和旅游景点构成的庞大的旅游产业体系。土耳其的旅游收入、国际游客接待数量、旅游业占GDP的比重以及旅游业占出口收入的比重等各项指标均有了长足的进步和发展，旅游业在土耳其国民经济中的地位越来越显著。1980年，土耳其国际游客接待量为128.8万人次，旅游收入为3.26亿美元，旅游业占GDP的比重为0.6%，旅游收入占出口收入比重为11.2%；而到了1997年，土耳其国际游客接待量为968.9万人次，旅游收入为80.88亿美元，旅游收入占GDP的比重为4.2%，旅游收入占出口收入比重为30.8%（如表5－4所示）。[①]

表5－4　土耳其旅游业发展情况

年份	国际游客数量（人次）	旅游收入（千美元）	占GDP比重（%）	占出口收入比重（%）
1980	1288060	326654	0.6	11.2
1985	2614924	1482000	2.8	18.6
1990	5389308	3225000	2.1	24.9
1995	7726886	4957000	3.0	22.9
1997	9689004	8088549	4.2	30.8

一　旅游饭店业的发展

住宿是旅游者的基本需求，一国饭店业的发展程度和水平直接反映了一国旅游业的发展水平。土耳其政府在旅游业发展的初期阶段，就采取了优先发展饭店设施的政策措施，成立了专门的旅游银行并授权公职人员退休基金会投资建设高档住宿设施，逐步形成了饭店、度假村、精品饭店、公寓饭

① Salih Kusluvan, Zeynep Kusluvan, "Perceptions and Attitudes of Undergraduate Tourism Students towards Working in the Tourism Industry in Turkey", *Tourism Management* 21, 2000, pp. 251－269.

店、温泉饭店、汽车旅馆和露营地等种类较为齐全的住宿设施系列，促进了旅游业的发展。

1955 年土耳其旅游银行的正式成立，标志着饭店业进入了新的发展时期。作为实施政府旅游政策主要部门，旅游银行为私营部门提供信贷，建立和经营管理由其他公共实体兴建的旅游设施。政府还授权土耳其公职人员退休基金会［Emekli Sandiği（Pension Fund）］，在主要旅游城市建设高档次的饭店设施，满足国际商务游客和中高档消费者对现代豪华饭店需求，该基金会相继在伊斯坦布尔、安卡拉、伊兹密尔、布尔萨四个旅游城市投资兴建了七家豪华饭店，为私营部门起到了很好的示范作用。旅游银行自 1955 年成立，一直管理着旅游发展基金会，直到 1988 年与国家和工人投资银行合并组建土耳其发展银行时，共为旅游饭店设施提供 453 万美元的信贷总额，投资兴建了一批价格适中的城市精品饭店和建在避暑胜地的度假村，总计提供了 14.67 余万张床位的接待能力。①

20 世纪 70 年代，随着土耳其经济的发展，国内旅游逐步兴起，许多经济型饭店、公寓式饭店、家庭旅馆迅速发展起来，这些饭店设施一方面为国内旅游者提供了廉价的住宿设施，同时也完善了土耳其饭店业产业结构，为日后旅游业的快速发展奠定了基础。1980 年后，出口导向的国家战略和自由化政策实施后，饭店设施数量和床位接待能力稳步上升，1993 年国际游客数量达 650 万人次，旅游收入为 3.9 亿美元，旅游设施拥有 235238 张床位。在 1994 年，外国旅游者的数量为 670 万人次，旅游收入为 4.3 亿美元。床位数量增加至 265136 张。1995 年外国旅游者人数为 770 万，至 1995 年 10 月旅游收入总计为 4.5 亿美元。截至 1999 年，持有旅游部颁发的投资许可证的饭店设施床位接待能力增加至 24.5 万张（见表 5－5）。饭店设施的改善，大大提高了游客的停留天数和消费水平，土耳其国际游客日平均消费水平为 141 美元，远远高于世界 70 美元的平均水平。②

---

① Göymen, Korel, Tourism and Governance in Turkey: From State-Sponsored Development to Public-Private Co-operation, in Bilkent Turizm Forumu 1997, pp. 17－36.

② The Library of Congress Country Studies, CIA World Fact Book, http://www.photius.com/countries/turkey/economy/turkey_ economy_ tourism.html，访问日期：2011 年 12 月 7 日。

表 5-5 获得投资证书的饭店设施数量

饭店设施	类别	床位数量
饭店	五星级	42467
	四星级	50429
	三星级	53975
	二星级	38303
	一星级	3919
度假村	一级	28956
	二级	6750
精品饭店		4202
露营地		2852
汽车旅馆		950
公寓饭店		200
特别设施		699
高尔夫饭店		2068
其他		9760
合 计		245530

资料来源：《土耳其 1999 年许可证旅游设施统计年鉴》。

二 旅行社的发展

随着国家经济的发展和人民生活水平的提高，在入境旅游发展的基础上，土耳其国内旅游蓬勃发展起来。土耳其政府于 1972 年颁布了《旅行社和旅行社协会鼓励法》，又称 1618 号法，极大地刺激了旅行社行业的发展。土耳其旅行社协会（TÜRSAB）率先成立，随后国内各类旅行社相继成立。20 世纪 80 年代初，土耳其实行自由化改革后，政府取消了公民出国旅游和兑换外汇的限制，同时，各类旅行社提供的旅游产品的多样性刺激了大众旅游需求，土耳其公民出境旅游呈现出快速增长趋势。自此，土耳其已经形成了入境旅游、国内旅游和出境旅游三大市场同步发展的新局面。据调查，土耳其公民个人收入的大约 8.2% 用于旅行和旅游，1980 年，土耳其公民旅游人数达 179.5 万人次，1990 年达 291.7 万人次，并且每年以平均 4.3% 的速度继续增长（见图 5-1）。①

① TÜRSAB，The Association of Turkish Travel Agencies，http：//www. tursab. org. tr/en/statistics/development-of-turkish-tourism-in-brief/turkish-tourism-industry-today_ 1075. html，访问日期：2011 年 10 月 17 日。

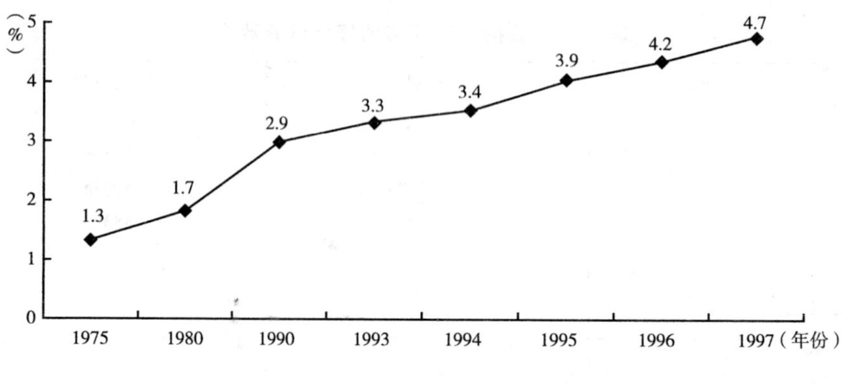

图 5－1　土耳其国内旅游发展趋势图

三　航空运输业的发展

土耳其民航企业的基础是成立于 1925 年的土耳其飞机协会，后更名为土耳其空中航行协会（Turkish Aeuronautical Association）。土耳其第一家民用航空运输公司是成立于 1933 年的土耳其航空邮递公司（Turkish Airmails），当时是一只拥有 5 架飞机的小型舰队。① 政府授权这家航空公司制定《航空公司政府经营管理办法》并在土耳其开展民用航空运输。1954 年，土耳其成立民航管理局，隶属于交通和通信部。1987 年，更名为民航总局。2005 年 11 月 18 日政府颁布了《民航总局组织和任务法》（第 5431 号），民航总局按照国际规则和标准进行了重组，成为隶属于交通部的公共实体部门，并且实行自负盈亏的管理架构，航空运输业进入了新的发展时期。

自 1962 年土耳其旅游部正式成立，实施国家的优先发展旅游业战略，经过三十多年的发展，土耳其拥有了较为完善的现代旅游产业体系，旅游产品、旅游饭店、旅行社和旅游交通四大行业，硬件设施水平已经初具规模，更为重要的是，以旅游行业协会为主体的私营部门已经发展成为旅游产业发展的主要力量，旅游微观企业的发展为旅游业进入"起飞阶段"铺平了道路。

① 土耳其航空官方网站：http：//web. shgm. gov. tr/dgca. php？ page = history，访问日期：2012 年 12 月 10 日。

四 旅游行业协会的发展

在旅游业的发展过程中，随着旅游业私营部门的发展，由私营企业自发组织形成的旅游行业协会发展成为旅游产业发展的主要力量。土耳其旅游半官方机构和主要旅游行业协会共有 8 家，其中土耳其旅行社协会属于半官方机构，拥有 6000 多家会员单位，具有对旅行社进行监督管理的职责，并举办导游培训和签发导游证。土耳其工业家和商人协会是土耳其较早成立并有地位的行业协会，成员主要由土耳其大型企业集团构成，协会内设旅游工作小组，是政府旅游咨询委员会成员单位，对政府旅游政策的制定有较大影响力。土耳其导游协会联合会，是世界导游协会联合会（WFTGA）和欧洲导游协会联合会（FEG）的成员，拥有 5000 多名来自全国各地的土耳其导游公会和联合会的成员。土耳其旅游饭店和投资者协会（TÜROB）拥有 2000 多家会员单位，其总经理伊斯曼尔·塔希德米尔先生说："土耳其对饭店和餐馆的营业税是 18%，经过该协会不懈的努力，目前政府的税收已经调整为 8%～10%。"[①] 还有旅游发展基金会、土耳其旅游投资协会、土耳其饭店业联合会、土耳其民航管理总局等行业协会对政府旅游业相关立法以及税收政策、中小企业政策的制定有很大的影响，行业协会的积极作用极大地促进了旅游业的发展（见表 5－6）。[②]

表 5－6 土耳其旅游行业协会一览表

名 称	简 称	内 容
旅游饭店和投资者协会（Touristic Hotels & Investors Association）	TÜROB	成立于 1971 年，该协会的宗旨是进行旅游业以及旅游相关问题的科学和应用性研究，为旅游企业存在的问题提供解决方案，并促进旅游企业和旅游机构朝着满足旅游需求的正确方向发展。保持与协会有关的办事处、团体、企业、公司和个人的直接或间接关系，为内外部成员提供适当的和其他协会之间的协调和合作

① 笔者于 2011 年 7 月 6 日拜访了土耳其旅游饭店和投资者协会（TÜROB），此为协会总经理伊斯曼尔·塔希德米尔先生的访谈内容。

② Turkey: Enterprises in tourism appears in OECD Tourism Trends and Policies 2010, http://www.keepeek.com/Digital-Asset-Management/oecd/industry-and-services/oecd-tourism-trends-and-policies-2010/turkey_ tour-2010-34-en，访问日期：2012 年 12 月 10 日。

续表

名　称	简　称	内　　容
土耳其工业家和商人协会(Turkish Industry & Business Association)	TÜSIAD	成立于1971年,该协会成员由工业制造业、农业、基本能源、环境和运输基础设施部门组成。该协会对上述行业的生产、增加值、就业和技术方面进行分析,并负责在实体经济的框架内对这些行业进行评估,为国家的援助政策和鼓励政策的制定提供基础资料和数据。下设环境、能源问题、国防工业、农业和粮食、旅游业和交通运输业6个工作小组
土耳其旅行社协会(Association of Turkish Travel Agencies)	TÜRSAB	成立于1972年,是一个半官方的专业组织。该协会的主要宗旨是,促进旅游代理行业的发展,并使旅行社业务与国家经济和旅游业和谐发展,维护本行业的职业道德和团结。负责旅行社管理、导游培训和签发导游证
土耳其导游协会联合会(Federation of Turkish Tourist Guide Associations)	TUREB	成立于1972年,由土耳其各地的导游专业组织组成。拥有5000多名来自全国各地的土耳其导游公会和联合会的成员。是世界导游协会联合会(WFTGA)和欧洲导游协会联合会(FEG)的成员
旅游发展基金会(Tourism Development Foundation)	TUGEV	成立于1985年,目标是为土耳其旅游业的宣传和促销提供物质和非物质支持。并在旅游规划的框架下,实现政府有关土耳其旅游、旅游文化、旅游经济、旅游产业及旅游商务的目标和利益
土耳其旅游投资协会(Turkish Tourism Investors Association)	TYD	成立于1988年,由土耳其主要旅游投资者组成。属于私营的非政府组织,其主要目标为联合在旅游部门投资的企业家。对其现存问题和未来的计划提供援助,对公众宣传旅游投资的重要性,并提高土耳其旅游业在世界旅游市场的份额
土耳其饭店业联合会(Turkish Hotels Federation)	TUROFED	成立于2005年,由土耳其12个地区的饭店业协会组成。成立时有54.7万家会员单位,2011年达到76.6万,包括了在土耳其文化旅游部获得许可证书的60%的旅游企业和机构
民航管理总局(Directorate General of Civil Aviation)	SHGM	根据2005年颁布的《民航总局的组织和任务法》(第5431号法律)成立。其目标是按照国际规则和标准开展民用航空活动,并提供最佳水平的航空保安和安全服务

资料来源:根据欧盟官方网站资料及土耳其各行业协会网站数据整理制表。

本章从土耳其政府的旅游基础设施投资、旅游度假产品开发以及旅游产业体系培育三个方面,详细分析了土耳其政府努力把旅游业培育成战略性支柱产业的投资驱动效应，揭示了政府与市场的协同特性。在优先发展旅游业的国家战略指导下，尤其对土耳其大规模的基础设施和旅游设施投资和建设情况做了重点介绍。政府在全国旅游规划总体规划的基础上，设立了优先发展区、一般地区和发达地区，并对不同地区采取了不同的投资优惠政策。在政府投资、私营部门投资以及外国直接投资的驱动下，政府对历史文化资源、自然资源和城市旅游资源进行了积极的开发和建设，推出了滨海旅游、文化旅游、生态旅游、保健旅游、商务会展旅游等一系列旅游产品。随着基础设施的不断完善，土耳其逐步形成了以旅游景区、旅游饭店、旅行社和旅游交通四大行业为基础的、较为完善的现代旅游产业体系。更为重要的是，以旅游行业协会为主体的私营部门已经发展成为旅游产业发展的主要力量。这一时期，随着私营部门的发展，土耳其的市场机制逐步完善，旅游业的快速发展为旅游业进入“起飞阶段”铺平了道路。

第六章

创新驱动——土耳其旅游业发展的国际化进程

土耳其政府在发挥本国比较优势的基础上，充分认识到创新是国际旅游业发展的根本所在。[①] 政府通过积极的产业政策引导，发挥行业组织和微观企业的作用，培育出一批具有国际竞争力的大型品牌旅游企业。这些旅游行业组织和企业集团在激烈的国际旅游市场竞争中，发挥自主创新意识，不断丰富和完善土耳其旅游产品，为国际旅游者提供了独具特色和魅力的土耳其旅游体验[②]，旅游市场份额不断扩大，国际化水平日益提高。

第一节　土耳其旅游业国际化的动因

旅游业是一个古老的“笑迎天下客”的产业，从旅游业产生之日起，就具有了出口的特征，可以说是天生的国际产业（Born International），也是天生的全球产业。[③] 冷战结束后，全球化过程导致全球旅游市场的建立和运

---

① 美国高科技营销战略专家杰弗里·摩尔在《企业进化论》中认为企业是否聚焦于创造可靠的竞争优势才是评判创新的标准。不是能创造出前所未有的事物就是好的创新，新产品的创造只是其中之一。

② Weiermair, K.,“Product Improvement or Innovation: What is the Key to Success in Tourism?”, *Innovation and Growth in Tourism*, Paris: OECD, 2006, pp. 53 – 69.

③ 20 世纪 80 年代，一批锐意拓展海外市场的新公司在市场上崛起。它们与传统企业先在本土扎稳根基，然后才扩展海外市场，实现国际化的过程不同。这些新公司从成立第一天起就开始国际化、全球化。1993 年麦肯锡公司首次推出的“天生的全球（Born Global）”的概念，有两个主要类型出口商：（1）公司多年来在国内市场已建立了一个坚实的基础，并已根据经典模式，推动出口作为跨国扩张增长战略；（2）公司以出口为主，自公司成立就面向世界市场，把国内市场作为其国际业务的支持。它们被称为“天生的全球公司（Born Global）”“天生的国际企业（Born International, or Infant International）”，天生的国际企业往往凭借其核心技术或产品，拓展国际市场，海外业务往往高于本土的业务。

作，由于旅游目的地国家和地区独特的当地条件和文化价值，全球化也开辟了全新的世界旅游机会，世界各国开始在平等的基础上参与国际竞争。土耳其政府在此过程中，采取更加积极的态度和政策引导，一方面利用得天独厚的历史文化资源优势和与世界最大的旅游客源市场——欧洲毗邻的区位优势，努力营造国际化市场环境，进行机制创新和制度创新，吸引世界著名旅游企业的外国直接投资；另一方面鼓励旅游企业，不仅是大公司，也有中小型企业和家庭式经营的旅游企业建立品牌，提高管理和服务水平，形成规模经济效应参与国际竞争。

一 土耳其旅游业国际化的内在动因

土耳其是一个地区大国，无论从国土面积、人口数量、经济规模来看，在中东、巴尔干乃至东南欧、中亚都位列第一。[①] 再加上地跨欧亚大陆独特的地理位置赋予了土耳其极高的战略地位。正如英国的一位战略分析家所说的："谁控制了直布罗陀海峡，谁就控制了地中海；谁控制了达达尼尔海峡，谁就控制了地中海。"[②] 今天的土耳其处于一个三块正在日趋重要的战略地区的连接点上：中东地区、高加索（里海）地区和巴尔干半岛，这些地区对于美国和欧洲来说，在能源供应、军事安全和外交战略等方面都极为重要。[③]

尽管土耳其只有3%的领土在欧洲，而且95%的人口是穆斯林，信奉伊斯兰教，但土耳其一直自认为是欧洲国家。融入欧洲社会一直是土耳其外交政策的主要目标，也是土耳其国家发展的主要战略。这一基本政策主要源于奥斯曼帝国时期的经验、凯末尔主义的遗产以及地缘政治现实。[④] 土耳其长期的历史经验和地缘优势造就了土耳其特殊的国家地位，它拥有欧盟委员会、北约、经济合作组织、欧安组织和20国集团等组织成员国的身份，同时又是伊斯兰会议组织成员国，并且还积极倡导建立了黑海经济合作组织。这种特殊的地位使土耳其非常重视本国经济社会的发展，以期在国际事务中发挥更大的影响力。

---

① 肖宪、伍庆玲、吴磊等：《土耳其与美国关系研究》，时事出版社，2004，第2页。

② 张士智、赵慧杰：《美国中东关系史》，中国社会科学出版社，1993，第113页。

③ 肖宪、伍庆玲、吴磊等：《土耳其与美国关系研究》，时事出版社，2004，第4页。

④ 樊毅：《后冷战时期土耳其与美国的关系》，西北大学硕士论文，2003。

同时，土耳其是一个传统的农业国家，农业一直占据国民经济的主导地位，工业化程度不高，经济发展缓慢。面对全球化世界潮流的严峻挑战，发展经济成为土耳其国家战略的首要目标。冷战结束后，土耳其实现地区强国的梦想和发展经济的国家战略，成为土耳其旅游业国际化的内在动因。

二 土耳其旅游业国际化的外部因素

在发展中国家经济发展过程中，旅游业一直被当做是经济增长、赚取外汇、安置就业的重要途径，受到联合国开发计划署和世界贸易组织的支持和推广。[①] 土耳其作为一个发展中国家，在世界旅游业中，无论是从现代旅游业形成的时间，还是从参加国际旅游联盟的时间上来看，土耳其都是一个迟到的参与者。[②] 在20 世纪70 年代末80 年代初期，地中海地区已经成为世界新兴的旅游目的地，旅游业已经成为法国、意大利、葡萄牙、西班牙和希腊等国重要的产业部门，旅游创汇在国内生产总值中的比重逐年增长（如表6－1所示）[③]，而此时的土耳其，旅游业才刚刚进入发展期，在游客接待数量和旅游收入方面，远远落后于它的地中海邻国。[④] 在旅游创汇方面，土耳其的表现也非常逊色，远远低于邻国。1982 年旅游创汇仅占国家出口收入的4.7%，此时的葡萄牙旅游创汇占出口收入的14.8%、西班牙占20.5%，希腊占19.4%（如表6－2 所示），旅游业已经相当发达。[⑤]

---

① AIEST，“Tourism Research Methods and their Application to Developing Countries and Regions”，*Proceedings*，Vol. 13，1972，Berne，Switzerland：AIEST.

② TÜRSAB，Dünyada ve Türkiye'de Seyahat Endüstrisi：Trendler，Beklentiler，Istatistikler，Istanbul，Türsab，1998.

③ Yarcan，Ş. and Ertuna，B.，“What You Encourage is What You Get：The Case of Turkish Inbound International Tourism”，*Anatolia：An International Journal of Tourism and Hospitality Research*，13（2），2002，pp. 159－183.

④ Ahmet Nohutcu，Development Of Tourism Policies in Turkey Throughout The Republican Period in Socio-Political，Economic And Administrative Perspective，Arastrlma Görevlsi Dr.，Mugla Üniversitesi I. I. B. F. Kamu Yönetimi Bölümü，Mugla Üniversitesi，Sosyal Bilimler Enstitüsü Dergisi，Güz 2002 Say 19.

⑤ Yarcan，Ş. and Ertuna，B.，“What You Encourage is What You Get：The Case of Turkish Inbound International Tourism”，*Anatolia：An International Journal of Tourism and Hospitality Research*，13（2），2002，pp. 159－183.

表 6-1　部分地中海国家旅游创汇在国民生产总值中占比情况

单位：%

年份	葡萄牙	西班牙	希腊	土耳其
1982	3.8	3.9	4.0	0.7
1983	4.1	4.3	3.5	0.8
1984	5.0	4.8	3.9	1.1
1985	5.4	5.2	4.6	1.6
1986	5.3	5.2	4.7	1.6
1987	5.8	5.1	4.9	2.2
1988	5.8	4.8	4.5	3.3
1989	6.0	4.3	3.6	3.2
1990	5.9	3.7	3.9	3.0
1991	4.8	3.6	3.6	1.8
1992	3.9	3.8	4.2	2.3
1993	4.8	4.1	4.6	2.3
1994	4.7	4.5	4.1	3.2
1995	4.4	4.5	3.6	2.9
1996	4.2	4.7	3.1	3.4
1997	4.1	4.7	3.0	4.0

资料来源：世界旅游组织《旅游统计 1984～1998 汇编》。

表 6-2　部分地中海国家旅游创汇在出口收入中占比情况

单位：%

年份	葡萄牙	西班牙	希腊	土耳其
1982	14.8	20.5	19.4	4.7
1983	13.3	20.9	16.4	5.3
1984	13.5	21.1	17.9	5.6
1985	14.2	21.1	28.1	9.6
1986	15.6	25.9	23.1	8.8
1987	16.6	26.1	22.2	10.2
1988	16.2	24.9	21.1	13.1
1989	15.5	22.5	17.7	13.5
1990	15.5	21	19.4	14.7
1991	16.1	19.8	17.6	11.5
1992	14.3	20.2	21.3	14.4
1993	15.5	19.9	23.4	14.4
1994	15	18.4	25	14.7
1995	21.4	27.9	32.7	22.9
1996	17.9	26.1	35.3	25.8
1997	18.3	25.5	43.8	30.8

资料来源：世界旅游组织《旅游统计 1984～1998 汇编》。

地中海地区作为世界传统的大众滨海旅游目的地，大海、阳光、沙滩构成的3S产品是地中海周边旅游目的地国家的主打旅游品牌。该地区每年接待的国际游客超过150万人次，地中海沿岸国家都受益于旅游业的发展。[①] 同地中海周边邻国相比，土耳其旅游业起步较晚。这也使土耳其具备了发展旅游业的后发优势，土耳其政府借鉴周边国家的旅游发展经验，从基础设施建设开始，努力在旅游饭店、旅行社、旅游交通三大基础产业的行业标准、管理制度和运营规范三方面与国际接轨。在饭店业发展方面，土耳其早在20世纪60年代，就借鉴国际旅游联盟成员国的成功经验，对饭店的建设和经营管理实行分级管理系统，设立了一星至五星五个等级体系，由旅游部按照饭店规划等级颁发投资建设许可证和经营许可证，许可证制度为饭店业经营管理的标准化和规范化奠定了良好的基础。20世纪70年代，政府成立了土耳其旅行社协会（TÜRSAB），通过该协会对旅行社导游人员进行专业知识和外语培训，提升旅行社的经营管理水平。从20世纪80年代中后期开始，得益于政府鼓励旅游业的政策效用，土耳其旅游设施建设和服务水平逐步与国际标准接轨，旅游业发展迅猛。

在旅游业发展过程中，经济全球化增强了世界各国的联系，国际业务的增长，货物、服务和人员的自由流动也为旅游业发展提供了庞大的客源市场。土耳其地处欧亚非大陆的结合点，是联系世界的重要枢纽和交通要道，国际贸易和国际投资的增加、国际合作的加强，给土耳其旅游业发展提供一个良好的市场环境，成为土耳其旅游业国际化的外部动因。从土耳其国际旅游的发展来看，在政府实行自由化改革初期，土耳其1980年国际游客接待量为173.2万人次，世界排名第52位；1995年加入欧洲关税同盟后，国际投资和贸易量激增。1997年国际游客接待量为904万，居世界排名第19位，进入世界旅游目的地国家排名前20位；到2007年，在入盟进程的推动下，国际游客接待量超过2000万人次，居世界排名第10位；2010年国际游客接待量排名又提升到世界第7位，游客人数达270万人

---

① Mediterranean Action Plan, Tourism and Sustainable Development, Recommendations and Proposals for Action formulated by the Mediterranean Commission on Sustainable Development (MCSD) and adopted by the Eleventh Ordinary Meeting of the Contracting Parties to the Barcelona Convention (Malta, 1999) Athens, Sophia Antipolis, 1999.

次。经过20多年的发展，土耳其已经跻身于世界著名旅游目的地国家行列。①

第二节 土耳其旅游业国际化进程

一 外国直接投资和旅游业的发展

旅游产业是全球化的主要推动力之一，也是世界经济增长最快的经济部门，旅游业已成为一个具有重要战略意义的经济部门。土耳其外商投资总局（FID）于1986年成立，作为财政部的一个机构，其主要目标是指导和协助外国投资者寻求在土耳其的投资机会，并成立了外商投资咨询委员会（IAC），保证投资协议的实施。政府在2001年12月颁布了《关于改善土耳其投资环境的法令》，政府鼓励采用建设——运营——移交（BOT）的机制提供基础设施和开发，以及保护区内的基础设施和服务设施的建设。政府将财政预算的1亿美元用于宣传和推广，2.5亿美元用于激励和支持吸引外资。② 2003年6月新颁布的《土耳其商法》（第4884号法）规定：取消所有对外国直接投资的法律限制；保证外国投资者和国内投资者同等国民待遇和平等的权利和义务；简化外商投资所需的程序和步骤；允许利润、股息、费用、特许权使用费的不受任何限制的自由汇兑；禁止对外国投资实行不提供适当和有效补偿的资产征用和国有化；消除可投资的部门的任何限制。外国投资者跟国内投资者一样，享有政府提供的投资奖励措施，包括对投资额超过5000新土耳其里拉（约合3700美元）的企业，实行40%的所得税减免。2003年6月17日颁布了新的《外国直接投资法》（第5084号法），建立了符合国际标准的外国直接投资的法律框架，进一步规范了投资原则，鼓励外商直接投资。

在这个过程中，政府将国内省份划分为发达地区、一般地区以及优先

---

① Johanson, J. and Mattsson, L. G., "Internationalization Industrial Systems-a Network Approach", *The Internationalization of the Firm*, London: Academic Press, 1993.

② Analysis of Tourism Strategies and Policies in the FEMIP Countries and Proposals for Sub-regional Tourism Development, Final Report, Projects Directorate, EIB, October 2007.

发展地区，并根据地区和投资类型，由国家计划组织（SPO）签发投资激励证书，为了保证投资项目质量，投资企业必须满足投资规模和金额的要求，如投资金额必须达到1.2亿土耳其里拉，饭店床位数量不少于100张。旅游部签发旅游投资证书和经营许可证书，并出台了一系列吸引外国投资和本国投资的奖励制度，如对建筑物和设备的投资，实行30%到100%的投资补贴；获得投资激励证书的项目，对机器设备的进口免征进口税；准建项目可一次性获得建筑税减免和免征五年的财产税；获得经营证书的企业，每年可获得外汇所得税20%的减免补贴；旅游项目融资内容包括建筑、外汇和第一年的运营成本，还款期限从3年到15年不等；政府还对旅游开发区的项目投资，采取以低租金分配国有土地的方式，租期长达49年，并可享有优惠的电价和水费；外资企业享有收益的汇兑自由。这些激励措施，极大地促进了外国直接投资。国际饭店连锁集团率先迅速进入土耳其市场，希尔顿集团继1954年投资建设拥有399间客房的伊斯坦布尔希尔顿国际饭店之后，于1988年在安卡拉和梅尔辛又相继建设了两家希尔顿饭店，分别拥有327间客房和188间客房。[①] 随后，喜来登（Sheraton）、地中海俱乐部（Club Mediterranee）、罗宾森俱乐部（Robinson Club）、伊布罗陀（Iberotel）、瑞士饭店（Swissotel）、凯宾斯基饭店（Kempinski）、诺福特饭店（Novotel）都进入了土耳其四、五星级饭店市场。目前，世界排名前十位的饭店连锁集团公司，有九家集团的多个品牌饭店已在土耳其经营。这些饭店集团已在土耳其经营和管理的饭店总数达59家（如表6-3所示）。[②] 1983年，旅游业吸收的外国直接投资占国家FDI总额的4.7%，到1990年，这个比例上升到13.6%，其中饭店业吸收金额占到旅游业FDI总额的96%。[③]

① Baki, Al'aeddin, "Turkey: Redeveloping Tourism", *Cornell Hotel and Restaurant Administration Quarterly*, 31 (2), Aug. 1990, p. 60.

② 土耳其投资促进网站：http://www.invest.gov.tr/en-US/…/TOURISM.INDUSTRY.pdf，访问日期：2012年1月12日。

③ Peter Buckley, Necla v. Geyikdagi, Explaining Foreign Direct Investment in Turkey Tourism Industry, http://archive.unctad.org/en/docs/iteiitv5n3a5_en.pdf, UNCTAD/ITE/IIT (Vol 5, No. 3)，访问日期：2012年3月16日。

表 6－3　国际饭店连锁集团进驻土耳其情况

集团名称	品牌	所在城市	饭店数量
最佳西方（Best Western Int.）	最佳西方（Best Western）	伊斯坦布尔、安卡拉、伊兹密尔、安塔利亚	15
国际饭店集团（IHG Group）	假日（Holiday Inn）、洲际（InterContinental）	伊斯坦布尔、安卡拉、伊兹密尔、布尔萨	8
希尔顿饭店集团（Hilton Hotels）	希尔顿（Hilton）、康奈德（Conrad）	伊斯坦布尔、安卡拉、伊兹密尔、安达那、凯瑟利、梅尔辛	8
温德海姆（Wyndham Worldwide）	拉曼达（Ramada）	伊斯坦布尔、安卡拉、穆拉、卡赫拉曼马拉什	6
马里奥特（Mariott International）	皇庭（Courtyard）、里兹—卡尔顿（Ritz Carlton）	伊斯坦布尔、安塔利亚、埃尔祖鲁姆	6
喜达屋（Starwood）	喜来登（Sheraton）、W 饭店（W Hotels）	伊斯坦布尔、安卡拉、伊兹密尔、安塔利亚	6
雅高（Accor）	诺福特（Novotel）、宜必思（Ibis）	伊斯坦布尔、埃斯基谢希尔，特拉布宗	4
卡尔森饭店（Carlson Hospitality）	拉迪逊（Radisson）	伊斯坦布尔、安卡拉、伊兹密尔	4
凯悦国际（Hyatt）	凯悦丽晶（Hyatt Regency）、凯悦花园（Park Hyatt）	伊斯坦布尔	2

资料来源：土耳其投资促进网站：http：//www. invest. gov. tr/en-US/…/TOURISM. INDUSTRY. pdf，访问日期：2012 年 1 月 12 日。

国际连锁饭店在继续主要大城市的扩张战略的同时，也开始了在安纳托利亚地区等中小型城市的扩张。土耳其埃克风（Akfen）集团与雅高集团签署了一项协议，到 2015 年之前，雅高集团将发展 50 家宜必思和诺富特品牌的饭店。希尔顿饭店集团与可喜富乐（Kosifler）集团签署了在土耳其重点区域开发约 25 个新饭店项目（约 3500 间客房）的发展战略协议。此外，希尔顿集团还与安普里奥（Amplio）集团签署了在不同城市建设 20 家希尔顿花园饭店的协议。土耳其饭店市场，吸引了大批外国投资者。最近的兼并和收购交易包括：私有化之后的原政府公职人员养老基金会的下属饭店，如伊斯坦布尔的希尔顿大饭店、安卡拉大饭店、特拉博雅大饭店、伊兹密尔的艾菲斯大饭店。其他交易还包括私人投资者杰兰卡扎诺夫（Ceylan Kazanoff）收购洲际饭店，马尔马拉集团收购孔蒂酒店。此外，前汇丰银行总部办公室被 Palmali 集团收购，改建成一家五星级酒店。①

① DTZ Pamir & Soyuer, Turkey Hotel Market Overview, Hotel Market Research, Turkey, 2009, http：//www. dtz. com/tr，访问日期：2012 年 4 月 2 日。

伴随着旅游业的发展，土耳其本国饭店企业也发展起来，并形成了一批在欧洲饭店业市场较有影响力的饭店连锁集团，如埃美柯（Emek）、德德曼（Dedeman）、苏尔梅丽（Surmeli）、特尔般（Turban）、梅里特（Merit）、图瑞斯特（Turist）、杰萨尔（Cesar）、普林西斯（Princess）、马蒂（Marti）、特特尔（Turtel）、阿尔蒂尼那斯（Altinyunus）、博拉特丽景（Polat Renaissance）。① 这些饭店集团与世界著名饭店集团同台竞技，在土耳其占有极大的市场份额（如表6-4所示）②，截止到2010年，德德曼饭店及度假村集团的饭店数量已有14家，另有1家正在建设中，还规划建设2家饭店。雅纳摩集团现有饭店14家，规划再建2家。在这些饭店集团中，以德德曼、瑞克索斯为代表的土耳其知名饭店集团，已开始走出国门，先后在阿塞拜疆、伊朗、土库曼斯坦等国投资，参与世界饭店业市场的竞争。（如表6-5所示）

表6-4　土耳其饭店兼并和收购情况一览表（2009年）

单位：百万

饭店名称	收购买方公司名称	交易额
博斯布鲁斯瑞士饭店（Swissotel the Bosphorus）	菲巴股份（Fiba Holding）	USD 100
四季集团（Four Season）	阿斯塔士（AstaS）	USD 60
伊斯坦布尔希尔顿（Istanbul Hilton）	奥塔多汽车艾登控股（Ortădogu Otomotiv, Aydln Holding）	USD 255.5
伊兹密尔艾菲斯大饭店（Izmir Büyük Efes）	塔黑江鲁 MV 控股（Tahiñcioglu, MV Holding）	USD 121.5
安卡拉大饭店（Büyük Ankara）	杰里科里建筑（Çelikler Construction）	USD 36.8
特拉博雅大饭店（Büyük Tarabya Hotel）	贝拉克塔士控股（Bayraktar Holding）	USD 145.3
洲际集团*（Intercontinental）	杰兰·卡扎诺夫（Ceylan Kazanoff）	EUR 113
希尔顿*（Hilton）	黑石集团（Blackstone）	—
孔蒂饭店（Conti Hotel）	马尔马拉集团（The Marmara Group）	—

*表示黑石集团购买了希尔顿饭店公司在土耳其所有旅游资产，包括8家饭店。

资料来源：HVS，Real Capital Analytics

① Serkan Bayraktaroglu，Rana Ozen Kutanis，"Transforming Hotels into Learning Organizations：a New Strategy for Going Global"，*Tourism Management* 24，2003，pp. 149-154.

② Turkey Hotel Market，July 2010，Colliers International，Turkey，http：//www. colliers. com，访问日期：2012年4月9日。

表 6－5　土耳其本国知名饭店公司情况一览表

单位：家

土耳其饭店集团名称	现有	在建	规划建设
德德曼(Dedeman)	14	1	2
雅纳摩(Anemon)	14	0	2
迪万(Divan)	6	2	0
马尔马拉(The Marmara)	5	0	0
瑞克索斯(Rixos)	7	0	0
俄贾(IC Hotels)	3	0	0
绿色公园(Green Park)	5	2	0
索伊集团(Aksoy Grup)	5	0	0
阿兹坦尼克集团(Öztanlk Grup)	7	0	0
里马克(Limak)	6	2	0
合　计	72	7	4

资料来源：土耳其科里尔斯国际（Colliers International Turkey）。

世界著名的旅游经营商托马斯·库克（Thomas Cook）集团在伊斯坦布尔设立分支机构，途易（TUI）集团通过兼并土耳其唐特克旅行社（Tan TUK），成为土耳其最大的旅游经营商（TUI Turkey）。到 2011 年底，途易已占有土耳其旅游市场份额的 14.27%，托马斯·库克集团占到 9.95%，特兹旅行（Tez Tour）占 7.05%，飞马旅行（Pegas）占 6.40%，奥蒂奥登（OTI-Odeon）占 5.91%，这五家旅游经营商占到土耳其旅游市场份额的 43.58%。①

在旅游业发展过程中，航空运输业也吸引了大量的外国投资者。1989 年 10 月太阳航空公司（SunExpress）率先成立，由土耳其航空公司（TYH）和德国汉莎航空公司（Lufthansa）各出资 50%，拥有 28 架飞机，主要服务于德国的休闲市场；瑞典的特拉斯维德航空公司与土耳其私人部门合资，成立了土耳其第一家包机公司——苏丹航空，主要面向欧洲市场并提供一流的贵宾服务。前苏联的亚罗夫勒特航空与土耳其私人部门合资，成立了绿色航空公司，主要面向东欧市场。飞马航空公司成立于 1990 年，由艾尔林格斯、

① "Turkish Package Tour Market Research 2010, Special Addition for the 100th Issue of the Resort", *Monthly Tourism and Travel Industry Journal*, 2011.

希尔卡尔投资公司和奈特股份公司三家公司合资成立，主要经营包机业务。外国直接投资进入旅游业也极大地促进了土耳其本国私人企业参与旅游业的发展，给旅游业发展创造了一个良好的市场环境。1980 年，旅游业固定资产投资的份额不到 1%，占 GDP 比重为 0.8%，旅游饭店拥有的床位数量不到 6 万张。从 20 世纪 80 年代政府实行自由化改革，到 2010 年末，土耳其旅游设施和基础设施的投资和建设已相当完善。全国有近 3500 家高品质住宿设施，具有 110 万张床位的接待能力；包括 25 个国际机场在内的 67 个机场，具有年接待 1.1 亿乘客的承载能力；全国共有 16 家私营航空公司，131 家客运航空公司；最大的土耳其航空公司拥有 141 架飞机，国内航线座位容量达 55000 个；全国共有 28 个游艇码头，具有停泊 10200 架游艇的能力；全国持证导游员数量达到 9000 人，共有 6036 家旅行社。在开放经济条件下，土耳其旅游业竞争力不断提高。

二　土耳其加入欧盟的努力和旅游业发展

加入欧盟，融入欧洲社会一直是土耳其外交政策的主要目标，也是土耳其国家发展的主要战略。欧盟不仅是世界上最大的经济集团和最大的贸易组织，也是一个在世界上最具吸引力的旅游区。到 2010 年底，旅游业直接产出占欧盟国内生产总值的 5%，间接产出占 10%，欧洲接待的国际旅游者数量达 4.77 亿人次，占世界旅游者总量的 51%，国际旅游收入为 4060 亿美元，占世界旅游市场份额的 44%。在世界旅游接待量和旅游收入排名中，前十位的国家中有六个在欧洲。[①] 欧洲约有 180 万家旅游企业，提供了 970 万个就业岗位，旅游从业人员占欧洲劳动人口的 5.2%，旅游业是欧洲国家经济一体化的重要组成部分。[②] 从土耳其的国际游客构成可以看出欧盟国家是土耳其的主要客源市场，大部分游客来自欧盟国家，德国一直是土耳其最大的客源市场，游客占总量的 17.7%，英国居第二，占 8.2%，荷兰占 4.5%，法国占 3.3%，欧盟在土耳其旅游业中占有重要地位。土耳其政府

---

① 按照世界旅游接待数量排名，分别是法国、西班牙、意大利、英国、土耳其和德国；按照旅游收入排名，分别是西班牙、法国、意大利、德国、英国和土耳其。参见 UNWTO World Tourism Highlights, June 2011 & UNWTO Tourism Barometer, September 2011。

② Rita Paula, "Tourism in the European Union", *International Journal of Contemporary Hospitality Management*, Vol. 12, No. 7, 2000, p. 436.

在“入欧融欧”国家战略的指导下，发挥旅游业在促进文化交流和国际交往中的重要作用，积极参与欧盟倡导的一系列旅游发展计划和项目。①

欧盟在1992年里约地球高峰会议以后，倡导可持续发展旅游业，并推广“蓝旗计划”。土耳其虽然不是欧盟成员，但为了发展旅游业，土耳其政府积极响应欧盟的号召，加入了蓝旗环保计划，并且得到了欧盟环境教育基金的资金支持。同年，欧盟开始实施促进了乡村旅游业和小规模旅游业发展的LEADER项目，土耳其政府也积极响应，开始在土耳其农村推行旅游教育和中小型旅游企业的创新性投资机制。欧盟对土耳其基础性旅游职业培训进行了调查研究，进而对博物馆收藏、古遗址遗迹发掘技术和建筑许可证以及运营许可进行评估，最后对土耳其旅游规划项目进行了投资。土耳其政府对欧盟开展的旅游活动和项目都给予了积极的配合和支持。

1995年，土耳其与欧盟签署了关税同盟。同年12月，欧盟成员国和南部地中海国家之间确立欧洲—地中海伙伴关系（巴塞罗那进程）。这是一个融政治、经济和社会因素于一体的广泛的关系框架，目的是通过经济和金融合作伙伴关系，建立自由贸易区，提高政治和安全对话，进而加强伙伴国社会、文化和人力资源方面的合作。从1995年开始，作为欧洲—地中海伙伴关系的主要金融工具，MEDA项目获得了欧盟5458万美元的资助，约占区域活动预算的15%，用于旅游项目的启动和其他配套活动的实施。1997年，欧盟开始对MEDA项目中参与地中海之旅（Medtour）项目的所有合作伙伴国家的旅游研究机构和旅游职业培训机构提供资助。

自1995年与欧盟签署关税同盟协定，土耳其旅游创汇也实现了历史性发展，旅游创汇占国家出口总额的22.9%。1997年，旅游创汇占出口总额的30.8%，土耳其旅游收入占国内生产总值的4%（见表6－2），旅游业成为土耳其最大的无形贸易部门，旅游外汇收入占国家出口收入的比重已经超越了葡萄牙和西班牙，成为地中海地区新兴的旅游目的地国家。② 1999年，土耳其签署了《服务贸易总协定》（GATS），进一步开放服务领域。土耳其

---

① Hasan Kosebrlaban, “Turckey's EU Membership: A Clash of Security Cutures”, *Middle East Policy*, June 2002, p. 138.

② Mehmet Yesiltas, Yuksel Özturk, Nigel Hemmington, “Tourism Education in Turkey and Implications for Human Resources”, *Anatolia: An International Journal of Tourism and Hospitality Research*, Vol. 21, No. 1, 2010, pp. 55－71.

政府允许外国旅游经营者开展入境旅游业务，对于外国旅游经营商和产品供应商在土耳其进行销售及市场推广的唯一的限制是，必须在土耳其建立自己的分支机构，并允许外国人在土耳其购买不动产。① 同年，土耳其成为欧盟候选国，旅游业迎来了新的高速发展时期。为了保持与欧盟旅游法规的一致性，土耳其参照欧盟旅游政策中的旅游基础知识、旅游教育、旅游质量、旅游可持续发展和旅游新技术政策五项基本内容，调整土耳其旅游法律法规，开始了旅游产业政策、消费者健康保护、旅游信息技术、环境保护和旅游可持续发展相关的立法工作。2003 年，土耳其政府颁布新的《旅游鼓励法》，放宽市场准入原则，提高旅游市场开放度，进一步提高了旅游市场的可进入性。一些新的旅游形式，如游艇旅游、高尔夫旅游、保健旅游、冬季旅游项目蓬勃发展起来。2007 年，政府推出了《2023 年旅游业发展规划》，将旅游业作为国家形象的代言人，进一步推向世界。

三　积极加入国际旅游组织

在全球化过程中，世界各国旅游业一直面临着激烈的竞争，这种竞争已经超越国家层面，广泛存在于国际层面。土耳其是联合国世界旅游组织、联合国教科文组织世界遗产委员会的成员，政府非常注重与世界旅游组织及其成员国建立良好的合作伙伴关系，同时积极参与和支持国际性的旅游活动。通过联系和合作，推广土耳其独具特色和魅力的旅游目的地形象。

土耳其于 1975 年加入联合国世界旅游组织，积极参与了该组织实施的国际性的生态旅游、丝绸之路、千年发展目标、可持续发展与减贫、区域旅游发展等多个项目。2008 年由联合国开发计划署、联合国儿童基金会、联合国教科文组织、世界旅游组织共同组织实施安纳托利亚东部文化旅游联盟（ACT）项目，资金来源于西班牙政府提供的 7.1 亿美元的千年发展目标成就基金（MDG-F）。该项目以联合国千年发展目标为基础，旨在促进保护卡尔斯地区的有形和无形文化遗产，加强卡尔斯的社区和企业旅游创收的能力，扩大文化旅游部门的就业能力，促进土耳其卡尔斯的文化旅游，使其成

① Turkey：Briefing Notes on Tourism Policy and Institutional Framework，世界银行官方网站：http：//web. worldbank. org/WBSITE/EXTERNAL/EXTCHINESEHOME/PROJECTSCHI/0，contentMDK：21465401 ~ pagePK：41367 ~ piPK：279616 ~ theSitePK：3535340，00. html，访问日期：2012 年 4 月 9 日。

为世界文化旅游胜地。

同时，政府还非常注重与国际经济机构的关系。自1950年开始，土耳其共获得世界银行201项国家援助战略贷款，其中145项发生在1980年之后，仅“结构调整贷款项目”一项，土耳其就获得了11亿余美元的贷款，“安塔利亚南部基础设施和旅游发展项目”获得了2600万美元贷款，伊斯坦布尔、伊兹密尔、布尔萨等11个旅游城市均获得了世界银行提供的改善市政基础设施和市政服务的贷款。[①] 这些贷款为土耳其旅游业的发展注入了大量资金。

土耳其为了发展旅游业，提高国际游客的可进入性，充分发挥自己的区位优势，积极加入世界交通运输组织，扩大土耳其的影响力，促进旅游业的全面发展。在民用航空领域，土耳其是国际民用航空组织（ICAO）、欧洲民航会议（ECAC）、欧洲安全飞航（EUROCONTROL）、土耳其—中东航空集团（T-MAG）组织成员和非洲民用航空委员会（AFCAC）成员，广泛的国际合作极大地促进了土耳其入境旅游的发展。在陆路交通方面，土耳其处于联合国欧洲经济委员会框架内的主要国际交通干线地带，拥有这个地带内超过9300公里长的公路。土耳其的公路网络还包括跨欧洲南北的高速公路（TEM）项目。在铁路运输领域，土耳其是国际铁路联盟（UIC）、欧洲铁路（CER）、东南亚—欧洲铁路集团（SERG）、国际铁路联运社区成员委员会（CIT）成员，土耳其的铁路网络也是国际运输动脉一个不可缺少的组成部分，近15%的跨欧洲铁路（TER）的网络经过土耳其。土耳其的铁路网也是欧洲国际铁路干线（AGC）的重要组成部分。[②] 土耳其不仅是欧洲重要国际联合运输线及相关协定的成员国，并且作为亚洲和太平洋经济合作组织（APEC）成员，积极参与泛亚铁路（TAR）项目和亚洲公路（道路）项目，该项目有5200多公里公路穿过土耳其。2002年开始实施的欧亚运输纽带（EATL）项目，是欧洲经济委员会和亚太经合组织之间合作的开始，也是

① Turkey：Briefing Notes on Tourism Policy and Institutional Framework，世界银行官方网站：http：//web. worldbank. org/WBSITE/EXTERNAL/EXTCHINESEHOME/PROJECTSCHI/0，contentMDK：21465401 ~ pagePK：41367 ~ piPK：279616 ~ theSitePK：3535340，00. html，访问日期：2012年4月9日。

② Transportation In Turkey，Country Report，Ministry of Transport and Communications，Turkey，October 2011.

欧洲和亚洲之间的运输走廊规划的大型项目之一，土耳其作为欧洲和亚洲之间的交通桥梁，是EATL项目的重要组成部分，也是连接欧洲和亚洲、构成整个EATL项目的优先国家。在海上运输领域，土耳其是国际海事组织（IMO）在港口国管制的巴黎谅解备忘录和黑海港口国管制谅解备忘录的成员。

土耳其不仅是国际性官方旅游组织的成员，也是很多世界性旅游行业组织的成员，世界旅游与旅行理事会（WTTC）、国际旅游经营商联盟（IFTO）、国际饭店和餐馆协会（IH&RA）、国际游艇协会（IYS）、国际航空运输协会（IATA）、国际民用航空组织（ICAO）、欧洲旅游委员会（ETC）等重要旅游组织中，都能看到土耳其旅游文化部的身影。广泛的参与极大地提升了土耳其旅游业的知名度和国际影响力。

第三节　培养国际化旅游产业队伍

作为劳动密集型产业，旅游业为消费者提供的是面对面的服务，服务过程既是生产过程，也是消费过程，这种生产和消费的同时性特征，对旅游从业人员的专业化水平和服务能力提出了较高的要求。地中海地区的许多国家，旅游目的地提供的大多都是大海、阳光、沙滩、文化、历史等景点，旅游产品同质化现象非常严重。作为地中海地区旅游业起步较晚的国家，政府深刻认识到，土耳其要在强手如林的旅游业竞争中取胜，必须给游客提供更加鲜明的并且独具特色的高质量体验①，而要做到这一点，就必须通过人力资源规划，包括建立和完善教育、培训和职业认证体系，培养国际化的旅游产业队伍，全面提高旅游业从业人员的素质，促进旅游服务质量的提高。

① 体验（experience）通常被看成服务的一部分。对消费者来说，商品、服务是外在的，但体验是内在的，来自个人的心境与事件的互动，存在于个人心中，是个人在形体、情绪、知识上参与的所得。1971年，未来学家托夫勒提出“体验产业”的概念，未来人将把工资收入的大部分用于不同的体验消费。约瑟夫·潘和詹姆斯·吉尔摩于1998年发表《体验经济》（The Experience Economy）一文，称体验经济为继农业经济、工业经济和服务经济阶段之后的第四个人类经济生活的发展阶段，或称为服务经济的延伸。从其工业到农业、计算机业、因特网、旅游业、商业、服务业、餐饮业、娱乐业（影视、主题公园）等各行业都在上演着体验或体验经济，尤其是娱乐业已成为现在世界上成长最快的经济领域。

一 土耳其政府旅游人才开发战略

土耳其政府早在旅游业发展初期就已经充分认识到人力资源对于未来发展的重要性，把构建旅游教育和培训体系作为人力资源开发战略的重点。政府提出，旅游从业人员的素养和职业品质是游客旅游体验的重要构成，要提高土耳其旅游业国际竞争力，必须建立和完善旅游基础教育和旅游培训体系。[①] 随后，通过半官方机构旅行社协会对旅行社从业人员尤其是导游员进行培训，要求导游员持证上岗，并开设了英语、德语、法语、意大利语等外语导游资格培训班。土耳其是世界三大美食王国之一，在对厨师的培训中，除了教授烹饪技术、营养学、食品卫生学知识以外，还设有外语课程，要求厨师熟练掌握一门外语，能够进行国际交流。在土耳其第五个（1985～1989年）国家发展计划和第六个（1990～1994年）国家发展计划中，政府都将改善和提高旅游直接和间接从业人员的素质和旅游教育品质作为明确的政策目标和国家战略。这一时期，伴随着旅游教育体系的建设和完善，为旅游业的国际化提供了人力资源的保障。

二 旅游教育体系的建立

为了培养高素质的旅游人才，土耳其政府主要通过正式教育和非正式教育两种形式开展旅游教育。在正式的国民教育体系中，高等教育和中等教育层面都有公共学校和非营利的私立学校两类学校。旅游中等教育体系由教育部负责，采用基础教育与职业教育相结合的方法，在学生完成八年义务教育之后，在职业高中、私立高中增设了旅游管理课程，教授2～4年的旅游管理相关知识，在24所普通高中，设立旅游系，提供与职业相关的3年基础教育。高等教育由教育委员会负责，提供副学士学位的两年专科教育、学士学位的四年本科教育，以及硕士学位和博士学位的研究生教育（如图6－1所示）。[②]

（一）旅游正式教育体系

在土耳其正式旅游教育体系中，旅游中等教育的目标是培养学生成为旅

---

① Baum, T., "The Development and Implementation of National Tourism Policies", *Tourism Management*, Vol. 15 No. 3, 1994, pp. 185－192.

② Mehmet Yesiltas, Yüksel Öztürk, Nigel Hemmington, "Tourism Education in Turkey and Implications for Human Resources", *Anatolia: An International Journal of Tourism and Hospitality Research*, Vol. 21, No. 1, 2010, pp. 55－71.

游技能型人才，为旅游业提供厨师、服务员、接待员等熟练劳动力，提高旅游从业人员的劳动技能水平。土耳其政府着重进行了两方面的工作，一是在中学教育阶段普遍设立旅游职业教育高中，建立广泛的旅游职业教育体系。土耳其成立旅游高中，分布在65个城市的118所高中，提供旅游职业教育。伊兹密尔拥有11所旅游高中，名列第一；安塔利亚拥有10所旅游高中；伊斯坦布尔和穆拉各有6所旅游高中；安卡拉有5所旅游高中，居第五位。[①] 二是实行专业化教育。这些学校拥有许多小规模经营的饭店，向学生提供住宿服务、烹饪和饮料服务等主要旅游服务领域的培训机会。提供专业化教育的中等教育机构主要有：①安纳托利亚旅游和饭店职业中学，提供烹饪和饮料服务，住宿服务和旅游管理三个项目的课程学习；②安纳托利亚女子职业中学，专门为女孩提供旅行社管理、接待服务业管理与烹饪技术两个专业的学习；③安纳托利亚商业中学，提供旅游领域中的教育、管理、会计、财务、市场营销、旅游、银行和秘书技能培训，以满足公共和民营旅游企业的需求。（见图6-1）

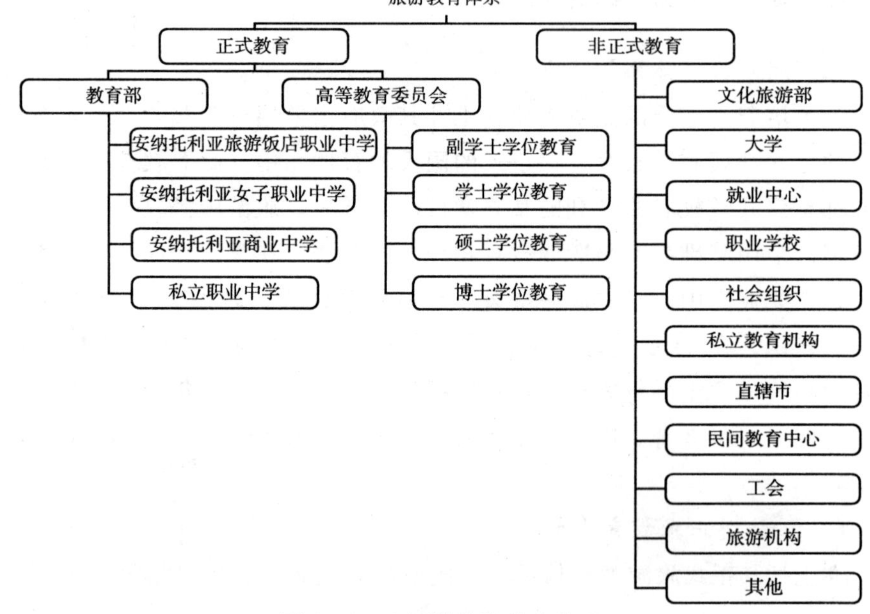

图6-1　土耳其旅游教育体系

① National Education Stalislics—Formal Education 2009 - 2010，土耳其国民教育部官方网站：http：//sgb. meb. gov. tr/istatistik/meb_ istatistikleri_ orgun_ egitim_ 2009_ 2010. pdf. 访问日期：2012年1月3日。

三 旅游非正式教育体系

非正式教育是旅游教育的重要组成部分，旅游在职培训是土耳其获取旅游开发和国际化产业队伍的重要途径。土耳其开展成人旅游教育和旅游培训的机构很多，主要有教育部、旅游部、大学、就业中心、职业学校、行业协会、社会团体、私立教育机构、直辖市、民间教育中心、工会、旅游机构，以及各种商业组织和地方组织等官方、半官方和私人机构。非正式旅游教育的内容包括：旅游意识和媒体旅游宣传培训、每一个行业的旅游基础课程和高级课程培训、与旅游相关的安全课程培训、从事与旅游相关的服务人员的短期课程、研讨会或会议培训；由旅游部培训中心（TUREM）实施的旅游在职培训计划、旅游银行在职培训计划、旅游发展和教育基金会（TUGEV）在职培训计划、当地举办的饭店或类似的企业为自己的员工设计的旅游培训计划、由土耳其航空公司实施的在职培训方案等。课程设计从为期一周的短期课程到持续一年的长期课程不等，学习内容从基本的旅游及饭店业务知识到高级的管理知识。土耳其从事旅游非正式教育的主要机构有：①旅游培训中心。早在1972年，土耳其旅游部就在安卡拉和安塔利亚建立了两个旅游培训中心（TUREM），首要目标是在比较短的时间内通过理论和实践相结合的方法，培养足够数量的合格人员，满足旅游业对专业人才的需要。课程包括：为期1个月的管理者在职培训课程、导游培训课程、导游口译水平培训课程，以及包括海关人员、饭店经理、司机等市政人员的培训课程。[①] 后来，政府先后在安纳托利亚中部和黑海地区以及游客相对较少的旅游目的地，成立了12个旅游教育中心，这些旅游教育中心分布在8个城市，一方面提供成人旅游教育和培训，负责提供饭店前厅服务、客房服务和厨房管理的短期培训项目；另一方面是在当地开展旅游教育和宣传活动。同期，土耳其旅行社协会成立，作为半官方机构，旅行社协会开始了对于旅游代理商和导游的培训。②旅游和旅行社基金会（The Tourism and Travel Agencies Foundation，简称 TURSAV）成立于1991年，该基金会与高校、土耳其航空公司（THY）和其他有关机构合作，提供旅游业需要的培训和

① Aydin Alacakaptan, Tourism Situation and Policy in Turkey, Conference presented to the 22nd AIEST Congress on September 8th, 1972, at the Hotel Tarabya, Istanbul.

教育课程，满足在职人员的培训和教育需求。其培训课程有：证书课程，内容包括：国际旅游领导者课程、专业的旅游业务（基础）、专业的旅游业务（高级）、大会和专业会议组织技术、旅行管理证书课程、乘客售后服务支持证书课程、旅行社票务员课程；持续的培训计划，内容包括：旅行社的营销及销售、旅行社的广告及公共关系、旅行社人力资源管理、游艇旅游、大会组织技术、旅行社年度预算编制、理想的旅游销售人员、报价技巧、旅行社信息人员的培训课程、旅游车司机的培训课程、旅行社会计师培训课程、酒店指南和转移人员的培训课程。③旅游发展和教育基金会成立于1985年，是一家非营利的行业组织。在该基金会和旅游部的共同努力下，土耳其旅游职业标准和认证系统全面建立，并且设立了面向全国的旅游教育和培训认证项目和奖学金。④土耳其导游协会拥有7000名会员，每年与旅游部合作，向国家和地方导游人员提供历时三个月的培训项目。

培训是成人旅游教育的基本形式，虽然是非正式教育，不颁发文凭，但学习后一般都颁发国家认可的职业证书。这种类型的教育，主要由旅游部、教育部和学术机构共同开展。非正式教育通过技能开发和专业化的培训，大大缓解了旅游人才的需求，旅游产业队伍素质的提高，极大地促进了土耳其旅游的发展。

第四节　土耳其旅游业的国际竞争优势

一　关于旅游业国际竞争优势

关于竞争优势的学说和论述主要有亚当·斯密的绝对优势说、李嘉图的比较优势说和迈克尔·波特的竞争优势论，在此不再细述。对于旅游竞争力的研究，美国著名学者理查德·维埃特（Richard Vietor）①，在《全球化和增长：国家经济战略案例研究》一书中指出，在完全自由的制度环境下，旅游业是完全国际化的贸易产业，世界上任何国家的供应商都可以在旅游市

① Vietor, Richard, *Globalization and Growth: Case Studies in National Economic Strategies*, Thomson Nelson, 2004.

场上参与竞争，因为到旅游目的地获得体验是旅游者的基本需求。因此现实的政治因素或经济因素都会对目的地的吸引力产生影响，一国的旅游吸引力也即它的竞争力所在。随后，迈克尔·波特（Michael Poter）[①] 在自己原有的国家竞争优势“钻石模型”的基础上，于1990年提出了旅游目的地的竞争优势模型，即旅游业发展的要素禀赋包括人力资源、自然资源、知识资源、资本资源和基础设施。克罗齐和瑞奇亚（Crouch，Geoffrey I.，and Ritchie，J. R. Brent ，1993）提出了关于旅游目的地竞争力影响因素的模型，该模型将影响目的地旅游竞争力的要素分为目的地管理、目的地组织、目的地吸引力、目的地信息、目的地效率五个因素。克罗齐和瑞奇亚还认为，波特的旅游目的地竞争优势模型的五项资源条件显然不足以支撑旅游业的发展，至少还应增加历史文化资源以及旅游高级设施，并用俄罗斯和新加坡作为典型例证进行了分析。[②] 普恩（Auliana Poon，1993）提出了旅游目的地竞争优势的四个基本要素，即环境第一；旅游业是主导产业；良好的分销渠道以及产业内积极活跃的私人部门，他的四要素理论被认为带有较强的制造业的特点。[③] 米哈利克（Mihalic，2000）在克罗齐和瑞奇亚的研究基础上，增加了环境质量因素，他认为克罗齐和瑞奇亚提出的模型忽略了环境质量对目的地旅游竞争力的重要影响。他认为影响目的地竞争力的环境质量除了自然环境因素外，还包括游客自身切实感受到的环境因素。旅游目的地应该加强对景区环境质量的管理与营销推广，提高旅游目的地在游客心目中对景区的环境形象认可度，从而达到提高旅游目的地竞争力的目的。[④]

二　土耳其旅游业的国际竞争优势

在过去的20年中，基于得天独厚的资源优势和区位优势，土耳其政府

---

① Poter, Michael E.，“Competitive Advantage of Nation”，*Harvard Business Review*，March-April 1990，pp. 71 –91.

② Crouch，Geoffrey I. & Ritchie，J. R. Brent，“Tourism，Competitiveness，and Societal Prosperity”，*Journal of Business Research* 44，1999，pp. 137 –152.

③ Poon，Auliana，*Tourism*，*Technology and Competitive Strategies*，C. A. B. International，Wallingford，1993.

④ Mihalic，Tanja，“Environmental Management of a Tourist Destination，A factor of Tourism Competitiveness”，*Tourism Management*，2000（21），pp. 65 –78.

通过政策引导、加大基础设施投资和旅游设施投资，为旅游业发展创造了良好的政策环境和市场环境。土耳其主要的旅游城市和度假胜地都新建了现代化国际机场，所有主要城市和旅游中心开通了国内航班，再加上四通八达的公路网和一流的现代饭店、娱乐场所等旅游基础设施完善，成为土耳其旅游业发展新的竞争优势。

进入 21 世纪后，土耳其旅游业在世界旅游市场脱颖而出，形成了安塔利亚、伊斯坦布尔、伊兹密尔、卡帕多西亚、博得鲁姆等一批世界知名的旅游目的地。[①] 世界七大奇迹中的阿台缪斯神庙和毛瑟陆斯陵墓以及被联合国教科文组织列入世界文化遗产名录的伊斯坦布尔古迹（Historic Areas of Istanbul，1985）、迪乌里大清真寺和医院（Great Mosque and Hospitable of Divrigi，1985）、格莱梅—卡帕多西亚国家公园（Goreme National Parl & The Rock Sites of Cappadocia，1985）、哈图沙什（Hattusha：The Hittite Capital，1986）、桑瑟斯—莱图恩（Xanthos Letoon，1988）、内姆鲁特山（Nemrut Mountain，1987）、卫城—棉花堡（Hierapolis-Pamukkale，1988）、番红花城（City of Safranbolu，1994）、特洛伊古城（Archeological Site of Troy，1998）和塞利米耶清真寺（Selimiye Mosque，2011）[②]，成为土耳其旅游业国际竞争优势的资源基础，每年吸引了数以万计的文化旅游者。

被称为"绿松石海岸"的土耳其地中海海岸线使土耳其成为地中海地区继西班牙、法国、希腊之后的第四个最重要的旅游目的地，旅游收入居世界旅游巨头法国、西班牙、意大利、英国和德国后的第六位。[③] 爱琴海海岸线上的伊兹密尔、库萨达矢、博得鲁姆已经成为世界邮轮旅游的重要联结点，黑海海岸线上的特拉布宗也已经成为中东欧国家首选的度假胜地。8330 公里的海岸线依然是土耳其重要的旅游资源，滨海旅游也是未来旅游业发展的竞争优势之一。

---

① http：//konutkredileri. com/english/the-top-ten-tourist-destinations-in-turkey/，访问日期：2012 年 4 月 11 日。

② 《土耳其境内的十大世界遗产》，中国日报网：http：//travel. chinadaily. com. cn/2012 - 04/12/content_ 15031999. htm，访问日期：2012 年 4 月 11 日。

③ Alper Aslan，Ferit Kula，Muhittin Kaplan，"International Tourism Demand for Turkey：A Dynamic Panel Data Approach"，*Research Journal of Internatlonal*，Studles-Issue 9，January 2009：pp. 65 - 73.

近年来土耳其政府推出的一系列的节庆旅游、会展旅游、冬季旅游、保健旅游和高尔夫等现代旅游形式，吸引了世界各地的旅游者，从 1980 年开始，国际旅游者接待数量和旅游收入逐年提高（如图 6－2、图 6－3 所示）。2010 年底，土耳其接待的国际旅游者数量为 2860 万人次，居世界排名第七位（如表 6－6 所示），旅游收入达 208 亿美元，居世界排名第十位（如表 6－7所示）。土耳其旅游业增长率远高于欧洲和世界平均水平，并且表现出强劲的增长势头。

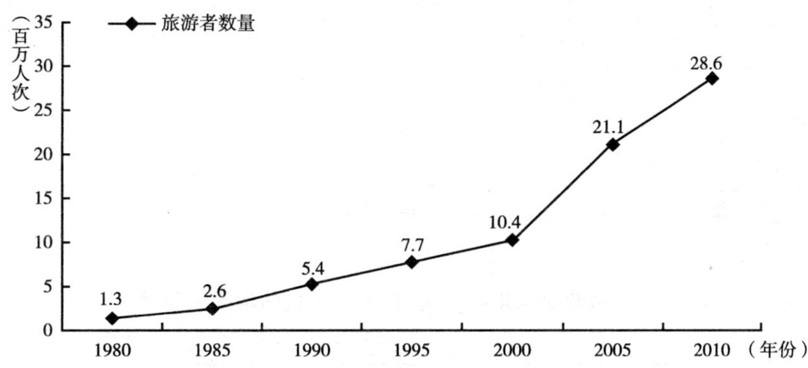

图 6－2 土耳其接待旅游者数量增长趋势图（1980～2010 年）

资料来源：根据联合国世界旅游组织统计数据整理并制图。

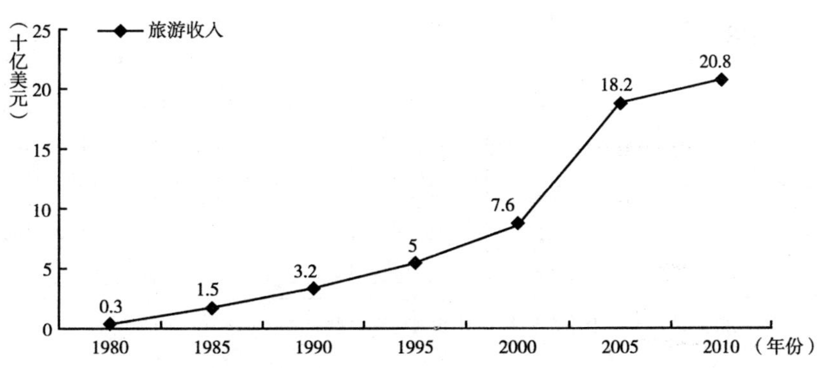

图 6－3 土耳其旅游收入增长趋势图（1980～2010 年）

资料来源：根据联合国世界旅游组织统计数据整理并制图。

表 6-6　国际游客接待量排名前 10 位的旅游目的地国家

单位：百万人次

国别	排名	2010 年	2009 年	2008 年	2007 年	2006 年
法　国	1	76.80	76.8	79.2	80.9	77.9
美　国	2	59.74	54.96	57.9	56	51
中　国	3	55.67	50.9	53	58.7	58
西班牙	4	52.68	52.2	57.2	54.7	49.9
意大利	5	43.63	43.2	42.7	43.7	41.1
英　国	6	28.13	28.2	30.1	30.9	30.7
土耳其	7	27.00	25.5	24.99	22.2	18.9
德　国	8	26.88	24.2	24.9	24.4	23.6
马来西亚	9	24.58	23.6	22.1	21	17.5
墨西哥	10	22.395	21.5	22.6	21.4	21.4

资料来源：根据联合国世界旅游组织统计数据整理并制表。

表 6-7　旅游收入排名前 10 位的旅游目的地国家和地区

单位：亿美元

国别和地区	排名	2010 年	2009 年	2008 年	2007 年	2006 年
美　国	1	1035	941.9	1104	971	858
西班牙	2	525.2	531.7	616.2	576	511
法　国	3	463.2	493.9	565.7	543	463
中　国	4	458.1	396.8	408.4	372	339
意大利	5	387.9	402.5	457.2	427	381
德　国	6	346.8	346.5	399.1	360	328
英　国	7	304	301.5	360.3	386	346
澳大利亚	8	301	253.8	247.6	223	178
中国香港	9	220.5	164.5	153	185	169
土耳其	10	208	212.5	219.5	189	166

资料来源：根据联合国世界旅游组织统计数据整理并制表。

据世界旅游组织发布的《世界旅游市场的发展趋势》研究报告，出于文化目的的旅游，如参观考察，观看演艺节目，参加节庆、文化活动，参观遗址和古迹，以及朝圣旅游正在成为越来越多的游客的特别喜好。文化旅游和邮轮游艇市场将成为未来十年旅游业发展的两个重要的细分市场。① 土耳其文化旅游部提出更好地利用自然、文化、历史和地理的遗产，增强保护意识，开发和推广的高标准和多样化的旅游文化产品，吸引了高收入的游客，是土耳其发展旅游业的独特潜力和竞争优势所在。目前，旅游部的战略是改变土耳其作为一种廉价的目的地的国家形象，大力发展文化旅游，并且开发了许多新形式的文化旅游产品，吸引了大批国际游客。土耳其主要城市都拥有大型歌舞剧院和露天演艺场所，每年表演的节目数量和表演场次都非常大，也吸引了大量的文化旅游者（如表 6－8 所示）。

表 6－8　文化表演数量和观众人数

			节目数量			表演场数		观众数量		
	歌舞剧院	座位数量	总计	国内	国外	国内	国外	总计	居民	外宾
安卡拉	1	723	96	55	41	86	90	58529	31671	26858
安塔利亚	1	802	10	2	8	5	15	7312	1406	5906
梅尔辛	1	638	24	10	14	32	35	20268	8797	11471
伊斯坦布尔	1	1304	27	12	15	125	44	121780	40871	80909
伊兹密尔	1	393	32	6	26	20	79	37559	6795	30764
合计	5	3860	189	85	104	268	263	245448	89540	155908

国际入境游的持续增长、旅游外汇收入的不断增加、外资大量进入、世界著名旅游企业集团和著名饭店集团纷纷进入、得天独厚的区位优势造就了土耳其无可比拟的旅游业国际竞争优势。

本章从土耳其旅游产业国际化动因、国际化进程、国际化产业队伍的培养以及土耳其旅游业的国际竞争优势等方面，揭示了土耳其政府推动旅游业进行国际化制度创新和发展机制创新的创新驱动效应，更进一步阐明了政府在旅游业发展中的协同特性。重点论述了土耳其在加入欧盟、发展经济、实现强国梦想的激励下，政府通过培育民族旅游企业发展、吸引外国直接投

① 联合国旅游组织（UNWTO）官方网站：http：//dxtq4w60xqpw. cloudfront. net/sites/all/files/docpdf/markettrends. pdf，访问日期：2012 年 3 月 16 日。

资、加入欧盟、加入国际旅游组织、培养国际化旅游产业队伍等举措，加速了土耳其旅游业的国际化进程。随着国家开放度的不断提高，可进入性逐渐增强，不断加速的国际化进程使土耳其走向世界，并在强手如林的旅游业竞争中，占据了一席之地。更为重要的是，旅游业的发展促进了世界人民对土耳其的了解，提升了土耳其的国际地位，土耳其具有了良好的旅游目的地国家形象。

第七章

实证结论——土耳其旅游业从政府主导到政府与市场协同发展模式

前面几章分别从土耳其政府对旅游业发展的态度、产业定位、产业政策、战略导向、产业培育以及推动旅游产业国际化等内容对土耳其旅游业发展进行了实证研究，对土耳其旅游业的发展脉络、发展轨迹以及取得的成就进行了比较系统的分析和梳理。本章将在此基础上，结合第二章提出的政府协同论观点，对实证研究的结果进行总括分析，通过实证样本的结果验证本书提出的旅游业发展的政府与市场协同观，即土耳其政府通过制定正确的旅游业发展战略和政策这一载体（序参量），充分发挥了政府自组织与市场自组织的自组织特性和协同特性，形成了良好的政策效应——旅游业大发展。下面分别就政府的协同机制和市场协同机制进行总括分析。

第一节　土耳其政府的战略导向和政策效应

依据本书提出的政府协同论观点，在宏观层面，经济系统中的政府通过政府政策和战略这个序参量，使市场产生协同机制，进而形成新的有序或走向更高层次的有序。具体到土耳其旅游业发展，从以上研究的内容可以看出，土耳其旅游业经过六十多年的发展，取得了举世瞩目的成就。土耳其旅游业辉煌成就的取得，与土耳其政府主导作用的发挥以及正确的政策和战略是分不开的。一方面，政府和旅游产业作为两个独立的自组织系统，不断演化形成内在动力机制；另一方面，在政府政策和战略这一序参量的影响下，旅游业发展具有了外部动力机制，进而形成产业发展与政府政策的协同，产生了促使旅游产业组织、产业结构、产业政策、产业国际化程度、产业创新机制发生改变，形成旅游业大发展环境。

一 20世纪50年代旅游业发展进入政府层面

土耳其政府鉴于当时的国际环境和国内需要，立足本国资源禀赋优势，从经济发展对外汇的需求以及平衡国际贸易和安置就业的需要出发，把旅游业纳入了政府的政策层面，并从此积极出台推动旅游业发展的各项政策，使旅游业发展服务于政府的宏观发展目标。土耳其旅游业的快速发展，与当时土耳其经济社会发展的客观需要和政府的重视程度以及陆续出台的鼓励政策是分不开的。1949 年，土耳其政府成立了旅游咨询委员会，召开了第一届旅游咨询大会。此次会议明确了国家和私人部门在旅游业发展中的作用，会议报告成为日后国家旅游政策制定的基础。1953 年颁布了《旅游鼓励法》，对本国和外国投资者开放旅游业。紧接着，1954 年颁布了《外资鼓励法》，1955 年成立了土耳其旅游银行（Turkey Tourism Bank），这是土耳其政府重视旅游业发展的重要政策性举措，也是土耳其旅游业发展的重要里程碑。两部鼓励法的颁布和实施，以及旅游银行的成立，不仅激活了国内的旅游资源，调动了国内发展旅游业、多赚外汇的积极性，而且吸引了外资进入，充分利用了国际市场资源。土耳其民主党执政后实行私有化和贸易自由化的政策目标以及正式加入北约，土耳其的政治、经济、社会逐步“西化”，旅游业发展不仅迈入了快车道，而且成为对外开放的主力军。在这一时期，政府率先开始了对于高档旅游设施的投资，同时也加大了交通和通信等基础设施投资，并且普及教育、开展旅游培训。国家授权的旅游管理部门不仅进行旅游投资和建设，并且直接经营和管理旅游企业，成了饭店业主、旅行社经营者、旅行交通运营商。政府的主要目的是通过这种形式，鼓励和引导私营部门进入旅游业，为私营部门的投资和创业提供示范。1950 至 1960 年期间，外国游客数量的年平均增长率为 12%，饭店设施的床位数量增长 7 倍，外国旅游者数量增长了 6 倍①，豪华的旅游饭店设施已经成为城市文明和现代化的象征。截止到 1961 年，土耳其共有 258 家饭店，15685 张床位，但仍

① Yasa, Memduh, Cumhuriyet Dönemi Türkiye Ekonomisi (1923 - 1978), Istanbul, Akbank Kültür Yayini, 1980.

然不能满足外国游客的要求[1]，十年的时间，旅游业作为一个新兴产业在土耳其逐步形成，并且完全走上了政府主导的旅游发展道路。

二　20世纪60年代旅游业发展进入起步阶段

旅游业被列入第一个国家发展规划，在政府的积极鼓励和引导下，从20世纪60年代开始，土耳其政府有意识地确立了旅游业发展导向，把发展大众旅游作为基本政策，大力兴建旅游基础设施和旅游项目，满足国际游客需求。"一五"期间，公共部门的投资占旅游总投资的28%，私营部门投资占旅游总投资的72%。"二五"期间，公共部门的投资一直占旅游投资总额的31.7%，私营部门投资占旅游总投资的68.3%（见第五章第一节）。为了增加外汇收入，土耳其政府把旅游业作为国际贸易中的无形贸易类别项目，第一次正式确定为重要产业和最重要的无形出口产业，还把旅游业列入发展国际关系发展的重要部门。在当时的情况下，赋予旅游业如此重要地位的国家并不多见。到20世纪70年代初，旅游业为国家的经济发展赚取了大量外汇，国内旅游收入也年年增加（见第四章表4-1）。

从表4-1中可以看出，到1972年，外国旅游者数量首次突破100万人次，旅游总收入达到7500万美元。这些数字，不仅说明了土耳其旅游业在政府的政策鼓励下取得的成就，更表明了旅游业的发展速度，表明了旅游业在为国家增加外汇收入、积累财富方面所作的贡献。这种鼓励政策效应以及外汇收入的增加、外资的进入、旅游业的发展表明了土耳其政府重视发展旅游业的导向和鼓励旅游业发展的政策效应。旅游基础设施投资的增加，提升了本国旅游资源的吸引力，增强了旅游目的地的可进入性。如果没有外界不利因素和内部消极因素影响的话，从本质上说，土耳其政府鼓励旅游业发展的政策产生了良好的政策效应，既提升了本国旅游资源的价值，调动了本国发展旅游业的积极性，又吸引了外资进入和境外旅游者的增加，增加了国民财富。

但是，从国际上看，尤其是从地中海区域看，在70年代中后期，也就

① Turgut Var, *Mediterranean Tourism: Facts of Socioeconomic Development and Cultural Change*, edited by Yorghos Apostolopoulos, Philippos Loukissas and Lila Leontidou, London: Routledge, 2001.

是 1974～1980 年期间，土耳其旅游业发展缓慢，在游客接待数量上远远落后于其他的地中海邻国。这其中既有客观原因，又有主观原因。客观原因是 1973 年和 1978 年两次石油危机对土耳其旅游业影响巨大，这是其一；其二，在世界旅游市场上，土耳其虽然是地中海沿岸国家，但是对北欧到西欧的“追求阳光”的游客来说，他们更趋于去离家较近的旅游目的地，而土耳其对他们来说，旅游目的地相对偏远；其三，由于交通昂贵和缺乏宣传推广，土耳其只是被动地等待西方国家度假村接待能力“超载”时的剩余游客，是一个旅游市场的迟到参赛者。主观原因是：第一，虽然国家的重点基建投资已完成，土耳其落后的运输和通信设施仍然严重阻碍旅游业的发展，国家依然依赖于外国的设备和投资改善基础设施状况，并且政府机构的“繁文缛节”影响了旅游业发展的效率；第二，在这七年中，执政的国民阵线政府的合作伙伴——原教旨主义（国民救国党）[①]，认为旅游活动侵蚀了国家道德价值观，对旅游业采取了严重阻挠的态度。第三，不断增加的恐怖主义活动、暗杀和社会动乱，过度分散和极端的政治体制，缺乏具有决策力的政治权威，大规模爆发的种族冲突，对旅游业的发展产生了很大的负面影响。这些主客观因素的影响，抵消了政府鼓励旅游业发展的政策效应，影响了旅游业发展活力。

三　20 世纪 80 年代旅游业进入发展时期

从 1980 年开始，土耳其开始自由化改革，实行出口导向的国家战略，开始建立市场经济体制。此时土耳其政府将旅游业提升到国家战略和国家整体利益的层面。在新自由主义政策的导向下，土耳其政府将旅游业作为新的产业增长部门，推行大旅游政策，优先发展旅游业，将发展旅游业作为实现出口导向型工业化战略的重要途径。1982 年，土耳其政府重新修订颁布了《旅游鼓励法》，又称 2634 法，此项法律开创了旅游业发展的新纪元，提出了扩大旅游供应（服务的技术基础设施、旅游设施投入），为游客创造最佳的社会环境，确保自然资源与旅游业和谐发展。继而又颁布了《外国投资法》，又称 6224 法，这部法律规定，外国企业的投资必须具有

① Turan, Dlter, *Stages of Political Development in the Turkish Republic in Perspectives on Democratic Turkey*, E. Özbudun et al. (eds.), Ankara: Sevinç Matbaasl, 1988, pp. 59 – 112.

赢利能力，并有利于土耳其旅游业的发展，即必须增强土耳其的旅游潜力。最为重要的是，外国企业必须具备在国外开展土耳其旅游市场营销的可能性。根据本法的规定，投资者应先向总理府下属的财政部申请获得“投资许可证书”。此证书关系到企业是否有权享有国家援助措施。在土耳其成立的外资公司，获得“投资许可证书”和“建设许可证书”后，可以和本地投资者一样，享受国家援助措施提供的一切特权。这部新法律明确了旅游业获取最佳旅游投资用地的问题，并简化了进入“优先发展区”的正式手续等。

国家停止了对旅游设施的投资，并对已有设施进行私有化改革，让市场机制发挥作用。1989 年土耳其政府进一步撤销文化旅游部，单设旅游部，完全走上了国家主导旅游业的发展道路。旅游业不仅享受政府全面的投资优惠政策，同时还享有政府对于旅游业的特殊的投资奖励措施，旅游投资开始投向政府设立的“优先发展区”。政府通过旅游部和旅游银行两个政府部门，大力加强公路、铁路、机场等交通运输基础实施投资和建设，全面构筑海、陆、空一体化的旅游交通系统，并采用建设旅游大项目的方式（安塔利亚南部旅游开发项目和地中海—爱琴海旅游基础设施和海岸带管理项目），完成了旅游基础设施建设的重大飞跃。到 80 年代末，一个以国家旅游部和资金雄厚的旅游银行为主要机构的、有效率的旅游发展激励体系逐步建立起来，旅游基础设施建设已初具规模，为旅游业快速发展打下了良好的基础，旅游业成为国家新的“经济增长点”，年均增长率比前十年提高了 6 个百分点。

土耳其政府在主导旅游业发展的过程中，还出台了促进旅游业发展的相关配套政策。如：取消实行了 50 年的外汇管制，实行灵活的汇率政策，鼓励出口，放松进口限制等。灵活的汇率政策使土耳其在欧美市场上初步树立了新兴、低廉的历史文化观光胜地和海滨旅游度假胜地的形象，为入境旅游的发展和旅游企业扩张创造了便利条件，也为出境旅游提供了资金保障。1988 年旅游银行与国家投资和工人投资银行合并，组成了土耳其发展银行，加大旅游基础设施投资规模和力度（与旅游业相关的固定资产投资总额占国家固定资产投资的比重由 1989 年的 0.7% 上升至 1997 年的 5.8%），加速了旅游需求的迅速增长和旅游业的扩张性发展。这些国家层面的政策措施，使土耳其旅游业在政府主导下得到快速发展，旅游业的地位更加突出。实际上，这一时期土耳其虽然实行市场经济体制，但市场机制尚不完善，旅游微观企业不够发达，旅游业的快速扩张本质上是属于政府为主、企业为辅的以旅游基础设施投资和旅游开发为主要内容的数量型扩张，政府的自组织协同特性得到充分发挥。

四　20世纪90年代旅游业发展由政府主导转向政府协同

土耳其旅游业自20世纪50年代开始，经过40年的政府主导发展，旅游业在国家宏观经济层面的作用日益显著。旅游收入相当于商品出口收入的近14%，国际旅游者数量增加迅速，旅游业在国家经济中已占重要地位。进入20世纪90年代，1990年8月爆发的海湾战争，使土耳其旅游业陷入瘫痪，这对政府主导旅游业发展的模式无疑是当头一棒。政府考虑到市场化进程已走过了10年，私营部门逐步发展成为推动经济发展的新生力量。因此，在新自由主义经济和政治框架下，土耳其政府逐步淡化政府主导旅游业发展的模式，开始下放权力，退出市场，建立以项目为主导、注重效率的组织机构，由中央集权的官僚计划转变为参与式决策，着手制定新的旅游业发展的战略目标和政策。

此时政府出台的新政策主要有：开发和建设一个高效的、具有竞争优势的旅游业；为国内外游客和当地居民创造最好的社会环境；发展所有地区的旅游业，平衡旅游业发展的经济环境；维护和增强国家的自然资源和文化遗产的保护和开发。为把旅游业培育成具有竞争优势的支柱产业，确保土耳其主要旅游目的地的地位，土耳其政府把改进质量纳入最新的旅游业发展五年计划，把改善服务质量和提高游客满意度作为土耳其旅游业发展的重要战略。在经济全球化推动下，土耳其政府积极调整旅游产业政策，实施旅游业可持续发展战略，环境保护、文化遗产保护、生态旅游等可持续发展的新概念受到政府重视，并进入政府的政策框架。在土耳其从半封闭的计划经济向开放的市场经济转型的过程中，土耳其政府加快了推动本国经济融入世界经济尤其是融入欧盟经济的步伐。

1992年，土耳其加入欧盟的“蓝旗计划”，政府投入巨资，用于滨海地区环境保护和滨海旅游资源开发以及旅游设施的改善，这一行动使土耳其“蓝旗海滩”的数量居世界第四位。1999年，土耳其政府正式启动加入欧盟进程，成为欧盟候选国。在入欧进程的推动下，土耳其旅游业发展的国家战略和政府政策也一律向欧盟政策靠拢，力求与欧盟在政策层面保持高度一致。这一战略举措，使土耳其经济的开放性特征更加凸显，旅游业发展与开放型经济发展同紧密结合，旅游业发展更加国际化，发展势头更加强劲。90年代的10年，土耳其旅游收入增加了10倍，旅行社数量增加了3倍。在2000年，游客人数达到了创纪录的水平，达10.4亿人次，旅游收入达76.36亿美元，比上年增加39%，游客消费增长47.4%，旅游收入占GNP的比重达到3.2%，占出口总额的比重达到21.4%。

在20世纪90年代的10年中，政府逐步淡出主导模式，把重点放在调整产业政策、制定发展规划、发挥市场作用、培育竞争优势、推动国际化进程上面，使土耳其旅游业走上了“政府引领、市场为主”的快速发展轨道，迈上了一个大台阶，并日益成为世界知名的旅游目的地国家，在众多新兴经济体和发展中国家的旅游业排行中崭露头角。土耳其政府的这种由主导到协同的战略和政策调整，使旅游微观企业的主体作用得到充分发挥，旅游业市场运行机制不断完善，旅游业国际竞争力日益增强。

五　21世纪开始旅游业完全进入政府协同发展时期

在国家“入欧融欧”的战略导向下，土耳其政府开始了一系列政策法规调整，如签证制度、外汇政策、投资政策、产业政策、教育政策、就业政策、区域发展政策、竞争政策，等等，为旅游业的发展营造了宽松良好的市场环境。尽管“9·11事件”对土耳其旅游业产生了直接影响，但很短暂。土耳其政府将旅游业、农业和出口确立为三个最重要的经济部门，把旅游业确立为最重要的出口行业、拉动经济社会发展的重要引擎和加入欧盟的重要载体，同时把加快发展旅游业上升为国家核心产业战略。2003年，政府重新修订了1982年颁布的旅游基本法——《旅游鼓励法》，成立国家旅游委员会，旅游部更名为文化旅游部，实行更加开放灵活的签证政策和更加宽松的旅游业市场准入政策，制定和实行了起点标准更高、目标更加长远的旅游产业政策。

2007年政府发布了《2023年旅游发展战略》，明确提出到2023年，国际游客接待数量和旅游收入两项指标达到世界排名前五位的战略目标。政府的这种非常明确的战略导向作用，使旅游业已经成为土耳其政府减少失业、提高国内生产总值和改善国际收支的最重要推动力，对国家经济的贡献度不断增大，旅游收入占国内生产总值的7.2%，占整个服务业的23.1%，旅游直接就业人数占国家就业总数的4.0%。[①] 这种战略导向作用，使土耳其拥有了世界第一大旅游客源市场并同时形成了众多的独具特色的旅游目的地，成为游客接待数量居世界第七位的旅游目的地国家，德国、英国和俄罗斯联邦成为土耳其的主要客源国，占土耳其国际游客总量的36%，旅游收入进入世界前十位。更为重要的是，世界排名前十位的饭店连锁集团已全部进驻土耳其。自此，土耳其旅游业也进入了产业结构调整期，由传统大众旅游市场向高端文化和商务旅游市场转型。文化部和旅游部再次合并，土耳其旅游业进入了现代旅游业发展的新时期。

综上所述，土耳其共和国成立以后，20世纪50年代就把旅游业纳入了政府的政策层面，并先后颁布了《旅游鼓励法》和《外资鼓励法》，在此后半个多世纪的时间里，始终把优先发展旅游业放在突出位置，并保持了政策的连续性，政府的作用在政策层面可以说发挥到了极致，由此推动旅游业发展成为整个国民经济的战略性支柱性产业，并形成了较强的国际竞争力（见表7-3、图7-1所示）。伴随着旅游业从萌芽时期、起步时期、发展时期到起飞时期的不断发展，政府政策处于不断调整中，旅游业发展模式也实现了从政府主导到政府协同的转变。土耳其旅游业发展可以分为20世纪90年代之前的由政府参与、示范、引领的政府主导型旅游发展模式和20世纪90年代之后的政府与市场竞争合作的旅游发展模式，也即政府与市场协同型旅游发展模式。

第二节　旅游微观企业市场效应

依据政府协同论观点，在宏观层面，政府通过政府政策和战略序参量，使政府与市场产生协同机制，进而形成新的有序或走向更高层次的有序。具体到土耳其旅游业发展，一方面，政府作为一个独立的自组织系统，不断演化形成系统内在动力机制，政府效率和政府政策效应不断提升；另一方面，政府通过政策和战略这一序参量，与市场发生协同作用，旅游业发展具有了外部动力机制，进而形成产业发展的总动力机制，促使旅游产业组织、产业

① 土耳其文化旅游部官方网站：http：//www.turizm.gov.tr，访问日期：2011年9月20日。

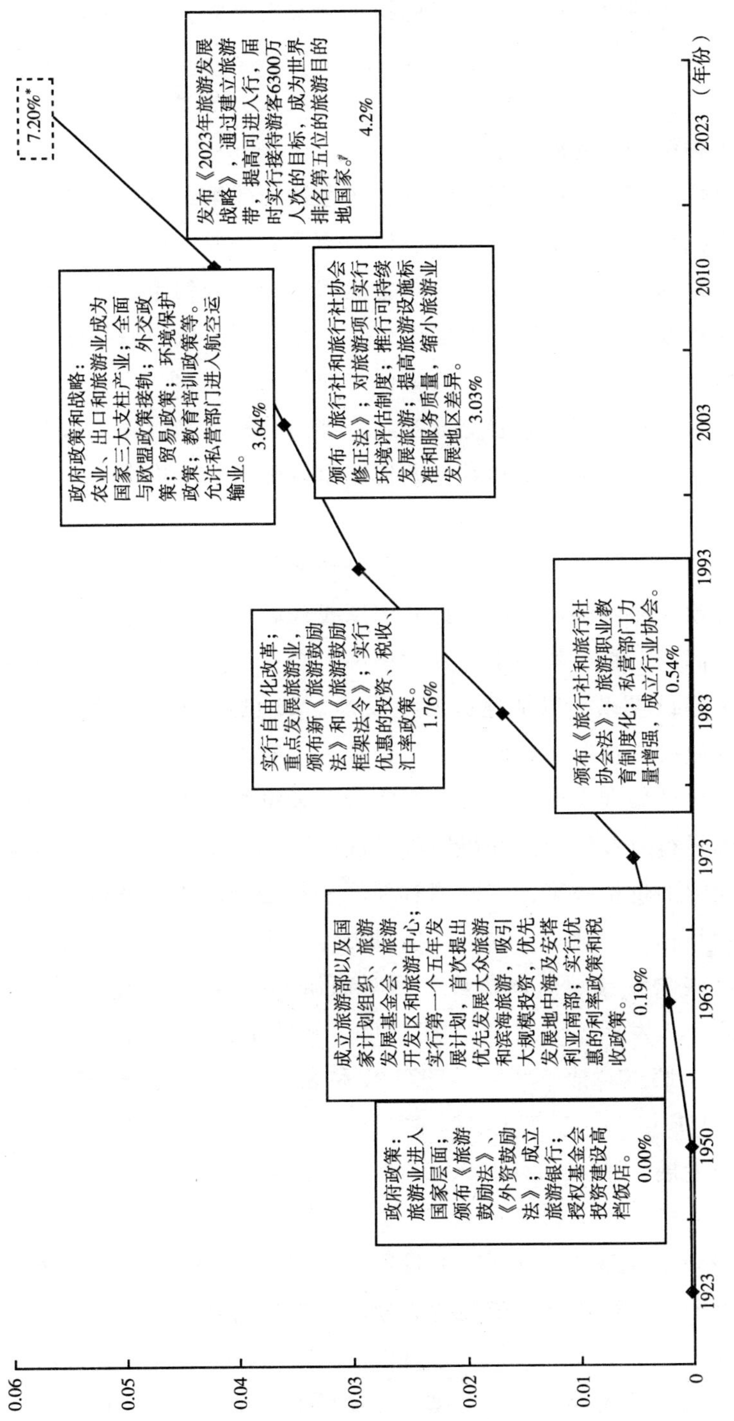

图 7－1　土耳其旅游政策效果图

注：图中数字为土耳其旅游收入占国内生产总值（GDP）的比重。

＊数据为按照土耳其 2023 年旅游战略，到 2023 年实现旅游总收入占 GDP 的比重为 7.20% 的目标。

资料来源：根据土耳其统计局数据及政府旅游政策整理制表。

结构、产业政策、产业国际化程度、产业创新机制发生改变，形成了旅游业大发展局面。

一 政府示范和引领下的旅游企业发展

土耳其政府充分发挥自身的自组织特性，通过鼓励政策、示范措施、市场化改革和国际化战略等，在主导、引领、规划全国旅游业发展的同时，通过充分发挥市场力量的主体作用，吸引本国企业和外资加入到旅游基础设施建设、旅游度假项目开发和旅游产业发展中来，使企业逐步成为旅游业发展和提升旅游业竞争优势的主体。随着国家整体产业结构的调整，旅游业内部旅行社、旅游景点、旅游饭店和旅游交通等经济部门结构日趋合理化和高度化。旅游产业结构升级成为提升土耳其旅游资源禀赋价值和战略性支柱产业的重要推动力。

在旅游产业构成中，除少数大型旅游集团公司之外，大多数的旅游企业都属于中小企业规模。而旅游业发展又具有前期投入高的特点，土耳其政府在加大国家投入的同时，积极鼓励土耳其大型私人企业公平地参与到经济建设，增加基础设施建设投入，以加速旅游业发展。20 世纪 50 年代到 60 年代初，旅游基础设施投资主要以政府为主。土耳其政府规定：①为了给公共部门和私人部门提供计划和实施同等机遇，经济政策将明确界定内容；②国家将依照计划目标进行直接投资，并将经济发展情况通告私人部门；③国有企业实行收益最大化的价格政策，鼓励国有部门公平竞争；④利率和刺激措施由部门按照计划目标自行确定；⑤进口项目由部门制定，公共和私人部门不存在区别。在这些政策鼓励下，私营部门对旅游基础设施的投入不断增加，旅游业也得到很大发展，60 年代中期以后，私营部门对旅游业的投资超过了公共投资（见第五章表 5－1）。1977 年私营部门在旅游业总投资的比重占到 38%。1971 年，土耳其有 192 家旅行社，到 1978 年增加到 307 家，其中 A 类旅行社有 195 家，有 119 家旅行社在伊斯坦布尔设有办事处，占总数的 61%。

由于公共部门和私营部门持续不断的投资，到 20 世纪 80 年代初，旅游基础设施有了较大改善，但依然满足不了迅速增长的旅游业发展需要。

到 20 世纪 70 年代末，土耳其政府基本完成了覆盖 75% 领土面积的国内旅游规划。旅游规划为旅游产业布局奠定了良好的基础。政府还规划了一些吸引国内外投资者参与投资建设的旅游度假开发大项目，最主要的是土耳其政府规划的“地中海—爱琴海旅游基础设施和海岸带管理项目”和“安塔利亚南部旅游开发项目”。在这些旅游开发大项目中，外资和私营部门发挥了重要作用。

“地中海—爱琴海旅游基础设施和海岸带管理项目”是土耳其最大的与旅游相关的基础设施投资项目，也是利用外国贷款开发建设的大项目。投资总额30亿美元，由世界银行提供，分阶段实施，计划到2023年完成。该项目是中小型直辖市地方政府以及私营部门共同参与的范例。

“安塔利亚南部旅游开发项目”涵盖了安塔利亚南部沿海80公里长、平均深度9公里的地区，包括了奥林普斯、费斯里斯、艾迪罗斯等历史文化名城和一些村庄。项目内部成立了安塔利亚南部旅游发展基础设施管理公司，旅游部、中央政府的地方代表、市长、旅游投资者和项目管理者，甚至项目所在地的一些村长也成为公司成员。该项目采用规划、项目、融资和运营（planning + programming + financing and operational stages）的综合模式，创造65500张床位的接待能力，约2万个工作岗位，实现每天接待20万人次的接待量，并进一步改善当地居民的卫生、教育和培训基础设施状况。

进入90年代后，由于海湾战争的影响，政府旅游投资略有下降，私人投资增速一直稳步上升。自1992年开始，私营部门为获得国有土地的分配条件，开始广泛参与旅游投资，投资总额达到政府总基建投资成本的三分之一，大大缓解了旅游部和其他国家与地方的政府投资压力。私营部门投资在旅游业总投资的中的比重在1996年上升到72%。从90年代中期以后到21世纪初，旅游业投资年均增长率都高于制造业和住宅业（表7-1）。[①]

表7-1　制造业、旅游业、住宅业年均投资增长率

单位：%

阶段	制造业	旅游业	住宅业
1995～1999年	0.9	15.8	-8.5
2000～2003年	0.0	7.3	-21.2

① Sumru Altug, Ünal Zenginobuz, “What has been the Role of Investment in Turkey's Growth Performance?”, http://www.econ.boun.edu.tr/content/wp/EC2009_02.pdf，访问日期：2012年3月20日。

2006年以来，因为旅游基础设施具备了一定规模，私人投资保持平稳，转入以提升旅游业发展质量为主。从长远看，私人部门对旅游业的投资，仍将持积极态度，而且重点会投向旅游业高端项目。

1999年，在维护和开发世界遗产名录项目——棉花堡过程中，采用了规划—项目—融资—运作四个阶段的综合方式，该项目除了从国家分配预算外，还从世界银行获得了2600万美元的贷款，国家旅游银行担任世界银行2600万美元贷款项目的执行公司。作为项目执行人，旅游银行将58个公共土地项目分配给私人投资者，为他们提供信贷资金，并监督其建设施工，直到竣工验收。同时，旅游银行还与经营者协会合作，推行“基建工程管理模式”。这些项目的成功实施，给土耳其的同类企业起到了很好的示范作用，并且赢得了国际赞誉。

从1983年到1990年间，私人自有资金投资11亿美元，并从政府获得了4.54亿美元左右的信贷金额。不仅有力地推动了这些旅游大项目的实施，而且推动了区域经济的发展。

二　政府政策支持下的旅游产业组织发展

1949年，政府成立了旅游咨询委员会，召开了第一届旅游咨询大会，明确了国家和私人部门在旅游业发展中的作用，之后，土耳其旅行代理机构已经由1923年的4～5家增加到100家。1950年，土耳其民主党开始执政，政策目标是将国有企业转变为私人部门，实行私有化和贸易自由化。国家基本政策的转变，以及西方国家的经济援助，给土耳其经济发展注入了大量资金，整个20世纪50年代，土耳其经济呈现出高速发展的态势，并创造了经济奇迹，[①] 私营经济获得了长足发展。1953年颁布的《旅游鼓励法》，对本地和外国投资者开放了旅游业，并提供包括信贷体系和税收优惠在内的各种激励措施。1954年颁布的《外资鼓励法》，为外资的进入敞开了大门，1955年建成的康奈德希尔顿饭店，首开外资进入土耳其饭店业的先河。土耳其直辖市和基金会银行主要负责向国有旅游企业提供信贷资金，土耳其旅游银行不仅为私营部门的旅游投资提供信贷，同时还为私人投资项目提供技术援助。1960年，土耳其发生军事政变。随后，新政府结束了自由经济政策，

① 肖宪、吴庆玲、吴磊等：《土耳其与美国关系研究》，时事出版社，2004，第119页。

开始实行“混合经济”政策。私营企业被认为是国家经济的重要组成部分，得到迅速发展。70 年代，大部分国际连锁饭店以及世界知名的旅游经营商开始进入土耳其市场，国内旅游市场出现了内外资竞争发展的局面。土耳其政府为了充分发挥企业的主体作用，鼓励行业协会发展并积极发挥作用，1971 年旅游饭店和投资者协会（Touristic Hotels & Investors Association，简称 TÜROB）宣告成立，该协会的基本目的是为旅游企业发展过程中存在的问题提供解决方案，致力于旅游业以及旅游相关问题的科学和实践研究。1972 年，土耳其政府颁布了《旅行社和旅行社协会法》（The Law concerning Travel Agencies and the Association of Travel Agencies），又称 1618 号法。该法实施后，土耳其旅行社协会（Association of Travel Agencies）宣告成立，协会章程设立了佣金制度；确立了旅行社的职业价值观；保护旅游者利益并与政府旅游部共同开展土耳其旅游产品营销。并将已有旅行社分为三类，A 类机构可以开展第 1618 号法规定的所有服务项目，B 类机构经营空运、海运和陆地运输的票务业务以及 A 类机构委托代理的业务，C 类机构仅提供土耳其公民国内旅游业务。同时，B 类 C 类机构都可以开展 A 类机构委托代理的业务。随后，饭店经营者协会、导游协会等行业组织相继成立（见第五章表 5 - 6）。

土耳其在 80 年代开始实行自由化改革，推行市场经济体制以及优先发展旅游业的产业政策，旅游行业协会的作用日益突出。在政府完全走上国家主导旅游业发展的道路后，因为旅游行业协会属于政府鼓励发展且有法律保障的领域，因此，这些旅游行业协会不仅成为公共部门和私营部门共同发展旅游业的新的组织形式，而且和政府一道，共同构建起了以旅游度假产品、饭店业、旅行社和旅游交通四大行业为支撑的完善的旅游产业体系，为土耳其的旅游产业起飞铺平了道路。

三　旅游企业集团品牌效应

在政府政策激励下，土耳其国内的 500 强企业和一些知名的工业企业开始进行旅游投资。成立于 1926 年的科士控股有限公司（Koç Holding A. Ş.），于 1964 年率先成立了土耳其免税品商店，后又于 1973 年成立塞托尔旅游集团（Setur Tourism），现已成为土耳其最大的旅游集团公司之一，业务涵盖航空公司、豪华邮轮、饭店、免税店、旅行社、汽车租赁等几乎所有的旅行和旅游活动。拥有包括达万饭店集团（Divan Group）、塞托尔码头（Setur Marinas）和安飞士土耳其（Avis Turkey）汽车租赁公司。塞托尔在土耳其著名的《资本》杂志进行的一项土耳其知名品牌的网上调查中得票最高，于 2005 年和 2009 年获得土耳其“超级品牌称号”。塞托尔旅行社（Setur Travel Agency）被世界著名的国际旅行和旅游专业人员协会（SKAL）[①] 评为 2006 年度和 2007 年度“最佳旅游经营者”，2008 年和 2009 年又被评为“最佳外国旅行商奖”，最近还获得了颁发的“最成功的旅行社奖”，表彰其在旅游网络营销方面的成绩，其门户网站——www. bookinturkey. com 被评为“最佳网上旅游的虚拟门户”。[②] 1932 年成立的著名的纺织企业萨班驰控股有限公司（Sabancl Holding A. Ş.）于 1948 年进入旅游业，投资兴建了两家饭店和餐馆。在政府实行自由化改革之后，分别于 1985 年和 1987 年投资兴建了两家饭店，并于 1988 年投资兴建了一座大型饭店和休闲中心。亚萨尔控股有限公司（Yaşar Holding A. Ş.）成立于 1946 年，主营油漆生产和进口业务，1970 年开始旅游投资，先后投资兴建了餐馆、咖啡厅、度假村旅行社和航空公司。成立于 1953 年的博如萨（Borusan Holding A. Ş.）钢铁公司和成立于 1960 年亚纳都鲁（Anadolu Endustri Holding A. Ş.）汽车公司也都进入了旅游业。[③] 随着旅游业的发展，一大批旅游企业由弱到强，在激烈的市场竞争中脱颖而出（见第六章表 6 - 5）。土耳其民族品牌企业也开始走出国门，走向国际旅游市场，如德德曼、雅纳摩、达万、马尔马拉、瑞克索斯等知名饭店已在伊朗、阿塞拜疆、土库曼斯坦等国开设了分店。

自 1955 年伊斯坦布尔希尔顿饭店成立首开国际品牌饭店集团进驻土耳其的先例，国际知名饭店企业在土耳其旅游业国际化进程中，扮演着先锋的角色，有些饭店集团采取了高、中、低档全部品牌进入的战略，如国际饭店集团、希尔顿集团，而大部分国际饭店集团则是有选择地进入不同档次和类型的饭店业市场（如表 7 - 2 所示）。随着土耳其国际旅

① 该协会成立于 1934 年，SKAL 今天已遍及 85 个国家有约 20000450 名俱乐部的成员。SKAL 总部设在西班牙托雷莫里诺斯。http：//skalnet20. skal. org/what_ is_ skal，访问日期：2012 年 4 月 20 日。

② 科士公司官方网站：http：//www. koc. com. tr/en-us/Corporate/Sectors/Other/Pages/Setur. aspx，访问日期：2012 年 4 月 20 日。

③ Ayse Bugra, *State and Business in Modern Turkey, A Comperative Study*, State University of New York Press, 1994, pp. 181 - 199.

游的发展，世界知名旅游经营商途易集团公司（TUI）、托马斯·库克集团公司（Thomas Cook）通过设立分支机构或兼并的方式，进入土耳其旅游市场。

表 7－2　土耳其已有的国际饭店公司和品牌

饭店公司	品牌				已有设施	在建设施
	豪华类	高档类	中档类	经济类		
国际饭店集团(IHG)	洲际(Intercontinental)	皇冠广场(Crown Plaza)	假日(Holiday Inn)	假日快捷(Holiday Inn Express)	10	1
温的姆(Wyndham Worlwide)	—	—	拉曼达(Ramada)	—	7	0
希尔顿(Hilton Hotels)	沃尔道夫(Waldrof)，亚斯托利亚（Astoria），康奈德(Conrad)	希尔顿(Hilton)	双树(Double Tree)，希尔顿花园(Hilton Garden Inn)	汉普顿(Hampton by Hilton)	9	4
万豪国际(Marriott International)	里兹·卡尔顿(Ritz Carlton)	万豪(Marriott)，万丽(Renaissance)	庭院(Courtyard)	—	6	3
雅高(Accor)	—	—	诺福特(Novotel)	宜必思(Ibis)	8	1
最佳西方(Best Western)	—	—	最佳西方(Best Western)	—	15	0
喜达屋(Starwood)	W 饭店(W Hotels)	喜来登(Sheraton)	—	—	6	1
卡尔森(Carlson)	—	拉迪逊(Radisson)	—	—	3	0
凯悦(Hyatt Hotels Group)	凯悦花园(Park Hyatt)	柏悦(Hyatt Regency)，君悦(Grand Hyatt)	—	—	2	0
穆万匹克(Mövenpick)	—	穆万匹克(Mövenpick)	—	—	2	1
四季(Four Seasons)	四季(Four Seasons)	—	—	—	2	0
巴塞洛(Barcelo Hotels)	—	—	巴塞洛(Barcelo)	—	4	0
珐蒙特(Fairmont Hotels)	瑞士饭店(Swissotel)	—	—	—	4	1

资料来源：Turkey Hotel Market，Colliers International Turkey，July 2010。

随着旅游业的发展，土耳其本国饭店企业也发展起来，并形成了一批在欧洲饭店业市场较有影响力的饭店连锁集团，如埃美柯（Emek）、德德曼（Dedeman）、苏尔梅丽（Surmeli）、特尔般（Turban）、梅里特（Merit）、图瑞斯特（Turist）、杰萨尔（Cesar）、普林西斯（Princess）、马蒂（Marti）、特特尔（Turtel）、阿尔蒂尼那斯（Altinyunus）、博拉特万丽（Polat Renaissance）。这些饭店集团与世界著名饭店集团同台竞技，在土耳其占有极大的市场份额。在这些饭店集团中，以德德曼、瑞克索斯为代表的土耳其知名饭店集团，已开始走出国门，先后在阿塞拜疆、伊朗、土库曼斯坦等国投资，参与世界饭店业市场的竞争。

鼓励外资政策发挥了巨大作用。自1955年伊斯坦布尔希尔顿饭店成立首开国际品牌饭店集团进驻土耳其的先例，国际知名饭店企业在土耳其旅游业国际化进程中，扮演着先锋的角色，有些饭店集团采取了高、中、低档全部品牌进入的战略，如国际饭店集团、希尔顿集团，而大部分国际饭店集团则是有选择地进入不同档次和类型的饭店业市场。现在，世界排名前十位的饭店连锁集团已全部进驻土耳其（见表7-3）。

表7-3　土耳其政府各时期政策及战略一览表

时期	政策内容、战略措施	备注
从20世纪50年代开始	政府政策：颁布《旅游鼓励法》和《外资鼓励法》；成立旅游银行；授权公务员退休基金会进行饭店设施投资和经营。	1949年，新闻、出版和旅游总局成立，第一届国家旅游咨询委员会召开会议，旅游业进入土耳其国家政策层面。
从20世纪60年代开始	1961年，颁布新《宪法》，政府首次提出优先发展旅游业国家战略，实行新土地政策。1962年，在联合国国际发展机构资助下，旅游发展基金成立，为旅游饭店和汽车旅馆的建设提供赠款和贷款；旅游部正式成立；成立国家计划组织、旅游发展基金会；建立旅游开发区和旅游中心；开始实施第一个国家五年发展计划，提出优先发展大众旅游和滨海旅游，优先发展安塔利亚南部和地中海地区旅游业；实行优惠的利率政策和税收政策，吸引大规模旅游投资，并鼓励私营部门进行旅游设施投资。	旅游业起步阶段，1970年年底，外国游客数量从1963年的198000人次增加到724000人次，增长约3.6倍；旅游收入从700万美元上升到5100万美元，增长了约7.3倍。

续表

时期	政策内容、战略措施	备注
从20世纪70年代开始	颁布《旅行社和旅行社协会法》,土耳其旅行社协会(TÜRSAB)成立,参与旅游业从发展到管理的所有领域的政策制定和立法,以及旅游规划和推广战略;区域旅游规划的权力由SPO转移到旅游部,建立总体规划、土地规划和实施规划三级规划体系,编制并实施国家第一个西部和南部海岸带旅游规划。同时,相关政府机构共同参与国家和区域层面的各种基础设施投资。国家发展旅游业的基本目标是:(1)增加旅游收入净额以满足国家对外汇的需求;(2)满足国民的娱乐和度假需要;(3)保护文化和自然环境。	1973年外国游客数量为1341000人次,实现历史最好水平。1974~1980年七年内,旅游业增长缓慢。
从20世纪80年代开始	国家战略调整,实行自由化改革,重点发展旅游业;颁布新《鼓励旅游法》以及《鼓励旅游框架法令》;1985年,旅游业被列入国家重点发展的特殊产业,获得政府补助和津贴等货币政策的鼓励,实行优惠的投资、税收、汇率政策。颁布《海滨法》和《保护世界文化和自然遗产法》,进一步保护滨海地区旅游资源和世界遗产。设立特别环境保护区,进一步开发旅游产品,推出利西亚之路,圣保罗之路和丝绸之路等旅游线路。旅游业发展和教育基金会、土耳其旅游业投资者协会等行业协会相继成立。国家发展旅游业的基本目标是:(1)获得旅游业带来的经济、社会和文化影响利益;(2)平衡国际收支平衡表;(3)发挥旅游业赚取外汇,实现工业化的重要作用;(4)创造新的就业机会;(5)为土耳其公民提供更多的度假机会。1989年土耳其政府实施大型地中海—爱琴海西南海岸带环境工程(ATAK)项目,并进一步撤销文化旅游部,单设旅游部,目标是尽量减少国家干预;建立一个自由的市场经济体系;使土耳其融于世界经济体系。	1992年年底,国际游客数量从1983年的1625000人次增加到7076000人次,增长了约4.35倍;旅游收入从4.11亿美元增加到36.39亿美元,增长约8.85倍;旅游收入占国民生产总值的比重由0.8%增加到2.4%,占出口收入的比重由6.4%,增加到24.7%。土耳其成为经合组织中旅游业发展最快的国家。
从20世纪90年代开始	颁布《旅行社协会修正法》,实行可持续发展旅游;提高旅游设施标准和服务质量;缩小旅游业发展的地区差异。目标是:(1)提高旅游业效益和竞争力结构;(2)为国内外游客创造最佳的并且符合当地常住人口普遍价值观的社会环境,让旅游经济效益惠及所有地区;(3)增强国家自然资源和文化遗产保护。1992年在土耳其申请成为在欧洲环境教育基金会(FEEE)开展的"蓝旗活动"成员。实施《地中海—爱琴海旅游基础设施和海岸带管理(ATAK)》项目。自1993年开始,政府开始实行《环境影响评估政策》,对旅游投资项目强制执行环境影响评估。1995年,土耳其加入欧盟关税同盟,同年12月,欧盟成员国和南部地中海国家之间确立欧洲—地中海伙伴关系(巴塞罗那进程)。1999年,土耳其成为GATT成员,旅游业进入大发展时期。	1992年年底,土耳其国际游客接待量由1980年的世界排名第52位上升到第19位;年均增长率达14.38%,居世界第一。2000年,游客人数达到了104万人次的创纪录水平,比上年增加39%,游客支出比1999年增长47.4%。旅游业发展进入"起飞"阶段。

续表

时期	政策内容、战略措施	备注
从21世纪开始	将旅游业、农业和出口列为国家三大支柱产业；自2001年开始，土耳其为了与欧盟“申根协定”所规定的人员自由流动以及签证制度的一致性，开始调整签证和非法移民政策，加快入盟的进程。颁布新《旅游鼓励法》和《民航总局组织和任务法》；推出“旅游发展区”项目。2005年，正式启动加入欧盟进程，政府政策全面与欧盟政策接轨；实施新的外交政策、贸易政策、环境保护政策、教育培训政策等。目标是：(1)实现旅游业多元化、均衡和可持续发展，实施环保规划；(2)要创造接受国际连锁店和商标的商业环境；(3)促进私营部门发展，允许其进入航空运输业，缓解国家的经济负担。	2005年，土耳其接待外国游客总数达1360万人次。旅游收入达116亿美元，居世界排名第13位。
从2007年开始	国家战略目标：发布《2007～2023年旅游发展规划》，计划到2023年进入国际旅游者接待数量世界排名第五位的旅游目的地国家。进一步开拓旅游产品，大力发展文化旅游、温泉旅游以及豪华邮轮、高尔夫旅游等高消费旅游项目。重点发展度假旅游目的地，提高度假型饭店和度假村的质量，打造世界“奢侈”旅游的首选目的地。积极发展商务旅游、生态旅游，健康旅游，足球旅游等多项旅游项目。到2009年，土耳其对高加索和中东地区的邻国，实行互免签证政策，先后与叙利亚、阿尔巴尼亚、利比亚、约旦、塔吉克斯坦、阿塞拜疆、黎巴嫩、沙特阿拉伯签署单边免签证协定。后又取消了对塞尔维亚、马其顿和黑山共和国的签证要求，并开始了与俄罗斯的免签谈判。土耳其承诺在成为欧盟成员国后，将全面接受“申根协定”内容，与协定签署国实行针对第三方的共同签证。开放和灵活的签证政策，不仅加强了与这些国家在文化、政治和经济方面的交流，更重要的是，土耳其由此拥有了世界第一大旅游客源市场并同时获得了众多的独具特色的旅游目的地。	2007年，旅游业收入为133.9亿美元，外国游客数量达2350万人次。土耳其旅游收入和国际游客接待量进入世界排名前10位。目标是到2023年，实现旅游直接收入占GDP的比重为4.2%，旅游总收入占GDP的比重为8.8%，旅游直接就业占总就业量的8.3%，进入世界旅游排名第五位。

资料来源：根据不同时期土耳其政府政策以及世界旅游组织、世界旅行和旅游理事会统计数据整理制表。

世界著名的旅游经营商托马斯·库克（Thomas Cook）集团在伊斯坦布尔设立分支机构，途易（TUI）集团通过兼并土耳其唐特克旅行社（Tan TUK），成为土耳其最大的旅游经营商（TUI Turkey）。到2011年年底，途易已占有土耳其旅游市场份额的14.27%，托马斯·库克集团占到9.95%，特兹旅行（Tez Tour）占7.05%，飞马旅行（Pegas）占6.40%，奥蒂奥登（OTI-Odeon）占5.91%，这五家旅游经营商占到土耳其旅游市场份额的43.58%。①

在政府明确的战略导向和各种政策鼓励下，企业的主体作用日益得到发挥，资源价值不断提升，整个旅游市场更加充满活力，旅游业发展更为迅速。

第三节 政府协同型旅游业发展模式

在前两节的总括分析中，我们可以看到在土耳其旅游业发展的进程中，政府从初始阶段对旅游业发展的重视、明确的产业发展定位以及相应的鼓励政策，到主导旅游业发展，授权公共部门予以示范，再到推动旅游业的国际化进程、出台旅游业发展的国家战略，政府充分发挥了重视、鼓励、主导、示范、规划、推动、引领旅游业发展的协同作用，并在旅游业发展到一定阶段后逐步退出市场，充分发挥微观企业和行业协会的作用。企业在政府的鼓励、示范、引领下，充分发挥配置资源的基础性作用，逐步成为旅游业发展的主体力量，成为实施国家旅游业发展战略的主力军。经过40多年的探索，土耳其旅游业经历了从政府主导型旅游发展模式逐步向政府和市场共同发挥作用的高效有序的协同作用模式的转变，土耳其旅游业进入了发展的新时期。

一 旅游业进入大发展时期

从土耳其60多年来旅游业发展的进程来看，从20世纪50年代到80年代末，政府发挥了主导作用，政府授权的公共部门发挥了主体作用和示范作用，私营部门在政府优先发展旅游业政策的鼓励和引导下，积极参与，发挥了不可缺少的补充作用，并在积极参与的过程中逐步发展壮大起来。进入90年代，私营部门、外资企业日益成为旅游业发展的主体力量并与政府充分合作，共同推动着旅游业的快速发展。

1949年第一届旅游咨询大会明确了国家和私人部门在旅游业发展中的

---

① "Turkish Package Tour Market Research 2010, Special Addition for the 100th Issue of the Resort", *Monthly Tourism and Travel Industry Journal*, Istanbul, 2011.

作用，以及1953年、1954年陆续颁布了《旅游鼓励法》和《外资鼓励法》，对本国和外国投资者开放旅游业。紧接着，1955年成立了土耳其旅游银行（Turkey Tourism Bank），这些重要政策性举措，调动了国内发展旅游业的积极性，也为外资进入开通了绿色通道。政府颁布的各种鼓励政策和宽松的政策环境为国内私营部门积极参与旅游业发展创造了政策和环境条件。在政府的鼓励、引导、示范下，私营部门积极参与旅游基础设施投资建设，并充分抓住土地私有化和政府征用沿海土地并转让给投资者的良好机遇，在积极开办旅行社和饭店业的同时，积极加入到国家规划的旅游度假区和旅游度假大项目的开发建设行列。1982年政府修改并重新颁布《旅游鼓励法》，该法律承认和许可如邮轮游艇、博彩、餐饮中心等新的旅游业态形式，旅游业成为新的经济增长点。在旅游基础设施建设初具规模、旅游产业比较成熟、市场化改革逐步深入的情况下，政府逐渐弱化主导机制逐步减少旅游基础设施投资并逐步退出市场领域。在这个过程中，旅游行业协会相继成立，私营部门投资比重不断加大，私营部门和外资快速进入，滚动发展，并日益成为市场主体。

二 政府协同型旅游业发展

进入20世纪90年代，政府逐步退出了旅游市场，外向型经济发展战略加速了旅游业的发展，大众旅游兴起，旅游需求增长迅速。在政府协同机制作用下，原有的以公共部门为主导的市场结构被打破，私营部门发挥基础作用的旅游市场已经成熟，蓬勃发展的私营部门和活跃的市民社会成为新生力量，市场主体的作用机制凸显。主要表现在三个方面：

首先，政府决策透明度增加，旅游企业积极参与决策。新的联合政府在新自由主义经济和政治框架下，为了开发和建设一个高效的、具有竞争优势的旅游产业，为国内外游客和当地居民创造最好的社会环境，发展所有地区的旅游业，平衡旅游业发展的经济环境，维护和增强国家的自然资源和文化遗产的保护和开发，联合政府着手制定了新的旅游政策，提出了新的战略目标，并下放权力，将旅游政策的制定由中央集权的官僚计划转变为参与式决策过程，建立了以项目为主导、注重效率的组织机构，这些重大转变使旅游行业协会、企业主体成为政府政策和旅游规划制定决策过程的积极参与者、战略与政策实施者和旅游活动开展的合作者。

其次，政府倡导下的旅游业可持续发展。爱琴海沿岸、地中海西部及其内陆地区完全依赖于旅游业发展，服务业在经济中占有重要地位。随着西部和西南部旅游业的高速发展，地区发展的不平衡和经济差异加大，并且产生了不良的环境后果。为实现经济均衡发展目标，使不同地区受益于旅游业带来的积极影响，政府推出了冬季度假旅游、体育旅游、登山旅游、海洋潜水、温泉度假、高尔夫球、骑马和所有其他的旅游活动，以发挥土耳其在旅游资源方面的优势，全面发展土耳其北部和东部地区的休闲度假旅游市场。为实现旅游可持续发展，联合政府调整了土地和投资政策，提高了旅游贷款利率，以提高现有土地和资本的利用效率，控制新的投资。并通过延长旅游旺季、改善旅游产品种类、加强基础设施建设、提升旅游质量、加强环境保护和文化遗产保护、加入蓝旗行动计划、出台国家环境行动计划，推动生态旅游和可持续发展。如果没有强有力的实施者，再好的战略和政策也形同虚设。实践证明：土耳其政府是积极主动地倡导者、引领者、推动者，微观企业是政府政策积极主动的合作者和实施者。

最后，国家战略转变和旅游业国际化。20 世纪 80 年代土耳其实施的出口导向型战略为土耳其旅游业的国际化进程奠定了良好基础。90 年代的全球化浪潮、信息化浪潮和区域经济一体化浪潮为土耳其旅游业带来了前所未有的发展机遇，大大加快了土耳其旅游业的国际化步伐，1999 年，土耳其成为欧盟候选国，正式启动了加入欧盟进程，成为土耳其旅游业国际化进程的助推器，土耳其随即成为国际旅游经营者尤其是旅游跨国集团青睐的旅游开发和投资的理想之地。在土耳其国内，旅游业一直被看做经济发展的有效工具。因此，迈入 21 世纪，政府把促进旅游业发展做为政府的主要战略。2003 年，政府重新修订颁布了旅游基本法——《旅游鼓励法》，2007 年，土耳其政府颁布了《2023 年旅游发展战略》，提出了建设世界旅游强国的奋斗目标。现在，土耳其旅游业已经融入世界旅游市场，形成了国际化产业的运行机制，并表现出极强的国际竞争力。

基于前文对于土耳其旅游业发展的总括分析，我们不难发现，政府战略导向和政策在整个旅游系统中发挥了决定性的作用，是旅游业发展的前提。依据自组织理论，政府导向和政策是旅游业发展整体系统的序参量，对政府自组织系统和市场自组织系统以及整体协同系统产生着巨大作用。在旅游业这一国际化产业的运行机制中，土耳其旅游业在政府的主导机制作用下，通过实施国家战略、全国性战略规划先导机制、资源开发大项目带动区域发展，实现了旅游产业布局、产业结构升级以及产业组织发展，为旅游业提供了创新性的国际化发展环境。微观企业则充分发挥了战略实施和产业运行的主体作用，进而形成了土耳其旅游业独具特色的发展模式转型，即由旅游业发展初期的政府主导型旅游发展模式，过渡到政府与市场协同型发展模式。在转变过程中，旅游产业的自组织特性发挥了巨大作用，也最终使政府让位于市场，退出了微观领域。土耳其旅游业在实现产业自身发展的同时，为国家形象重塑、提升土耳其国际地位做出了巨大贡献。

第八章

实证结论的一般性意义及其启示

从土耳其旅游业发展进程可以看出，国家战略和旅游政策是不断调整和变化的。土耳其作为一个传统上更倾向于计划体制的发展中国家，在旅游业发展过程中，既面临着微观企业市场成长不足、力量弱小问题，也面临着市场机制不健全的问题。土耳其政府通过对旅游业明确定位、要素禀赋驱动、政策驱动、投资驱动和创新驱动五项举措，实现了旅游市场的发育、成熟并最终与政府行为相互作用的动力机制。对于中国来说，土耳其旅游业的发展实践，比其他国家旅游业发展的方式更有参考价值。

第一节　实证结论的一般性意义

一　政府的态度和导向作用是旅游业发展的前提条件

旅游业是经济社会发展高级阶段的产物，旅游业作为现代服务业，同时兼具生产性服务业、消费性服务业和公共性服务业的三种特质。政府的态度和导向作用对于旅游业发展影响巨大。对于发展中国家旅游业发展而言，一国的国际关系、外交政策以及开放程度是旅游业发展的前提条件。土耳其共和国成立以后，历届政府都非常重视旅游业的发展，一方面通过立法、宣传和教育，为旅游业发展创造制度环境和社会环境；另一方面，通过政策导向和基础设施建设，大力推动旅游私营部门的发展，为旅游业的发展营造开放的市场环境。

土耳其政府在1963年发布的第一个国家发展五年计划中，第一次将旅游业确立为重要的经济部门和出口产业。政府随即公布了一系列以降低投资成本，降低企业融资难度，提高企业盈利能力为基础的政府政策和复杂的激励机制，鼓励旅游业发展。在这种情况下，土耳其政府通过成立旅游银行，为旅游企业提供金融支持，为旅游业发展提供了了资金来源。土耳其实行自由化改革之后，政府颁布了《旅游鼓励法》，确立了旅游业在国民经济中的地位。随后成立独立的旅游部，积极鼓励私营部门参与旅游投资，并将旅游企业列入出口部门，旅游企业不仅可以享有出口企业的退税待遇，而且还可以享有政府提供的鼓励中小企业发展的中小企业待遇。对于用工人数不超过150名工人，其有形资产的总价值（不包括土地和建筑物）低于100亿土耳其里拉的旅游中小企业，均有资格获得政府投资激励证书，享有土地、投资补贴等一系列优惠政策。进入21世纪后，随着旅游微观企业的发展和成熟，市场机制逐步发挥作用，政府逐渐退出旅游经营管理范畴。政府非常重视旅游和文化的结合，成立文化与旅游部，将旅游业作为提升国民素质、提高全民福利的重要途径，并积极发挥旅游业在国家形象塑造和提升国家软实力方面的重要作用，进一步提高土耳其在国际关系中的影响力。

二　基础设施建设和旅游规划是旅游业发展的基础

一国的资源禀赋和基础设施的发展水平是该国旅游业发展的基础。土耳其的旅游业发展初期，就开始进行旅游总体规划和土地规划，将国有土地按照行政区划，分为发达地区、一般地区和优先发展地区，发达地区由伊斯坦布尔、科贾埃利、安卡拉、伊兹密尔、布尔萨、阿达纳、安塔利亚的省、市和地区组成；优先发展区由克鲁姆、锡瓦斯、托卡特、凡省、阿格里和卡尔斯省组成；一般地区由除去优先发展区和发达地区的省份组成，并实施不同的优惠政策和奖励措施。第二，政府将和旅游业发展关系密切的部门设定为具有特别重要性的部门，优先发展。这些部门包括教育、卫生、国际运输、研发、电力能源生产和基础设施建设，并允许旅游区建设采取投资建设—运营—拥有或建造—营运—移交的模型进行开发建设。第三，所有奖励措施由中央政府统一控制。国库署负责激励机制的运行和管理，并在激励机制的框架下向企业颁发投资激励证书（IIC），获得投资激励证书的企业，就拥有了享受政府分配土地、减免所得税、减免设备进口税和获得政府补贴等多项优惠政策的资格。获得投资激励证书的企业，经营水平必须达到政府规定的最低收益率。优先发展区的企业收益率为政府投资总额的40%。一般地区为50%，发达地区为60%。获得政府投资激励的船舶建造、游艇建造、船舶和飞机进口等项目，政府提供投资总额15%的补贴。第四，设定了最低投资金额限制。优先地区的最低固定资产投资额必须达到50亿土耳其里拉，其他地区为100亿土耳其里拉。这些政策措施为进一步提高旅游市场效率，促进旅游业发展打下了良好的基础。

三　国际化产业队伍建设是旅游业发展的关键

旅游产业的特殊性，尤其是服务产品的生产过程和消费者的消费过程的同时性决定了服务提供者（生产者）和服务对象（消费者）之间的密切联系。旅游业所具有的这种面对面的产品提供方式，使服务者本身成为产品的重要构成，这也对旅游人力资源的服务意识和服务技巧提出了较高的要求。土耳其通过正式教育体系和职业认证体系开展全面的旅游教育和培训，努力提高旅游从业人员的素质，进而提高国家旅游服务品质和国家旅游形象。土耳其的旅游教育体系包括副学士、学士、硕士、博士等系统的学位课程和涵盖饭店管理、餐饮管理、旅行社管理、外语等诸多方面的专业课程，为旅游业发展提供了良好的教育资源。再加上遍布全国的旅游职业教育体系，为旅游业发展提供了人力资源支持。目前，土耳其政府在开展旅游专业教育的同时，还非常重视国民旅游意识的培养和提高。土耳其人口构成中，平均年龄只有35岁，青少年群体占土耳其总人口的20%。为了实现社会旅游项目、城市品牌战略和可持续发展目标的有机结合，全面提升旅游业在土耳其经济社会中的作用。土耳其政府重点开发和培养中学生和大学生的旅游意识，通过旅游活动（假期中的游学活动），扩大学生的知识面，提高学生的审美和认知能力，增强学生的创造能力。政府的目标是在国家旅游战略的实施过程中，通过旅游活动全面提高国民人文素养和旅游意识，为旅游业发展营造社会环境。

四　旅游品牌是提升国际旅游竞争力的主要推动力

随着土耳其旅游业的发展，旅游企业在激烈的市场竞争中经受了考验，并在世界旅游市场占据了一席之地。尤其是进入21世纪以后，土耳其会展旅游、高尔夫旅游、豪华邮轮游等现代旅游业发展迅猛。并且逐步形成了埃美柯饭店集团、迪万饭店集团、塞图尔旅游汽车租赁公司、飞马旅行社、土耳其航空公司等一大批具有国际影响力的旅游企业。伊斯坦布尔已经成为世界会展旅游的主要举办地。据国际会议协会（International Congress and Convention Association，简称ICCA）数据统计，土耳其举办的国际大型会议数量已由2000年的37个上升到160个，在伊斯坦布尔召开的国际会议数量由29个上升到109个，土耳其在世界会议市场的排名已升至14位。截止到2010年，伊斯坦布尔已成为国际会议旅游联盟中继维也纳、巴塞罗那、巴黎、柏林、新加坡、马德里之后的排名第七位的世界著名会议举办地。目前，土耳其政府为了减少伊斯坦布尔会议旅游的压力，正在积极推出安塔利亚、伊兹密尔、安卡拉和埃斯基谢希尔的会议设施，会议旅游每年给土耳其带来30亿美元的收益。[①]

第二节　对中国的启示

一　重视旅游业发展，发挥政府职能，政府积极作为

一个国家国际旅游业的发达程度是这个国家开放程度的标志，而旅游业总体发达程度又是这个国家社会经济发达程度的象征。因此说，中国旅游业的发展是以整体经济发展为基础的，同时它又是经济社会发展的最好体现。从土耳其旅游业发展进程可以看出，国家的战略导向和政府政策在旅游业中起着关键作用。

2009年12月国务院发布的《关于加快发展旅游业的意见》［国发（2009）41号］，提出把旅游业培育成国民经济的战略性支柱产业和人民群众更加满意的现代服务业，力争到2020年我国旅游产业规模、质量、效益基本达到世界旅游强国水平。[②] 继而，国务院发布了《关于推进海南

① Gamze Goren, "Cities Climbing to the Summit", *The Turkish Perspective*, July-August 2011, Issue 5, p. 14.

② 《国务院关于加快发展旅游业的意见》，中国网：http://www.china.com.cn/policy/txt/2009-12/04/content_19005236.htm，访问日期：2009年12月20日。

国际旅游岛建设发展的若干意见》，给予了海南更加开放和便利的签证政策，有效地拉动海南入境旅游发展。2012 年 2 月，中国人民银行、发展改革委、旅游局、银监会、证监会、保监会、外汇局七部委联合发布《关于金融支持旅游业加快发展的若干意见》［银发（2012）32 号，进一步加大金融支持实体经济力度，支持和促进旅游业加快发展。目前已经发布的《职工带薪年休假条例》《促进文化与旅游结合发展的指导意见》以及正在编制的《全国森林旅游发展总体规划》《全国乡村旅游发展纲要》《国民休闲纲要》等体现了我国政府积极作为，正在大力营造旅游业发展的市场环境、文化环境和生态环境，为旅游业的大发展创造条件。

二　重视市场效率，发挥市场主体作用，加速产业发展

国家竞争力、产业竞争力最终体现在企业的竞争力上。我国旅游业已进入世界旅游发展前列，但真正有国际竞争力的旅游企业依然是凤毛麟角，必须更加重视旅游企业的主体地位和积极作用。《国务院关于加快发展旅游业的意见》提出，放宽旅游市场准入，打破行业、地区壁垒，简化审批手续，鼓励社会资本公平参与旅游业发展，鼓励各种所有制企业依法投资旅游产业。

在当今世界经济发展的新形势下，旅游业发展的一些新的业态需要政府相关部门进行专项研究，以便制定出相应的政策或策略。如分时度假、汽车租赁、差旅服务、博彩业等。① 还有一些新业态，如邮轮游艇、会展旅游等在发展初期都需要高投入，没有大规模的资金投入，是不会快速发展起来的。就微观企业发展而言，大型旅游集团应当在旅游业发展中起到示范作用，引领行业的发展。中型旅游企业在发展过程中，必须不断提高质量意识和管理水平，创建自有品牌，努力向集团化、特色化和专业化发展，进一步提升自身的竞争力。小微型旅游企业则应注重特色和品牌建设，在旅游市场上占据一席之地。按照国家规划，在五年的时间内初步形成一个“以大型集团为主导、中小企业活力充沛、新型业态持续涌现”的旅游企业发展格局，全面提升我国旅游业的国际竞争力。

---

① 张广瑞：《关于中国旅游发展的理性思考》，《中国软科学》2011 年第 2 期，第 16 ~ 33 页。

三　重视旅游与宗教结合，发挥旅游的社会作用，促进区域经济发展

在土耳其旅游业发展中，宗教信仰和现代生活方式的和谐统一是土耳其旅游业的一大特点。土耳其是一个伊斯兰国家，信仰伊斯兰教的人口数量占总人口的99%。除了随处可见的圆顶清真寺，每日五次由清真寺宣礼塔传出的召唤人们祈祷的唱音和经过精心修饰、妆容浓艳而又头戴面纱的女性之外，你很难感觉到自己置身于一个伊斯兰国家。在土耳其的许多城市，可以看到咖啡厅、酒吧和不提供酒精类饮品的餐馆同时存在，在专设的穆斯林海滨区域，可以看到衣着整齐和头戴面纱的妇女在海里游泳、嬉戏。在一些高档豪华饭店还设有专门的礼拜堂，供住店客人使用。

在土耳其旅游业的发展过程中，政府特别注重海湾阿拉伯国家旅游市场的开发，强调穆斯林的宗教与社会需求，尊重他们的习俗，保证提供符合伊斯兰教法规定的旅游服务并提出传统型旅游的概念。20世纪90年代，一家驻德国的土耳其经济机构购买爱琴海岸的一个五星级饭店，饭店管理者按照伊斯兰传统进行经营管理。这家名为卡布里斯的饭店在国内各家媒体宣传禁酒、内设女性专用游泳池和穆斯林礼拜场所等服务项目和服务设施，这一经营方式受到土耳其传统家庭的青睐和赞同，该饭店生意火爆。这一现象促使土耳其一些旅游开发商在爱琴海、地中海沿岸投资创办了多个四星级和五星级的传统型饭店。同时，也促使他们向土耳其以外的伊斯兰国家投资建立此类旅游点和饭店。这类饭店争相推出多样性豪华餐饮，除西餐和土耳其餐以外，具有奥斯曼传统风格的餐饮居首位。饭店的娱乐性节目也适合传统型家庭的需求，如民间舞蹈、古典歌曲、儿童体育活动和手工制作比赛等。传统型旅游概念的提出不仅吸引了本国保守型家庭，也吸引了伊斯兰国家众多的虔诚穆斯林。

土耳其旅游业和宗教文化和谐共存的成功经验，对于促进我国西部少数民族地区旅游业的发展，尤其是丝绸之路、青藏铁路沿线等旅游带建设具有一定的借鉴意义。

四　重视旅游与文化结合，发挥旅游在文化交流中的作用，提升国家软实力

我国作为世界旅游大国，旅游业发展产生的跨文化交流和沟通是对外宣

传和提升国家整体形象的重要途径和手段。文化是旅游业的基本属性之一，涵盖了旅游文化交流、旅游文化感知、旅游文化体验、旅游文化消费等形式。旅游业作为一项产业不仅推动了国家经济的发展，而且旅游者与东道国之间双向的流动和接触，带来的是不同文化之间多方位、多层次、多侧面的碰撞和交流，加强了人们和睦相处的意识，拉近不同民族和种族间的关系。一些专家学者认为，旅游是一种文化现象，是经济利润之后的一大副产品。

我国拥有丰富的旅游资源，未来我国旅游业的发展，应该发挥资源禀赋优势，着力提升我国旅游资源价值和品质，大力推广传统的历史文化遗产资源，同时开发和培育具有国际知名度和影响力的国际会展、国际音乐节等现代文化产品，做到历史文化资源和现代旅游新业态的有机结合，使中国旅游业全面融入到国际旅游发展中去，全面参与旅游业的交流合作，提升旅游业的国际竞争力，增强我国的软实力。

参考文献

中文参考文献（著作、译著）

[1] 白钦先、杨涤：《21 世纪新资源理论——关于国民财富源泉的最新研究》，中国金融出版社，2006。

[2] 戴伯勋、沈宏达主编《现代产业经济学》，经济管理出版社，2001，第 51 ~ 101 页。

[3] 蔡声霞主编《政府经济学》，南开大学出版社，2009，第 5 页。

[4] 何凤山：《土耳其农村经济的发展》，商务印书馆，1937。

[5] 郭小聪主编《政府经济学》，中国人民大学出版社，2003，第 19 页。

[6] 金宜久主编《当代伊斯兰教》，东方出版社，1995，第 146 ~ 256 页。

[7] 匡林：《旅游业政府主导型发展战略研究》，中国旅游出版社，2001。

[8] 林万燕编著《土耳其最近之外交政策》，中正书局，1937。

[9] 柳克述：《土耳其革命史》，商务印书馆，1927，第 27 页。

[10] 彭树智主编《世界近代史教程》，西北大学出版社，1987，第 361 ~ 362 页。

[11] 彭顺生：《世界旅游发展史》，中国旅游出版社，2006 年，第 49 页。

[12] 沈小峰：《普利高津与耗散结构理论》，陕西科学技术出版社，1998，第 51 ~ 89 页。

[13] 王大悟、魏小安主编《新编旅游经济学》，上海人民出版社，1998，第 97 页。

[14] 王京烈主编《面向二十一世纪的中东》，社会科学文献出版社，1999，

第 198 ~391 页。
[15] 王俊荣、冯今源：《伊斯兰教学》，当代世界出版社，2000，第 172 ~ 191 页。
[16] 王一江等：《国家与经济：关于转型中的中国市场经济改革》，北京大学出版社，2007。
[17] 王永忠：《西方旅游史》，东南大学出版社，2004，第 198 页。
[18] 肖宪、伍庆玲、吴磊等：《土耳其与美国关系研究》，时事出版社，2006，第 1 ~7 页。
[19] 杨光、温伯友主编《当代西亚非洲社会保障制度》，法律出版社，2002，第 112 ~117 页。
[20] 臧旭恒、徐向艺、杨蕙馨主编《产业经济学》，经济科学出版社，2002，第 361 ~509 页。
[21] 张士智、赵慧杰：《美国中东关系史》，中国社会科学出版社，1993，第 113 页。
[22] 吴孝政等编著《政府经济学》，湖南大学出版社，2003，第 151 页。
[23]〔法〕萨伊：《政治经济学概论》，商务印书馆，1982，第 144 页。
[24]〔美〕查尔斯·R. 格德纳、J. R. 布伦特·里奇：《旅游学》，中国人民大学出版社，2008。
[25]〔美〕萨缪尔森：《经济学（上册）》，商务印书馆，1986，第 64 ~65 页。
[26]〔美〕丹尼尔·耶金、约瑟夫·斯坦尼斯罗：《制高点——重建现代世界的政府与市场之争》，外交出版社，2000，第 8 页。
[27]〔美〕H. 哈肯：《协同学引论》，北京原子能出版社，1984。
[28]〔以色列〕埃里克·科恩：《旅游社会学纵论》，南开大学出版社，2005，第 93 页。
[29]〔英〕伦纳德·J. 利克里什、卡森·L. 詹金斯：《旅游学通论》，中国旅游出版社，2002，第 21 页。
[30]〔英〕克里斯·布尔、杰恩·胡思、迈克·韦德：《休闲研究引论》，云南大学出版社，2006，第 9 ~14 页。
[31]〔英〕《李嘉图著作和通信集》，第 8 卷，商务印书馆，1980，第 95 页。

[32]〔英〕约翰·穆勒：《政治经济学原理（下卷）》，商务印书馆，1991，第535页。

[33]〔英〕亚当·斯密：《国民财富的性质和原因的研究（下卷）》，商务印书馆，1974，第27~28页。

中文参考文献（期刊论文、学位论文）

[1] 安维华：《浅析八十年代土耳其的外贸政策》，《国际贸易》1990年第9期，第16~19页。

[2] 北平竞存学社：《工业化的土耳其》，《竞存月刊》1936年第4期。

[3] 巴山：《国家主导型的以色列、土耳其旅游业》，《旅游时报》1996年第9期。

[4] 毕健康：《1998年埃及经济回顾与展望》，《西亚非洲》1999年第2期，第46~47页。

[5] 蔡万坤：《从日本旅游政策和旅游体制看我国旅游事业发展》，《现代日本经济》1984年第5期，第49~53页。

[6] 曹信孚：《新加坡旅游观光政策》，《上海城市规划》2002年第2期，第34~36页。

[7] 陈志学：《西班牙旅游发展的经验及启示》，《中国旅游报》2004年12月24日。

[8] 陈国生：《旅游环境保护与政府干预》，《旅游科学》2004年第9期，第70~73页。

[9] 陈曦：《政府主导型旅游发展战略》，《边疆经济与文化》2007年第7期，第12~13页。

[10] 聪慧、崔永伟：《复杂经济系统的演化博弈分析》，《洛阳大学学报》2004年第4期，第19~20页。

[11] 杜长辉：《制度变迁与中国旅游产业政府主导式发展》，北京第二外国语学院硕士学位论文，2006。

[12] 邓燕萍：《论旅游经济发展中的政府作用》，《求实》2005年第6期，第59~62页。

[13] 邓祝仁：《“东亚模式”和政府主导型旅游发展战略》，《桂林旅游高等专科学校学报》，2000年第2期，第54~57页。

[14] 樊毅：《后冷战时期土耳其与美国的关系》，西北大学硕士学位论文，2003。

[15] 高向平：《地中海国家旅游规划政策新趋势》，《国外城市规划》2003年第1期，第3~6页。

[16] 韩杰、沈长智：《发展中国家旅游发展阶段理论与案例研究》，《世界地理研究》1999年第1期，第75~80页。

[17] 黄维民：《战后土耳其经济发展的历史考察及评析》，《西北大学学报(哲学社会科学版)》1993年第3期，第33~42页。

[18] 李滨、王树林：《论中国旅游业实施政府主导型战略的必然性和必要性》，《哈尔滨商业大学学报（社会科学版)》2002年第5期，第76~79页。

[19] 缪婧晶、王劲松：《从国际竞争力角度看旅游产业中政府干预的作用》，《旅游科学》2002年第2期，第5~9页。

[20] 李晨光：《旅游目的地营销中的政府行为研究》，山东大学博士学位论文，2008。

[21] 李菊霞、林翔：《我国旅游业政府主导型发展战略辨析》，《社会科学家》2000年第6期，第45~47页。

[22] 娄峥嵘：《我国行政系统实现自组织演化的路径分析》，《云南行政学院学报》2008年第2期，第69~72页。

[23] 刘敏、冯卫红、朱传法：《从日本五次国土规划中有关旅游政策变迁及其对我国的启示》，《人文地理》2007年第2期，第72~75页。

[24] 刘伟、吴雅丽：《美国政府对国际旅游的政策（摘译)》，《旅游学刊》1988年第1期，第73~76页。

[25] 刘刚、蒋文生：《论旅游业发展中的政府主导型战略》，《企业家天地》2007年第12期，第94~95页。

[26] 刘祖云：《政府与市场的关系：双重博弈与伙伴相依》，《江海学刊》2006年第2期，第106~111页。

[27] 卢福财：《论企业的自组织特性及其对现代企业管理的影响》，《当代财经》2000年第10期，第71~74页。

[28] 马晓龙，赵荣：《塞浦路斯旅游业发展对我国海岛旅游开发的启示》，《世界地理研究》2003年第3期，第92~97页。

[29] 毛寿龙：《市场经济的制度基础：政府与市场再思考》，《行政论坛》1999年第5期，第6~12页。

[30] 潘开灵、白列湖：《管理协同倍增效应的系统思考》，《系统科学学报》2007年第1期，第70页。

[31] 齐康：《泰国旅游产业发展启示——以贵州省为比较样本》，《人民论坛》2010年第32期，第132~133页。

[32] 钱弘道：《从经济决定论到公共选择理论》，《制度经济学研究》2004年第3期，第32~53页。

[33] 邵瑞娟、陆林：《旅游者侵扰研究进展及启示》，《资源开发与市场》2008年第11期，第1034~1057页。

[34] 申葆嘉：《国外旅游研究进展（连载之三）》，《旅游学刊》1996年第3期，第48~57页。

[35] 唐华东：《比较与思考——西班牙、希腊、埃及旅游产业给我们的启示》，《中国改革》2001年第6期，第57页。

[36] 田兰、李传金：《政府主导型旅游发展战略定位思考》，《经济视角》2007年第5期，第58~61页。

[37] 王丽华、俞金国：《重大地震灾后旅游业重建经验及对四川灾区的启示》，《旅游论坛》2009年第12期，第105页。

[38] 王丽华、梁清强：《建议开辟马可·波罗旅游线》，《福建论坛（经济社会版）》1984年第7期，第16页。

[39] 王利亚：《南、波旅游业的经营管理和旅游价格》，《外国经济与管理》1986年第6期，第11~13页。

[40] 王起静：《市场作用、政府行为与我国旅游产业的发展》，《北京第二外国语学院学报》2005年第1期，第20~26页。

[41] 王松涛：《自组织理论及其对我国城市发展战略的启示》，《南通纺织职业技术学院学报》2008年第2期，第44~49页。

[42] 王卫海：《宪政的经济分析》，牡丹江师范学院硕士论文，2010。

[43] 秦宪文：《寻求政府与市场的均衡点》，《财经问题研究》1996年第1期，第9~13页。

[43] 王欣、靖继鹏：《吉林省信息产业测度分析》，《情报科学》2009年第12期，第433~444页。

[44] 王云才:《国际乡村旅游发展的政策经验与借鉴》,《旅游学刊》2002年第4期,第45~50页。

[45] 吴忠军、李友亮:《我国旅游业发展中的政府参与和市场行为关系分析》,《桂林旅游高等专科学校学报》2005年第4期,第49~52页。

[46] 昝涛:《六十年来中国的土耳其研究》,《西亚非洲》2010年第4期,第68~70页。

[47] 熊元斌、朱静:《论旅游业发展中的有限型政府主导模式》,《商业经济与管理》2006年第11期,第73~76页。

[48] 许登峰:《基于自组织理论的旅游产业集群发展研究》,《广西民族大学学报(哲学社会科学版)》2010年1期,第122~126页。

[49] 许峰、李臣刚:《经济学视角下的政府旅游管理职能研究》,《旅游科学》2005年第6期,第59~63页。

[50] 阳国亮:《加入WTO后我国旅游发展中政府的主导作用》,《云南师范大学学报》2002年第5期,第128~131页。

[51] 杨林:《充分发挥政府和市场在旅游业发展中的作用》,《经济问题探索》2000年第1期,第63~64页。

[52] 杨森林、迪宁:《欧盟旅游政策基础和目标》,《旅游学刊》1995年第2期,第48~50页。

[53] 曾国屏:《竞争和协同:系统发展的动力和源泉》,《系统辩证学学报》1996年7期,第7~11页。

[54] 张广瑞:《中国出境旅游热的冷静思考——关于中国出境旅游的政策辨析》,《财贸经济》2005年第7期,第87~92页。

[55] 张广瑞:《关于中国旅游发展的理性思考》,《中国软科学》2011年第2期,第16~33页。

[56] 张红颖:《西班牙旅游业发展经验对中国的启示》,《科协论坛》2008年第10期,第159~160页。

[57] 张红颖:《旅游业在西班牙经济发展中的作用》,对外经济贸易大学硕士论文,2006。

[58] 张建梅:《论我国旅游业由政府主导向市场主导模式的转换》,《现代财经》2003年第11期,第58~62页。

[59] 张浩:《基于混沌理论与协同学的企业战略协同机制优化研究》,哈尔

滨工程大学学位论文，2009。

[60] 章尚正：《加入 WTO 后政府主导型旅游发展战略的必然消歇》，《黄山高等专科学校学报》2002 年第 3 期，第 63～66 页。

[61] 张侠：《都市旅游发展与政府职能研究》，华中师范大学博士学位论文，2009。

[62] 张骁鸣、戴光全：《恐怖主义活动对目的地国家入境旅游的影响——以土耳其为例》，《桂林旅游高等专科学校学报》2002 年第 1 期，第 77～83 页。

[63] 张学斌：《地方政府在区域旅游营销中的作用及行为研究》，对外经济贸易大学博士学位论文，2000。

[64] 张瑛：《民族地区旅游发展战略转换探究——以云南大理、丽江典型案例》，《产业与科技论坛》2007 年第 12 期，第 53～56 页。

[65] 钟海生：《旅游业的两种发展观和政策导向》，《旅游学刊》1999 年第 1 期，第 10～15 页。

外文参考文献

Aktaş, A. Çevirgen, B. Toker, "Assessing Holiday Satisfaction of German and Russian Tourist Visiting Alanya", *Tourism and Hospitality Management*, Vol. 15, No. 1, 2009, pp. 1 - 12.

AIEST, *Tourism Research Methods and their Application to Developing Countries and Regions Proceedings*, Vol. 13, 1972, Berne, Switzerland: AIEST.

Anthony B. Toth, "Tourism", *Encyclopedia of the Modern Middle East*, 4 Vols., Macmillan Reference USA, 1996, reproduced in History Resource Center, Farmington Hills, MI: Gale, http://galenet.galegroup.com/servlet/History/.

Archer, Brian, "Domestic Tourism as a Development Factor", *Annals of Tourism Research: A Social Sciences Journal*, 1978, Vol. 5 (1), pp. 31 - 37.

Aslan, Alper. Kula, Ferit. Kaplan, Muhittin, "International Tourism Demand for Turkey: A Dynamic Panel Data Approach", *Research Journal of International Studies*, Issue 9, January 2009, pp. 65 - 73.

Aydin, Alacakaptan, Tourism Situation and Policy in Turkey, Conference presented to the 22nd AIEST Congress on September 8th, 1972, at the Hotel Tarabya, Istanbul, Turkey.

Baki, Al'aeddin, "Turkey: Redeveloping Tourism", *Cornell Hotel and Restaurant Administration Quarterly*, Aug. 1990, 31 (2), p. 60.

Baum, T., "The Development and Implementation of National Tourism Policies", *Tourism Management*, Vol. 15 No. 3, 1994, pp. 185 - 192.

Bodur, Muzaffer, Yavas, Ugur., "Pre-travel Planning Orientations", *Tourism Management*, Vol. 9, Issue 3, September 1988, pp. 245 - 250.

Britton, S. G., "The Political Economy of Tourism in The Third World", *Annals of Tourism Research*, 1982, Vol (3), pp. 331 - 358.

Buckley, Peter., Geyikdagi, Neclav, "Explaining Foreign Direct Investment in Turkey Tourism Industry", http://archive.unctad.org/en/docs/iteiitv5n3a5_en.pdf, UNCTAD/ITE/IIT (Volume 5, No. 3), 访问日期：2012年3月16日。

Bugra, Ayse, *State and Business in Modern Turkey, A Comperative Study*, State University of New York Press, 1994, pp. 181 - 199.

Butler R. W., "The Concept of a Tourist Area Cycle of Evolution and Implications for Management of Resources", *The Canadian Geographer*, 1980, 24 (1), pp. 5 - 12.

Carr, Howard, "Tourism Office Keen to Highlight Culture, Travel Trade Gazette UK & Ireland", August 8, 2006, Issue 2746, pp. 55 - 57.

Central Bank of the Republic of Turkey, The Impact of the Globalization on the Turkish Economy, June 2002, Ankara, Turkey.

Charles Issawi, "Economic Development in the Middle East", *International Journal*, Vol. 28, No. 4, Autumn 1973, pp. 729 - 747.

Christaller, W., "Some Considerations of Tourism Location in Europe: The Peripheral Regions-Underdeveloped Countries-Recreation Areas", *Regional Science Association Paners*, 1964, Vol. 9, 12, pp. 95 - 103.

C. L. Jenkins, B. M. Henry, "Government Involvement in Tourism in Developing Countries", *Annals of Tourism Research*, Vol. 9, 1982, pp. 499 - 521.

C. P. Cooper, I. Ozdil, "From Mass to 'Responsible' Tourism: the Turkish

Experience", *Tourism Management*, Vol. 13, Issue 4, December 1992, pp. 377 - 386.

Crouch, Geoffrey I. & Ritchie, J. R. Brent, "Tourism, Competitiveness, and Societal Prosperity", *Journal of Business Research*, 44, 1999, pp. 137 - 152.

Deniz Baharoglu, "Housing Supply under Different Economic Development Strategies and the Forms of State Intervention: the Experience of Turkey", *Habitat International*, Vol. 20, Issue 1, 1996, pp. 43 - 60.

Diamond, J., "Tourism and Development Policy: A Quantitative Appraisal", *Bulletin of Economic Research*, Vol. 28, Issue. 1, May 1976, pp. 36 - 50.

Dick Braithwaite, Ibrahim Birkan, "Research Notes and Reports", *Annals of Tourism Research*, Vol. 25, Issue 4, 15 October 1998, pp. 974 - 977.

Douglass C. North, "Institutions", *Journal of Economics Perspectives*, Vol. 5: 1, Winter 1991, pp. 97 - 112.

DTZ Pamir & Soyuer, Turkey Hotel Market Overview, Hotel Market Research, Turkey, 2009.

Erdoğan Atmişa, Sezgin Özdenb, Wietze Lisec, *Urban Forestry & Urban Greening*, 2007 (6), pp. 83 - 92.

Fevzi Okumus, Kurtulus Karamustafa, "Impact of an Economic Crisis Evidence from Turkey", *Annals of Tourism Research*, Vol. 32, No. 4, 2005, pp. 942 - 961.

Friedmann, J., *Regional Development Policy: A Case Study of Venezuela*, Cambridge: MIT Press, 1966.

Gamze Goren, "Cities Climbing to the Summit", *The Turkish Perspective*, July-August 2011, Issue 5, p. 14.

C. E. Gearing, W. W. Swart, and T. Var, "Determining Optimal Investment Policy for Tourism Sector of Developing Countries", *Management Science Series*, B-Application, 1973, 20 (4), pp. 487 - 497.

Gee James, Mikens Dexter & J. I. Choy, *The Travel Industry*, New York: John Wiley & Sons, 1989.

Güçhan, Neriman Şahin, Kurul, Esra, "A History of the Development of Conservation Measures in Turkey: from the Mid 19th Century until 2004",

METU Journal of the Faculty of Architecture, Vol. 26 Issue 2, Dec. 2009, pp. 19 –44.

Habib Alipour, "Tourism Development within Planning Paradigms: the Case of Turkey", *Tourism Management*, Vol. 17, Issue 5, August 1996, pp. 367 –377.

Hasan Kosebrlaban, " Turckey's EU Membership: A Clash of Security Cultures", *Middle East Policy*, June 2002, p. 138.

Heraty, Margaret J., " Tourism Transport-implications for Developing Countries", *Tourism Management*, Vol. 10, Issue 4, December 1989, pp. 288 –292.

H. Sezer and A. Harrison, "Tourism in Greece and Turkey: an Economic View for Planners", *Tourism, the State of Art*, edited by A. V. Seaton, London: John Wiley and Sons, 1994, pp. 75 –84.

Hilal Erkus-Özturk, " Planning of Tourism Development: The Case of Antalya", *Anatolia: An International Journal of Tourism and Hospitality Research*, Vol. 21, No. 1, 2010, pp. 107 –122.

Hjalager, A. M., " Repairing Innovation Defectiveness in Tourism ", Tourism Management, 23 (5), 2002, pp. 465 –474.

Ige Pirnar Tavmergen, Saime Oral, " Tourism Development in Turkey ", *Annals of Tourism Research*, Vol. 26, Issue 2, 1 April, 1999, pp. 449 –451.

Jafari, Jafa, *Encyclopedia of Tourism*, Routledge, 2000.

Jafari, Jafa., "Tourism and Social Science, A Bibliography 1970 –1978", *Annals of Tourism Research*, VI (2), 1979, pp. 149 –194.

J. Diamond, " Tourism's Role in Economic Development: The Case Reexamined", *Economic Development and Cultural Change*, Vol. 25, No. 3, Apr. 1977, pp. 539 –553.

J. Christopher Holloway, *The Business of Tourism*, Foreign Language Teaching and Research Press, 2004, p. 17.

Johan Galtung, " On the Effects of International Economics Sanctions: with Examples from the Case of Rhodesia", *World Politics*, Vol. 19, No. 3, 1967, p. 383.

Johanson, J., and Mattsson, L. G., " Internationalization in Industrial Systems: a Network Approach", *The Internationalization of the Firm*, Buckley, P. J., and Ghauri, P. (eds.), London: Academic Press, 1993. Analysis of Tourism Strategies and Policies in the FEMIP Countries and Proposals for Sub-regional Tourism Development, Final Report, Projects Directorate, EIB, October 2007.

Towner, John, "Approaches to Tourism History", *Annals of Tourism Research*, Vol. 15, 1988, pp. 47 –62.

Lipietz A., "The Local and the Global Regional Individuality or Inter Regionalism?", *Transactions of the Institute of British Geographers*, 1993, 18 (1), pp. 8 –18.

Liu Juanita, Var, Turgut, Alp, Timur. "Tourist-income Multipliers for Turkey", *Tourism Management*, Vol. 5, Issue 4, December 1984, pp. 280 –287.

Karadeniz, N., Biodiversity Conservation and Management in Protected Areas and Biosphere Reserves: Country Report of Turkey, Report of the UNESCO-MAB-SEE Countries, Ars Docendi, Bucharest, 2003.

Khairil Wahidin Awang, Wan Melissa Wan Hassan, Mohd Salehuddin Mohd Zahari, "Tourism Development: A Geographical Perspective", *Asian Social Science*, Vol. 5 (5), pp. 67 –76.

Korel Goèymen, "Tourism and Governance in Turkey", *Annals of Tourism Research*, Vol. 27, No. 4, 2000, pp. 1025 –1048.

Korel Göymen, Tourism and Governance in Turkey: from State-Sponsored Development to Public-Private Co-operation in Bilkent Turizm Forumu 1997, pp. 17 –36.

Mark Dodgsona, Alan Hughesb, John Foster, Stan Metcalfed, "Systems Thinking, Market Failure, and the Development of Innovation Policy: The Case of Australia", *Research Policy*, 40, 2011, pp. 1145 – 1156.

Mehmet Fuat Beyazit, Erdogan Koc, "An Analysis of Snow Options for Ski Resort Establishments", *Tourism Management*, Vol. 31, Issue 5, October 2010, pp. 676 –683.

Mehmet Yesiltas, Yuksel Özturk, Nigel Hemmington, "Tourism Education in Turkey and Implications for Human Resources", *Anatolia: An International Journal of Tourism and Hospitality Research*, Vol. 21, No. 1, 2000, pp. 55 –71.

Milman, Ad, and Pizam, Abraham, "Social Impacts of Tourism on Central

Florida", *Annals of Tourism Research*, 1988, 15 (2), pp. 191 -204.

Miossec, J. M. , Elements pour une Theorie de l'Espace Touristique, Les Cahiers du Tourisme, C - 36 CHET, Aix-en-Provence: CHET, 1977. Un model de l'espace touristique, L'Espace Geographique 6: 41 -48, 1976.

Myra Shackley, *Middle East and North Africa: Ancient Empires Atlas of Travel and Tourism Development* , Elsevier Ltd, 2006.

Natalya Ketenci, "The ARDL Approach to Cointegration Analysis of Tourism Demand in Turkey with Greece as the Substitution Destination", *METU Studies in Development*, 36 December, 2009, pp. 363 -382.

Nazmiye Erdogan, Emin Baris, "Environmental Protection Programs and Conservation Practices of Hotels in Ankara, Turkey", *Tourism Management*, Vol. 28, Issue 2, April 2007, pp. 604 -614.

Nohutch, Ahmet, *Development of Tourism Policies in Turkey Throughout the Republican Period in Socio-Political, Economic and Administrative Perspective*, Arastrlma Görevlsi, B. F. Kamu Yönetimi Bölümü, Sosyal Bilimler Enstitüsü Dergisi, Güz 2002 sayi 9.

O. Icoz, T. Var, M. Kozak, "Tourism demand in Turkey", *Annals of Tourism Research*, Vol. 25, Issue 1, January 1998, pp. 236 -240.

Storper M. , "Industrialization and the Regional Question in the Third World: Lessons of Postimperialism; Prospects of Post-Fordism", *International Journal of Urban and Regional Research*, 1990, 14 (3), pp. 423 -444.

Petros G. Anastasopoulos, "Tourism and Attitude Change: Greek Tourists Visiting Turkey", *Annals of Tourism Research*, Vol. 19, Issue 4, 1992, pp. 629 -642.

Pirnar, Ige, *Balkan Countries Tourism Training Seminar*, Istanbul Ministry of Tourism Publications, 1996, p. 27. " Asia Minor Majors in Tourism", *Worlds Eye View*, 1992, 10 (4), pp. 25 -28.

Pizam, Abraham. Swart, W. W. and Turgut Var, "International Tourism Congress: New Perspectives and Policies", *Journal of Travel Research*, 1979 (17), p. 25.

Poon, Auliana, *Tourism, Technology and Competitive Strategies*, Wallingford: C. A. B. International, 1993.

Porter, Michael E., "Competitive Advantage of Nation", *Harvard Business Review*, March-April, 1990, pp. 71 -91.

Rita Paula, " Tourism in the European Union", *International Journal of Contemporary Hospitality Management*, Vol. 12, No. 7, 2000, p. 436.

Rodrik, Dani, " Premature Liberalization, Incomplete Stabilization: The Ozal Decade in Turkey", In M. Bruno et al., eds., *Lessons of Economic Stabilization and Its Aftermath*, MIT Press, 1991.

Salih Kusluvan, Zeynep Kusluvan, "Perceptions and Attitudes of Undergraduate Tourism Students towards Working in the Tourism Industry in Turkey", *Tourism Management*, 2000 (21), pp. 251 -269.

Savaş, Y., "An Overview of Protected Areas in Turkey", *PARKS*, 2000 (10), pp. 33 -36.

Serkan, Gürlük, Frank A. Ward, "Integrated Basin Management: Water and Food Policy Options for Turkey", *Ecological Economics*, Vol. 68, Issue 10, 15 August 2009, pp. 2666 -2678.

Sevgin Aki, "A Compact Econometric Model of Tourism Demand for Turkey", *Tourism Management*, Vol. 19, Issue 1, February 1998, pp. 99 -102.

Siemon Smid and Ebru Loewendahl-Ertugal, Study on the Situation of Enterprises, the Industry and the Service Sectors in Turkey, Cyprus and Malta, IBM Global Services Business Consulting Services, 23 December, 2002.

Serkan Bayraktaroglu, Rana Ozen Kutanis, " Transforming Hotels into Learning organizations: A New Strategy for Going Global", *Tourism Management*, 2003 (24), pp. 149 -154.

Silvia Sussmann, Arzu Unel, *Destination Image and Its Modification after Travel: An Empirical Study on Turkey*, Haworth Press, pp. 207 -266.

Susan Nance, " A Facilitated Access Model and Ottoman Empire Tourism", *Annals of Tourism Research*, Vol. 34, No. 4, 2007, pp. 1056 -1077.

Swart, William W., Turgut Var, and Charles E. Gearing, " Operations Research Applications to Tourism", *Annals of Tourism Research*, Vol. V, No. 4, October/December 1978, pp. 414 -428.

Tarhan, Cem, *Tourism Policies. Unpublished Lecture Notes*, Bilkent

University, pp. 47 – 51.

Teoman Duman, Metin Kozak, "The Turkish Tourism Product: Differentiation and Competitiveness", *Anatolia: An International Journal of Tourism and Hospitality Research*, Vol. 21, No. 1, 2000, pp. 89 – 106.

Thomas Cook, *Letters from the Sea and from Foreign Lands: Descriptive of a Tour round the World*, Routledge/Thoemmes Press, 1998, reprinted from the 1873 edition, p. 109.

Tosun, Cevet, "Challenges of Sustainable Tourism Development in the Developing World: the Case of Turkey", *Tourism Management*, 2001 (22), pp. 289 – 303.

Tosun, Cevat & Jenkins, C. L., "Regional Planning Approaches to Tourism Development: the Case of Turkey", *Tourism Management*, Vol. 17, No. 7, 1996, pp. 519 – 531.

Tosun, Cevat, "Questions about Tourism Development within Planning Paradigms: the case of Turkey", *Tourism Management*, Vol, 18, No. 5, 1997, pp. 327 – 329.

Toyfun Turgay, "Analysis of International Tourism Market in Turkey-a Case Study of Istanbul", Master Degree Thesis, Bogazici University, 1974. The data from 1974 to 1980 comes from state projections.

Turan, Dlter, "Stages of Political Development in the Turkish Republic", *Perspectives on Democratic Turkey*, 1988, pp. 59 – 112 .

Umut Avci, Melih Madanoglu, Fevzi Okumus, "Strategic Orientation and Performance of Tourism Firms: Evidence from a Developing Country", *Tourism Management*, Vol. 32, Issue 1, February 2011, pp. 147 – 157.

UNCCD, National Report of Turkey, United Nations Convention to Combat Desertification. retrieved March 25, 2006, from http://www.unccd.int/cop/reports/northmed/national/2002/turkey-eng.pdf.

M. Uysal, and J. Crompton, "Determinants of Demand for International Tourist Flows to Turkey", *Tourism Management*, 1984, 5 (3), pp. 288 – 297.

Var, Turgut, Golam Mohammad, Orhan Icoz, "Factors Affecting International Tourism Demand for Turkey", *Annals of Tourism Research*, Vol. 17, Issue 4, 1990, pp. 606 –610.

Var Turgut, *Mediterranean Tourism: Facts of Socioeconomic Development and Cultural Change*, edited by Yorghos Apostolopoulos, Philippos Loukissas and Lila Leontidou, London: Routledge, 2001.

Var Turgut, Korzay Meral, "Heritage Multicultural Attractions", *Annals of Tourism Research*, Vol. 27, Issue 2, April 2000, pp. 534 –535.

Var Turgut, Brayley Russ and Korsay Meral, "Tourism and World Peace: Case of Turkey Tourism and World Peace", *Annals of Tourism Research*, Vol. 16, Issue 2, 1989, pp. 282 –286.

Victor Richard, *Globalization and Growth: Case Studies in National Economic Strategies*, Thomson Nelson, 2004.

Victor T. C. Middleton, *Tourism Marketing*, London: Butterworth – Heinemann, 1988.

Yasa, Memduh, *Cumhuriyet Dönemi Türkiye Ekonomisi (1923 – 1978)*, Istanbul: Akbank KültürYaylnl, 1980.

Wahab. S. E, Elements of Tourist Policy in Developing Counties, United Nations Conference on Trade and Development (UNCTAD), 1973, New York: United Nations, TD/BC3/89Rev. lE73. II. D. 3.

Wells, R. J. G., "Tourism Planning in a Presently Developing Country: the Case of Malaysia", *Tourism Management*, 1982 (3), pp. 98 –107.

Yarcan, Ş, and Ertuna, B., " What You Encourage is What You Get: The Case of Turkish Inbound International Tourism", *Anatolia: An International Journal of Tourism and Hospitality Research*, 13 (2), 2002, pp. 159 –183.

Zal, N., Reflections from the Mab Aactivities in Turkey, 2005 – 2006, Turkish National Commission for UNESCO, 2006. Retrieved October 25, 2006, from http://www.unesco.org/mab/icc/countryRep/E_ Turkey. pdf.

Rostow, W., *The Stages of Economic Growth, A Non-Communist Manifesto* (2nd ed.), Cambridge: Cambridge University Press, 1967.

Khairil Wahidin Awang, Wan Melissa Wan Hassan, Mohd Salehuddin Mohd Zahari, " Tourism Development: A Geographical Perspective", *Asian Social Science*, Vol. 5 (5), 2009, pp. 67 –76.

网络资料

世界旅游组织官方网站：http：//unwto. org/en，访问日期：2011 年 10 月 7 日。

世界旅游组织官方网站：http：//UNWTOtechnicalmanual：CollectionofTourism Expenditure Statistics，访问日期：2011 年 9 月 20 日。

世界旅游组织官方网站：http：//pub. unwto. org/WebRoot/Store/Shops/Infoshop/Products/1034/1034 -1. pdf，访问日期：2009 年 3 月 26 日。

世界旅游组织官方网站：http：//mkt. unwto. org/en/barometer，访问日期：2011 年 10 月 7 日。

世界旅游旅行理事会官方网站：http：//www. wttc. org/research/economic-impact-research/，访问日期：2011 年 3 月 26 日。

维基百科：http：//en. wikipedia. org/wiki/David_ Urquhart，访问日期：2011 年 3 月 21 日。

土耳其旅行社联合会（TURSAB）官方网站：http：//www. tursab. org. tr/en/statistics/development-of-tur-kish-tourism-in-brief，访问日期：2011 年 12 月 9 日。

江西文明网：http：//wiki. jxwmw. cn/index. php？doc-innerlink - % e5% 9c% 9f% e8% 80% b3% e5% 85% b6，访问日期：2011 年 2 月 7 日。

饭店网：MembersTurkeyTourismPoliciesandTrendshttp：//hotelmule. com/management/html/93/n - 3893. html，访问日期：2011 年 2 月 2 日。

土耳其文化旅游部官方网站：http：//www. turizm. gov. tr，访问日期：2011 年 9 月 20 日。

土耳其国际投资协会网：http：//portal. wko. at/wk/dok _ detail _ file. wk？angid = 1&docid = 1560116&conid = 544876，访问日期：2011 年 11 月 15 日。

联合国教科文组织世界遗产委员会网站：http：//whc. unesco. org/en/list/？search = &searchSites = &search_ by_ country = &search_ yearinscribed = &type = cultural&themes = &media = ®ion = &criteria_ restrication = &order = ，访问日期：2012 年 3 月 8 日。

土耳其旅行社协会网站：http：//www. tursab. org. tr/en/statistics/

development-of-turkish-tourism-in - -brief/turkeys-tourism-potential-and - resources_ 1079. html，访问日期：2012 年 3 月 6 日。

The Library of Congress Country Studies；CIA World Factbook：http：//www. photius. com/countries/turkey/economy/turkey_ economy_ tourism. html，访问日期：2011 年 12 月 7 日。

《蓬勃发展的墨西哥旅游业》，美洲旅游网：http：//am. bytravel. cn/art/pbf/pbfzdmxglyy/，访问日期：2011 年 11 月 10 日。

土耳其旅行社协会网站：http：//www. tursab. org. tr/en/statistics/development-of-turkish-tourism-in-brief/turkish-tourism-industry-today_ 1075. html，访问日期：2011 年 10 月 17 日。

土耳其旅行社协会网站：http：//www. tursab. org. tr/en/statistics/development-of-turkish-tourism-in-brief/turkish-tourism-industry-today_ 1075. html，访问日期：2011 年 10 月 17 日。

土耳其航空官方网站：http：//web. shgm. gov. tr/dgca. php？ page = history，访问日期：2012 年 12 月 10 日。

欧盟网站：http：//www. keepeek. com/Digital-Asset-Management/oecd/industry-and-services/oecd-tourism-trends-and-policies-2010/turkey_ tour - 2010 - 34 - en，访问日期：2012 年 12 月 10 日。

土耳其投资促进网：http：//www. invest. gov. tr/en - US/. . . /TOURISM. INDUSTRY. pdf，访问日期：2012 年 1 月 12 日。

世界银行官方网站：http：//web. worldbank. org/WBSITE/EXTERNAL/EXTCHINESEHOME/PROJECTSCHI/0，，contentMDK：21465401 ~ pagePK：41367 ~ piPK：279616 ~ theSitePK：3535340，00. html，访问日期：2012 年 4 月 9 日。

《土耳其旅游业向多元化发展》，新华网：http：//news. xinhuanet. com/world/2010 - 04/14/c_ 1232565. htm，访问日期：2010 年 04 月 14 日。

土耳其国民教育部官方网站：http：//sgb. meb. gov. tr/istatistik/meb_ istatistikleri_ orgun_ egitim_ 2009_ 2010. pdf，访问日期：2012 年 4 月 11 日。

《土耳其境内的十大世界遗产》，中国日报网：http：//travel. chinadaily. com. cn/2012 - 04/12/content_ 15031999. htm，访问日期：2012 年 4 月 11 日。

科士集团公司网站：http：//www. koc. com. tr/en - us/Corporate/Sectors/Other/Pages/Setur. aspx，访问日期：2012 年 4 月 20 日。

土耳其国际投资协会：http：//portal. wko. at/wk/dok_ detail_ file. wk? angid = 1&docid = 1560116&conid = 544876，访问日期：2011 年 11 月 15 日。

商务部：《对外投资合作国别（地区）指南：土耳其（2011 年版）》，http：//fec. mofcom. gov. cn/gbzn/upload/tuerqi. pdf，访问日期：2011 年 11 月 5 日。

附录 A

《土耳其旅游战略2023——走向更加幸福的土耳其》*

——向共和国成立 100 周年献礼

土耳其文化和旅游部

2007 年 3 月 2 日　安卡拉

目　录

* 注：本文译自土耳其政府文化旅游部网站：www. Kulturturizm. gov. tr，访问日期：2011 年 3 月 20 日。

- 2023 年目标
- 迈向目标

3.4 国内旅游

- 战略
- 2023 年目标
- 迈向目标

3.5 研究和开发

- 战略
- 2023 年目标
- 迈向目标

3.6 交通和基础设施战略

- 战略
- 2023 年目标
- 迈向目标

3.7 营销和推广战略

- 战略
- 2023 年目标

3.8 教育战略

- 战略
- 2023 年目标
- 迈向目标

3.9 服务质量战略

- 战略
- 2023 年目标
- 迈向目标

3.10 城市品牌化战略

- 战略
- 2023 年目标
- 迈向目标

3.11 多元化旅游战略

- 战略

- 2023 年目标
- 迈向目标

3.12 需要对旅游区进行修复的地区

- 战略
- 2023 年目标
- 迈向目标

3.13 旅游开发区

- 战略
- 2023 年目标
- 迈向目标

3.14 旅游开发长廊

- 战略
- 2023 年目标
- 迈向目标

3.15 旅游城市

- 战略
- 2023 年目标
- 迈向目标

3.16 生态旅游区

- 战略
- 2023 年目标
- 迈向目标

4. 土耳其旅游战略的实施

4.1 公司结构和治理

4.2 行动规划

4.3 监测和评价

附:《土耳其旅游战略 2023》 概念规划图

1. 战略概要

《土耳其旅游战略 2023》 的目标是在“共同治理” 的原则下,鼓励旅游业中公共部门和私人部门之间的合作，为指导战略规划的实施提供较为全面的框架。战略规划和实施规划的编制，是在政府参与规划的观念指导下，给旅游和旅行企业的生产经营以及相关部门提供一个路线图。这个指导思想是制定 2023 战略规划的基础，本规划不是一个简单的静态或动态框架，而是基于区域规划基础的全面的整体性框架。

政府第九个五年发展计划（2007～2013 年）提出："应该制定一个旅游业总体规划来确保旅游部门的可持续健康发展"，《土耳其旅游战略 2023》满足了此项要求。

我国具有发展旅游业不同产业类型的得天独厚的条件，包括海滨旅游、保健旅游、温泉旅游、冬季运动、登山旅游、探险旅游、高原旅游、生态旅游、会展旅游、游轮和游艇旅游、高尔夫旅游等。目前，这些潜在的旅游资源尚未得到合理的开发和利用。因此，《土耳其旅游战略 2023》和 2013 年实施计划的目标是，更加合理地利用国家自然、文化、历史和地理资源，树立保护和开发同等重要的观念，充分利用现有资源来调整旅游业，实现均衡发展。

沿着开发轴线而非某一景点范围，对旅游资源进行合理配置和规划，形成旅游走廊、城市和生态旅游区，以此来提升旅游资产价值和开发标准是更为合理的规划方法。由此，具有旅游潜力的区域吸引力将会有更多旅游产业形态的选择。

在战略规划里，沿着旅游开发轴线的投资规划以及和旅游相关的项目投资，可以通过滨海旅游或其他旅游形式，实现投资回报。与此同时，这些投资者还可以享有政府对旅游投资者实行的一系列规划、土地配置等优惠政策。

为了实现战略规划设定的 2023 年目标，必须建立更具吸引力和具有更强替代性的旅游目的地和旅游路线的战略。这需要对分布于国内的所有景区和居民点的旅游资源，包括地热和高原旅游资源、冬季和登山旅游资源以及各地的文化遗产进行全面评估。对于发展较为迟缓的地区，随着对于居民点固有的文化资产、工艺品的发掘，餐饮和临时住宿设施的建设，将通过居民点自我建设和发展过程，建立一个完善的旅游线路和区域旅游目的地。

旅游和旅游行业应针对每一个旅游目的地，从单一的、共同的观点出发，开展这个旅游目的地的个体宣传及市场推广工作。通过这种方式，再对各区域的旅游投资进行评估和再平衡，扩大宣传及市场推广的机会。

发展大众旅游的旅游规划和方法，在土耳其取得了很大的进展并且导致了以下情况：

- 旅游业发展集中于地中海沿岸和爱琴海沿岸地区；
- 在沿岸地区及邻近地区，扭曲的城市和住宅发展；
- 基础设施不足和环境问题。

基于此，要将这种不利的发展局面和结构转换为一项积极的、有利的、综合的政策和战略，《土耳其旅游战略 2023》对旅游业未来的发展进行了战略调整。

本战略规划的制定建立在“土地开发模式”的基础上，体现了在地区范围内鼓励私营部门在具有很高旅游潜力的地区、沿岸进行投资的开发和规划努力，并最终结束“旅游城市”的形式。它不是把沿海岸线及海滩地区，以及附近的居民点作为一个点，进行单一规划，而是实施全面的整体规划，从而提高旅游业的多样性，优化和改造现有居民点。这些政策对旅游和旅游行业的可持续发展具有重大意义。

《土耳其旅游战略 2023》提出了多领域的长期战略规划，如投资、组织、国内旅游、研究和开发（R&D）、服务、加强运输和基础设施、推广和销售、教育、城市层面的品牌化、旅游产品的多元化、现有旅游区的复原以及旅游目的地的完善等。

在规划部分，本文强调了旅游业战略规划的概念，规划具有灵活性、透明度、问责制、全程参与管理、实施阶段的质量和可持续增长等内容。在投资部分，涉及对旅游投资和咨询公司的认证，在现有的针对特定地区和特别类型的旅游活动的服务质量标准和年度激励系统的基础上，增设了增值税减免，以此促进旅游产业投资。

组织部分的内容涉及国家、地区、城市和旅游目的地的旅游委员会的建立，提供和发动良好的治理实践。在此背景下，强调了健全法律体系和组织安排的重要性，这样就可以让国家旅游局认证、国内旅游探寻和指导和旅游教育指导服务等功能，成为文化和旅游部的组织结构内的一个整体部分。在国内旅游战略部分，主要强调了重视数据统计和开展国内旅游推广活动的普遍观点。

研究和开发部分，主要提出了在未来几年内，应在旅游领域成立国家级的研发机构，该机构承担与旅游相关研究和开发的全部责任，并对其职责的确立提出了建议。

服务质量部分，提出了提高决策者的意识，实施继续教育，开展客户满意度调查和旅游业全面质量管理的概念和迫切要求，并强调标准化和专业资格认证的重要意义。

加快基础设施建设，发展多元化的运输方式和工具是发展旅游业的必要条件，并讨论了尝试引入私营部门投资的意义。解决增强交通运输和基础设施建设与市民关注的最大限度地降低公共投资的成本问题之间的矛盾。

促销和营销部分强调了宣传活动、品牌传播和形象创造的意义。教育部分提出了要提高文化和旅游部的积极作用，就必须对各教育机构提供的培训课程进行优化，并在更高的决策水平指导教育计划的编制。随着旅游业对从业人员技能和素质要求的不断提高，必须通过继续教育，从质量和数量两个方面提高从业人员的技能和素质。

城市品牌化部分，主要是指那些已经在国内成为旅游品牌或文化旅游的品牌的城市。

旅游类型多元化部分，梳理并逐项介绍了各旅游类型的发展情况。并将未来重点发展的旅游类型放在优先地位，如保健旅游、地热旅游、冬季旅游、高尔夫旅游、滨海旅游、生态旅游、高原旅游、会议和博览会旅游等。

旅游开发地区、旅游走廊、旅游城市和生态旅游区的发展是一个持续性的主题和主导方针。这种主导方针的主要目标是将公共和私营部门的资源吸引到旅游开发地区的建设发展中来，并提议建立 9 个旅游开发区、7 个主题走廊、10 个旅游城市和 5 个生态旅游区。这些部分还讨论了如何建立、在何处建立以及在国家和地区层面发展其他旅游类型的标准问题。

有关发展替代性旅游交通模式，如高速公路、高速轨道列车、机场、游轮和游艇码头等，以提高运输质量，加强新旅游目的地的交通运输建设等建议也进行了广泛的讨论。

据预测，到 2023 年，我国将吸引 6300 万名国际游客，国际旅游总收入将达到860亿美元，国际旅游者平均消费将达到1350美元左右。到2023年土耳其旅游战略实现时，土耳其旅游业蓬勃发展，旅游开发地区的基础设施和住宿需求也会得到极大满足。

2. 土耳其旅游走向新的地平线

2.1 愿景

依据可持续发展旅游的观念，旅游业已经成为国民经济中引领就业和地区平衡发展的重要产业。旅游业的发展要使土耳其成为世界旅游业的知名品牌和著名的旅游目的地国家。到2023年，土耳其接待旅游者数量和旅游收入均进入世界排名第五位。

2.2 实现愿景的行动方案

- 缩小地区间发展水平的差异，实现可持续发展目标；
- 通过创新地区旅游品牌而非廉价产品，提高旅游业竞争力；
- 从可持续发展的角度重新考虑和规划现有的旅游景点，从而创造出切实可行的、高品质的环境；
- 通过发展旅游业，支持中央政府的社会、经济发展目标；
- 通过可持续的环境政策，支持旅游业的发展；
- 加强国际合作；
- 通过国家发展计划，协调旅游业的政策和目标；
- 要密切跟踪全球发展趋势和要求，建立与实施相应的计划和行为方案；
- 采用多功能的方式开发旅游目的地，重点发展旅游业；
- 通过多样化的旅游产品开发，延长旅游的季节性；
- 促进旅游业的发展，提高公共部门、私营部门和非政府组织对旅游业的认识，尤其是对高原生态旅游和农业旅游的认识；
- 使国内和国际的促销活动和市场推广活动更加有效；
- 为了确保旅游资源的整合，尤其是不同地区和地方的旅游资源的整合，可依据旅游类型，如保健旅游、地热旅游、高尔夫球场、冬季运动和自然旅游等，建立旅游城市，并提供充足的旅游设施以及医疗、教育等公用设施；

• 依据旅游者特征，创建旅游产品；

• 要将旅游业作为促进落后地区和弱势群体社会经济发展的有效工具；

• 通过鼓励私营部门积极参与旅游基础设施和交通运输项目建设，减轻公共部门负担；

• 在旅游决策中，采用共同治理机制，中央政府、地方政府和民间组织共同参与旅游业的政策制定过程；

• 在制定总体旅游规划时，要确保中央和地方政府之间的协调以及管理机构和融资部门的一致性；

• 为了提高劳动力素质与旅游教学课程，确保旅游行业认证体系的有效运作；

• 当地政府和私营部门应共同努力，帮助发生在旅游活动宠物密集的地方和环境相关的基础设施问题的解决；

• 通过保护地区内的建筑资产，为游客提供全面的支持服务并创造非凡的住宿设施。

3. 发展旅游产业的战略

3.1 规划

• **战略**

展现出一种既支持经济增长，又符合实际，并且关注社会公平原则的规划方法。

为了成为文化和旅游保护与开发地区或旅游中心，这些地区应该把旅游发展摆在首位，其次是确定其他相应的发展目标。应从地区和轴线的角度，确定地区的文化吸引力，进而确定旅游投资的可行性。

在未来几年内，旅游业作为合理规划的实施工具，应致力于消除地区间的不平等，减轻贫困和发展就业机会。为此，应该向已经承诺连续性投资的各类经济实体提供保险。

只有当优先发展地区被确定后，国家和区域各层面旅游产业的发展才是一个可实现的目标。确定优先发展地区的依据不仅是根据文化旅游部制定的具体规划，还是根据国家计划组织（SPO）制定的国家发展规划，已经逐步形成的并且制度化的宏观政策，包含在有关企业和组织在这些地区的基础设施投资计划中，才能得以实现。

建立旅游中心以及文化和旅游保护与开发地区的新的规划方法，主要采用了一种灵活的、战略性的规划思路。这一思路是建立在实际行动而非严格的土地使用决策之上的，目标是形成一种整体的、动态的结构。在这些地区，规划的土地被进一步划为次区域，因而当投资人试图编制属于自己的规划时，整体规划也就完成了。文化和旅游保护与开发地区的区划不仅仅是一个线性规划过程，而且也包含诸如规划和边境内土地分配之类的程序流程问题，并且如实反映预先定义的目标和要求。

- 2023 年目标

——当前缺乏具体规划实践的实际情况，将通过多种多样的制度安排以及协作实施进行解决。

——规划时将采用一整套完整的规划方案对具有较高地方性旅游潜力的地区进行规划，而不采用“问题聚焦型”的规划方案。

——零碎的或分散的区域规划将被取缔，将会建立具有明显的全球化竞争优势的旅游城市。

——地方层面的经过地方政府核准的企业和组织机构的发展规划将受到专业人员的帮助，以指导旅游产业的发展。

——建立诸如《地方 21 世纪议程》的地方参与机制，在一些相邻区域，地方议会具有多项功能。在那些有组织的旅游活动容易开展的特定区域，在选择旅游开发区时，会获得重视。与此同时，通过对土地租用、基础设施和环境因素的解决方案，将获得系统性的结构保障。

旅游产业的规划，特别是以旅游业为目标的详细规划，应当得到所有相关组织，各种基金形式以及完善的法律体系的全面支持。在此背景下，有效的政策应该是：

（1）在全国范围内重新安排所有旅游投资，减少福利失衡和发展失衡情况，并通过守卫、保护和改善自然、历史、文化及社会环境的方法解决此项问题。

（2）拓宽参与社会、文化与艺术活动的群众基础，传播发展的理念。

（3）通过初步科学研究，展现和揭示文化艺术的价值和遗产的意义，并提升公众对于这些资产的认知水平。

(4) 将旅游产业的发展与市场经济现实联系起来，促进旅游业健康发展并且提高生产力。

(5) 积极回应投资环境的改变以及日益变化的全球趋势和时代需求。

(6) 以一种最为经济、最为生态的可持续发展的方式保护和利用自然资源。

(7) 寻找不会给公众造成任何财政负担的组织或基金的运作模式，并且在区域和地方层面扩大和利用那些有组织的、综合性的项目。

(8) 以一种保护和均衡发展的视角去合理利用旅游资源，避免超出其承载力。

(9) 开发一种基于历史、文化和艺术资产的旅游“区域管理”模式。这种模式以旅游业或旅游目的地为基础，或以旅游业发展为基础，而不是以一家饭店或其他大众住宿设施为基础，通过对其现在及未来所具有的美德进行规制和安排，全面回应当地公众的需求和期望，发掘、保护和创作多功能的旅游活动和资产，并对就业作出积极贡献。

(10) 避免引发任何对自然、文化和社会结构的负面效应，对因外汇收入增加带来的经济增长和就业作出全面贡献。并开发需求，为旅游业进一步发展夯实基础，促进综合性、有机发展的项目工程。

(11) 不将社会和技术性的基础设施负担转嫁给公众，而是在共享的基础上，对于所需资金给使用者和受益人联合出资提供充分的理由。

(12) 预计的旅游开发的居民点在可接收的质量条件下，应具有良好的环境和组织结构。

(13) 设计一个与环境、交通、住宿、文化、历史和艺术领域相兼容的全面质量标准。防止非正常的城市发展和蔓延，并修复已遭到破坏的城市和都市区。

(14) 最终，解决在那些地方政府和基础设施使用者之间合作密切地区产生的日益严重的基础设施和环境问题。

- **迈向目标**

聚焦于旅游目的地规划

将会开展有关特定旅游的旅游设施的研究。在旅游开发区规划中，地方政府是开发规划和指导旅游投资的重要咨询机构，既要有文化旅游部颁发的有效合法证书，还要有专家建议，旨在实现最有效地利用有限的旅游资源。在此情况下，推行文化旅游部颁发许可证方案，并通过修订《旅游鼓励法》和《文化旅游部职能法》等相关的法律，确保投资人在项目开发阶段的短期和中期时间里，改善服务质量。

战略规划

运用灵活的战略规划方案，公平地解决组织模型，以及资金和法律问题，避免将社会的和专门的基础设施建设的负担完全转嫁给公众，而是由使用者和受益者分摊，为建立高效的有组织的旅游区提供便利，并以多元化的视角用最富生产力的、节约的、生态的方式保护和使用自然资源。

详细规划将包括一个书面报告和一个标明基本发展路线的规划图。这个规划是一个战略决策，它不仅用于土地使用规划，也用于包括物质环境、就业、社会服务以及组织在内的所有其他方面问题的决策。

3.2 投资

● 战略

通过激励机制，使旅游投资既具有经济性、可行性又具有活力，以此促进旅游业发展。

对位于一般区域的旅游区进行投资，能够享有激励政策的全方位支持。

因此，会实施一些促进旅游发展的特别措施和鼓励政策。

为了重新达到20世纪90年代的高投资率，将实施有助于旅游投资方案可行性的鼓励政策。并且实施的条件、区域特征以及持续时间都在研究的基础上予以阐明。

● 2023年目标

——鉴于旅游业对国家经济的贡献，一些鼓励措施应该普遍地用于旅游产业。

——为从欧盟的IPA（入盟前期援助项目）中获得支持，旅游业应做出一些努力。

——税收体制也应做出一些调整，不仅支持旅游饭店设施的建设，而且也应支持中小企业层面的旅游中介服务公司。

——采取一些手段确保国外直接投资投向旅游产业。

——旅游饭店业的设施应进行短期内装修。

——在旅游投资鼓励措施中，包括营业推广和市场营销方面的政策。

——对于非沿海地区的投资项目，在国内开展多元化以及覆盖全年的旅游活动的形式应被予以鼓励。

——依据其发展的程度和优先发展的旅游类型（如：文化旅游、温泉旅游以及冬季运动项目旅游），一些审批机制将被赋予地方政府。

● 迈向目标

鼓励措施

——激励的项目数量、条件、区域特征以及鼓励措施实施持续的时间，通过具体的研究后，每年确定。

——基于旨在形成战略规划的旅游城市方法，在土地分配时投资者将被给予更多的参与设计的机会。

——低息长期贷款将会被提供给那些旨在充实和完善旅游设施的旅游运营商。

消除官僚主义障碍

作为通过颁发各类投资许可证，给外国投资者财产所有权提供保护并方便其在我国境内投资的核心组织，投资支持机构力量将被加强。这将是实现吸引外国直接投资的目标的重要组成部分。

公司的证书

决心要投资于旅游业的公司，像投资顾问和咨询服务这类为增强旅游产业的质量和确保项目进度的特殊领域，应得到文化旅游部颁发的证书。

3.3 组织

● 战略

通过协商在国家级、地区级、省级和地方级层面上建立一种制度，这种制度在“良好治理”的背景下，确保公共部门、私营部门和非政府组织能够充分而积极地参与旅游产业及所有相关产业的决策过程。

旅游观光产业的全面成功取决于一个高效的管理机构的建立和运行。因此，在区域和制度管理层面，将会建立一个高效的旅游组织。

将实施一些既为旅游产业发展提供动态机制，同时又增强旅游业应对国际危机能力的新措施。这些新措施将因公共部门、私营部门和非政府组织的密切配合而被制度化。为了这个目标，一种制度化的组织架构将从指导旅游业发展的角度出现。在这种制度架构中，按照私营部门的期望，旅游业发展的推动力将是协调公共部门和私营部门的共同发展的宏观政策。

• 2023 年目标

作为在区域管理中的最终决策主体，文化旅游部将通过发展和深化与地方政府的关系，旅游活动多样化，并指导地方政府和私人机构发挥更重要作用来实现这一目标。

将通过修订《旅游鼓励法》和《文化旅游部职能法》，体现政府共同治理的准则。

形成的组织结构体现了公共部门、私营部门和非政府组织各机构代表的共同参与，这将引导旅游业建构和发展。在国家、地区、省级和地方级层面已经形成运行的、由公共部门、私营部门和民间社会完全负责的这些机构，最后将转化为委员会。

• 迈向目标

建立新制度结构的法律安排

这一系列制度的修订需要率先成立旅游委员会，而且内容也被写入了《旅游鼓励法》和《文化旅游部职能法》。

文化旅游部在旅游产业发展中的新角色

——文化旅游部作为独一无二和最终的责任机构，致力于对地方旅游业潜力作出规划并对适宜发展旅游业的地区进行细分。

——文化旅游部是独一无二和最终的责任机构，负责在市场营销、营业推广、教育和研发等领域建立和实施法律、规划、政策和方案，并承担完全的和最终的责任，引导旅游业的发展。

——文化旅游部将会建立和实施国家旅游认证体系，按照合理分类原则和每个行业的具体实践来制定规则和标准，以完善旅游产业相关制度。

——国内的旅游调研委员会将从事调查、分析和制定国内旅游产业的相关政策。

——旅游教育委员会将制定与旅游行业相关的正式和非正式教育的纲要、内容及战略。

——最终，国家旅游数据库将致力于检索、获取、改进和评估统计数据，负责旅游产业的调研，并提出结论和方法。

建立委员会以保证国家和地区旅游业间的协作

国家旅游委员会

这一组织是由代表行业中所有股东利益的 15 ~ 20 名资深代表组成的行政机构。初期，我们期望这一委员会能够由来自文化旅游产业部的 3 名代表、来自国家规划机构的 1 名代表、来自旅游行业的 7 名代表、来自劳工组织的 1 名代表和来自非政府组织的 2 名代表所组成。当必要的时候，委员会可以向具备专业知识或者受聘于来自没有委员会的永久成员地区的个人、企业和组织发出邀请，作为临时成员加入委员会，在相关讨论中阐明他们的观点和视角。因此，委员会会员的资格标准和委员的选拔应包含下列要求：

• 具有旅游专业知识和从业经验。

• 有学术思考和分析能力，从而具备制定旅游长期宏观政策的能力。

• 具备协调旅游业政策和国家政策以及其他产业部门运营的较高水平的知识储备。

国家旅游委员会的责任主要包括以下几条：

• 打造国家、地区和地方不同规模的旅游品牌，致力于协调当地特有的旅游资源活动与旅游区营销的协同发展。

• 做出必要的安排以确保旅游业的积极影响可以使全体国民受益，并结合国内旅游业的发展，向政府部门提供专业知识和建议，推动旅游政策目标的实现。

• 设置适用于饭店设施、旅游产品和旅游从业人员的最低质量标准。

• 努力推行多样化经营和持续的旅游产品质量的改进。

• 为提高企业人力资源素质和适应新的技术要求提供支持，对员工实施在职培训，使其掌握专业知识，实现企业战略目标。

• 进行市场调研，搜集整理数据，并运用于文化旅游部政策制定过程。

• 通过清晰可见的、且可衡量的标准，根据最新发现，对旅游政策的效率和简明性进行连续评估分析。

• 对文化旅游部的实际工作提供指导性建议，防止其在危机管理时偏离方向。

• 当意见产生时应该立即行动，委员应对实体经济提供建议和技术上的支持。

在必要的时候，委员会将成立次级专门委员会，这些专门委员将负责讨论并决定地方旅游发展项目并向委员会报告。这些专门委员会可针对委托给他们的项目进行试验性研究。换句话说，这些专门委员是针对某项工作或某项工程专门成立的工作组。

大力发展旅游业委员会，使它具有代表一个城市中所有旅游相关企业的能力，并在省级层面实现旅游产业的发展。

在城市和地方层面的文字工作任务应由文化旅游部门设在各市的省级委员会来执行。

城市旅游委员会

成立城市旅游委员会（CTCs），并逐步发挥其职能。最初的职责为代表本市所有股东的利益，向国家旅游业委员会提出观点、需求及建议。作为上述初级职能的补充，城市旅游委员会应针对国家旅游业委员会的一些决策，发挥传播、协作与参与的作用。城市旅游委员会的成员将包括代表各类企业和组织的国家旅游业委员会的代表。其他个人或是企业和组织，基于他们特定的知识和从业经验，也可以被吸纳为兼职会员，他们可以作为新的或是临时的会员组成委员会针对任何事情提供专业的观点和建议。

城市旅游委员会的关键作用是充当服务提供者的角色，包括向商业企业提供咨询报告。他们将会以基金和磋商的形式收到来自公众和私人的全面支持和援助，并充当增强企业合作的主要协作者。

基本上，委员会应该履行下列职能：

——调查并发现当地的旅游需求、预期和需要，汇总后递交国家旅游委员会。

——确保成员间的协调与配合。

——实施调研，制定政策，最大限度地利用城市层面的旅游潜力。

——保证组织成员的教育投入，以提高劳动者素质。

——在成员之间建立和实施高效的网络通讯。

——通过与相关会员企业和组织的联系，制定相互协作的技术援助条款，了解小企业对于当地旅游委员会迫切需求的专业知识，保证当地委员会能够提供最佳帮助。

——与其他地区及当地旅游组织紧密协作，努力成为“土耳其品牌”中的重要组成部分。

3.4 国内旅游

● 战略

在可接受的质量和可承受的价格范围内，向不同的社会群体提供可供选择的多样化的旅游产品。

为了促进旅游业发展，国内旅游市场的发展与国际旅游市场的发展同等重要。政府实施的吸引来自世界各地游客的政策，已经达到了使国内旅游与地方产业共同发展的令人瞩目的水平。

协作与配合对于公共部门和私营部门、旅游业组织以及非政府组织而言，都是实现发展国内旅游市场目标的必要手段。因此，我们应该制订一些计划并提供一些途径，以吸引当地旅游者度假，并承办与新闻业和教育机构有关的会议和活动，目的是在国家和地方层面提高对历史、自然和文化的公众认知。这一层次的活动不应仅仅是为了平衡国内旅游占全国旅游产值的份额，而且为了在提高国家历史文化遗产的发掘和保护上多作贡献。

私营企业、旅游组织和非政府组织的合作区域非常广泛。伴随着国内旅游营销和研究在质上和量上的提高，我们发现旅行社已在推出国内旅游线路、广告和导游方面作出了努力。

● 2023 年目标

将在全国范围内推广旅游产品的多元化活动。在这一架构中，包含在发展规划中的旅游目的地住宿接待能力将被提升，旨在提高旅游目的地交通便捷度的多项研究也会促使当地交通运输情况的逐步改善。

制定创造一系列可供选择的旅游产品、旅游设施和旅游线路的措施和方案，致力于提升国内旅游资源，以增加国内旅游占全部旅游的收支的比重。

根据预测，土耳其有 2000 万人将受益于国内旅游市场的发展。

那些曾忽视土耳其国内旅游选项的居民，若在一系列旅游产品中发现具有反映出他们旅游意愿的选项，而且这些选项有望成为旅游线路上的旅游产品时，他们将倾向于在国内旅游，最终，这一旅游线路就会在国内得到广泛推广。

一些需公共部门和私营部门通力合作，并致力于开发多种社会福利性旅游项目的努力将受到社会弱势群体，如残疾人、贫民、年轻人和妇女等的欢迎，实现让他们也积极参与国内旅游活动的目标。将组建国内旅游调研机构，作为文化旅游部的核心组织，其主要职能是以一种在管理和指导国内旅游业的过程中扩大公共部门的作用和功能的视角，开展和实施所有必要的有关国内旅游市场的调研和评估工作。

国内旅游的经营多样化和在国内广为推广将会成为吸引关注的另一焦点，特别是文化旅游的兴起和致力于城市品牌创建的努力。

● 迈向目标

国内旅游的促销

将起草并实施一系列有关提升国内旅游的规划和项目计划，并在相关的工作中运用改革工具。

支持国内旅游市场

为了满足中、低收入阶层的休闲娱乐的需求，鼓励旅游企业对国内旅游市场实施折扣价格。

政府对开展国内包价旅游服务的旅行社提供资助。

大学生、中学生和中年单身人士的数量已占全国人口总数的20%，应设计吸引这部分群体参与的多种可供选择的旅游项目。提升青年人对于旅游和度假的认知，政府将成立联合工作组或项目组，开展将工作重点转向市场份额日益增长的青年人市场的说服工作。

对于国内旅游市场的监管

文化旅游部内将组建国内旅游机构，主要收集和整理国内旅游的行为数据和信息数据。这些数据包括测度国内旅游需求的不同层面的基础指标，比如国内游客的数量和变化，土耳其公民在国内旅游时在外过夜的天数，选择国内旅游的目的和驻足类型，土耳其人在国内旅游期间消费支出的经济效益，以及由于季节性因素和其他因素（比如年龄、性别、教育水平、经济富裕程度等），所导致的国内旅游的变化趋势。

提供多种选择的旅游业

将针对在国内旅游市场中可供选择的旅游产品进行市场调查，下一步开展有关地区和地方层面的游客接纳容量，以及未来这些旅游资源的促销和营销研究。

社会福利性旅游

将开发和发展一系列的社会福利性旅游项目，使社会弱势群体更便捷地参与旅游和度假活动。

3.5 研究和开发

- **战略**

确保研究和开发工作在旅游公共部门、私营部门和旅游组织中的首要地位。

在旅游业中，“研究”是建立在“竞争、合作、寻找新产品”的基础上的。旅游业鼓励对于跨企业的产业部署、提高员工素质以及寻求合作和创新的研究。目前，在公共部门、私营部门、非政府组织和大学的参与下，将建立鼓励合作的机制。为了向企业提供研究与发展的信息，国家将建立一个旅游数据库，在文化与旅游部备案，并向网上用户公开。企业利用网上信息，通过对信息的评估以及外界对其的建议，可以获得创新的想法。为了使企业在扩大旅游需求方面对国家的发展做出社会经济贡献，专家组将以公正、中立的标准全面评估企业的创新活动，最终，国家旅游业将对出色的开展创新活动的旅游目的地颁发“国家旅游奖”。在确定获奖名单时，除了潜在的经济价值外，创新思维和社会效益也是重要的评价内容。采取适当措施，使这个奖项成为企业界在竞争中胜出的独特的成就奖。

- **2023 年目标**

研究程序

这将确保：

——在国家和国际范围内构建旅游业发展蓝图，并确定发展模式和趋势。

——确定旅游活动的决定因素和制约因素，并起草政策。

——对确定如何通过旅游业增加社会和经济收益，同时消除负面影响的措施方法做出研究。

——研究如何在有限的环境条件下，使能源及自然资源消耗最小化产生最大化的产出。并部署企业经营活动。

——关于产品、人员、活动以及运营的创新想法应该发挥巨大作用。

发展过程

对于旅游企业来说，发展是指针对一个既定企业的新的成本效益活动部署，在新产品或新产品形式中的各种因素的创新组合。很多企业对于产品、流程、市场覆盖率、组织结构、改变员工能力及技巧等的创新过程仍然缺乏充分理解。

旅游行业将在国际化的环境中，受竞争、创新和好奇方式的驱动，成为可持续发展的一部分。因此，为了达到地区发展的目的，研究的目标是平衡地方旅游需求，通过对中小企业提供专业咨询建议，增强地区竞争力和多样化，进而提高地区旅游业吸引力。

公共机构和在共同治理观念下组建的委员会，具有制定中长期旅游策略和政策的权利和责任。与此同时，委员会有责任协助行业组织和非政府组织在制定规划，执行规划和努力推进可持续发展。

● 迈向目标

品牌化措施

为了使旅游业走一条可持续发展的道路，我们应该努力：

——在国际和国内市场上，创造一个清晰的、统一的土耳其形象。

——在确保每个目的地的品牌和信誉的观念指导下，建立不同地区和地方的旅游形象，通过在营销活动中展示其共同的理念，推动地区价值的提升。

可持续性研究与开发

在不断优化和改善的目标下，中央及企业层面的调查和统计研究，都应在地方公共部门和私营部门所提供的连续数据的基础上进行监控和评论。

旅游业的统计数据将按照全球标准被重新组织，以便于支持调查研究和新发展。

为了加强合作的环境，我们会管理公共和私营部门的合作与协调。统计数据将对研究人员和业界人员公开。

为了使业界与政府战略保持一致，业界可以得到必要的数据。

研究与开发管理

在《土耳其旅游战略2023》实施阶段，下列实体将致力于旅游业的研究与开发工作。

——国家计划组织

——文化旅游部

——国家旅游委员会（NTC）

——城市旅游委员会（CTCs）

——国家旅游认证服务中心（NTCS）

——国内旅游（DT）调研机构

——旅游教育督导机构

——国家旅游数据中心（NTDU）

——大学

以上组织及其职能的确立正在设计中，这些组织将对旅游承载力、为各地区提供畅通的信息通道等技术问题提供帮助。在此基础上，可以保证对不同细分市场投资的便利性。

3.6 交通和基础设施战略

- **战略**

解决人口密集地区和旅游中心的交通和基础设施问题。

应努力完成已经被文化旅游部开始实施的《地中海—爱琴海沿岸旅游基础设施管理工程》。这是为了解决地中海—爱琴海沿岸旅游潜力水平高地区的旅游基础设施问题重点项目。最终，为了确保使用者对项目资金的贡献，该项目预计通过由当地政府和使用者组成的基础设施建设工会参与实施。为此目标的制度化和法律安排，将形成的一个新的项目完成的方式。

文化旅游部将继续与当地政府进行密切合作，对已确定或尚未确定的旅游潜力区域进行基础设施建设。

交通是连接游客和作为消费重点区域的旅游中心的桥梁。该特点使交通成为旅游业的主要产品。发展交通以及使其更加完善是整合多种旅游交通方式的两个重要问题。随后，重点将放在加强交通连接性，延长全年旅游活动的时间，以及推广滨海旅游以外的、建立在内陆现有休闲娱乐旅游活动水平上的新型旅游形式。

- **2023 年目标**

文化观光部特别强调《地中海—爱琴海沿岸旅游基础设施管理项目》的完成，并已制订了为实现设计目标的施工计划和各种公共设施计划，包括为满足居民和游客需要的饮用水、污水、废水处理和排放，固体废弃物的收集和不可回收物处理等设施。到 2023 年，这些项目将在安塔利亚市的省界延伸至俄贾尔市省界的 2000 公里长的沿海地区实施。

《土耳其旅游战略 2023》的最重要的特点之一就是对现有运输体系相关的调整和安排。目标是加强旅游潜力地区评估的发展路径，这些分散的旅游潜力地区由每一个海陆空的交通节点连接起来，这是旅游业的重要投入项目。

为了更好地介绍和推广我国的自然、历史和旅游资产，恢复和改善有成为潜在旅游主要地区的各种海洋路线和铁路条件的计划已经制订。因此，各种投资将投向全新的设计和建筑项目，或者是提高现有铁路、码头、高速公路和公路质量的项目上，这些投资将依照下列的模式进行，这将有助于最大限度减少投资成本中公共投资的比率。

——建造—运营—转化（BOT）

——建造—运营（BO）

——设计—建造—融资—运营（DBFO）

——建造—自有—运营（BOO）

——建造—租赁—运营—转移（BLOT）

——公私合资经营

——共同清算

● **迈向目标**

解决旅游高潜力地区的基础设施问题

文化旅游部应针对产业内基础设施投资的补偿问题开展研究，提出申请，如跟当地政府合作以及融资造成的赤字问题，在旅游高潜力地区，可实行旅游多元化。在这个研究范围内，可以与相关机构和组织合作，缓解预期的旅游目的地基础设施问题。现有的内陆旅游目的地将要被纳入城市和文化旅游中心，如果需要，可以指导这些地区开展多元化的旅游活动。

发展机场交通——一个省时和安全的前沿问题

我国与国际旅游市场之间的长距离、广阔的边界和陡峭狭窄的地形，使空中交通成为旅游的最佳选择，也是旅游业发展的最便捷方案。因此航空运输在我国多样性的贯穿全年的旅游活动中扮演着重要角色。航空运输最近的发展无疑对旅游业产生了正面影响，延长了游客的逗留时间。在这种情况下，有关部门将恢复和完善现有的机场，除此之外还将建设新的机场，实现延伸全国的旅游活动的大目标。使闲置的或无法起降的机场重新运营的方式，鼓励和促进自发性的地区性航空运输发展，将有助于实现旅游业发展。举例来说，地区性航空运输线路运营的发展，将有助于穿越安纳托利亚高原，在既定的长距离旅行线路上运输游客。在这条线路上，没有由于长距离旅行而带来的乘客厌烦感和时间损失。另外，游客将有机会在更短的时间里游览更多的地方，这反过来将更好地促进我国的开放和发展。

提高铁路所占比重发展区域性铁路交通

随着现代铁路技术发展，铁路旅行变成了所有旅行方式中最安全和舒适的方式。日益增长的环境问题使这种交通方式比公路交通发展得更快。在这种情况下，连接主要旅游区的高速铁路将贯通全国，同时，还将适当修建和发展高铁与现有铁路的连接。

提高旅游专线高速公路的安全等级和质量

我国的高速公路网在长度和覆盖度方面低于欧盟平均水平，在建造新的交通路线的同时，应发挥现有交通对旅游业的促进作用，提高公路交通的安全等级和质量。作为土耳其旅游战略的一个重要支持，为实现这个新目标，主要公路节点将与主要的高速公路干道和部分一级公路连接。

发展海洋旅游

在旅游高潜力地区建造和运作游艇能够安全停泊的港口，并安排游轮为那些想要去海洋旅游的游客提供服务，努力吸引更多的游客，还要努力使游客在某些目的地停留更长时间。

最近几年，在海洋旅游方面巨型游轮业务呈现出快速增长的趋势。为了满足这一需求，已计划恢复伊斯坦布尔、安塔利亚和伊兹密尔的游艇停泊，以成功地适应巨型游轮的业务，从而增加土耳其在世界游艇旅游中所占份额。同时，除了现有的和计划设计新建的游艇码头，还有 200 多座渔民小屋将被检修和改建成能满足任何游艇旅游需要的设施，这些设施分布在一个不超过 35 海里的区域，具有很大潜力，将对整个行业产生重大影响。另外，还将设计、建造、运营新的船坞，其承载力足以支撑新旅游目的地的计划游客数量。

3.7 营销和推广战略

- 战略

每一个旅游目的地开展的营销和推广活动，尤其是全国性的营销，要和国家、区域、地方范围内的品牌化的最终目标一致。

营销推广建立在科学分析和研究基础上，这就意味着要对旅游区进行营销推广分析。要清晰定义推广活动的工作流程，并在综合分析全国市场、市场特征、客户群体的趋势和期望、客户群的人口结构特征和竞争状态的数据基础上建立和完善工作方法。

通过综合分析，我国的优劣势和机会威胁（SWOT 分析法）也就会体现出来。

设计一个可持续发展的形象，不仅是为了保持必要的旅游市场竞争力，也是为了维持市场份额和市场地位。需要关注公共关系（PR）工具的有效使用问题。

新的推广战略将更加强调公共关系活动。制定条款以确保政府和私人部门的密切合作、新沟通技术的有效使用以及品牌信誉等方面。旅游业的运营方式是建立在当代信息通讯技术以及与客户的多渠道沟通方面。还应考虑广告和推广方式与受益人群体的年龄需要相适应并符合世界人口变化规律。

应当采用针对不同顾客的系列旅游产品营销方式，不应采取大众促销方式。

旅游目的地品牌介绍和宣传品应该与国家品牌的最终目标保持一致。

作为推广活动的一部分，我国将尽可能多地举办国际性组织会议和国际赛事等。

电影产业也是营销推广的一种工具。

- **2023 年目标**

推广活动需与推广战略相适应，专注于共同愿景、消费者需求、明确不同市场和细分市场的差异。

文化旅游部是推广战略的核心，对战略结果和效益进行常规性检测。其次是进行必要的修改，如果需要的话，到 2023 年都应该有效利用该目标。

似乎有需要搜索和查找这些问题的答案，目的地是如何被认为是符合广大消费者利益的？在他们的心目中，是如何想象一个特定的目的地的？他们对活动的消息与事实的相符程度是如何确定的？为此，需格外谨慎并重视对全球趋势的密切监测，尤其对某一特定目的地来说，需要针对每个目标市场设计不同的促销活动，并强调其在现代世界的价值，与此同时，保持忠于不同的、原始的和民族的价值观，并把旅游产品置于更有可能接近的目标群体前面。最后，对于向外界介绍土耳其的公共关系活动，如交易会、接待服务等提供全面的和无条件的支持。促销活动应该发挥电子媒体的能够更快、更有效地接触他们的目标群体的绝对优势。

文化旅游部设计和实施的任何营销推广活动将满足以下条件：

——基于旅游目的地，强调优势产品和整体质量；

——保证国家、区域和地方层面的品牌化；

——关注旅游业中特殊旅游产品的营销，提高整体游客数量和旅游收入；

——保持与地中海地区其他旅游目的地国家的品牌差异性和相对优势；

——强调与我国传统价值观不同的现代价值观；

——优先考虑产品的目标群体；

——促进技术发展；

——促进开发国际知名人士的住宅和事迹相关的独特的旅游产品价值；

——通过产品多元化吸引高收入旅游群体；

——要特别关注东亚太平洋地区在旅游活动方面的显著增长，特别是印度和中国；

——还要针对中东国家、伊朗、中亚地区讲突厥语的国家开展一些特殊的推广活动，提高这些地区的旅游市场占有率。

协作是保证企业和组织之间在推广业务，以及让更多的社区参与并从旅游业中赚取直接和间接收入的重要形式，以确保推广活动的开展更加充满活力、更加专业和更加经济。另外，商业公司和其他营利组织建立的营销网络将鼓励其利用现有的自由市场优势通过兼并、合资来增强其自身实力。

为了确保土耳其旅游业在世界旅游市场中所占份额保持增长，每年利用旅游收入的 1% 来进行营销推广活动。

另外，对电子推广、电子营销、电子商务等对旅游业产生重要影响的新技术应当由公共部门和私人部门共同进行投资。

定期检查营销和推广活动的效率和有效性。

- **迈向目标**

确定推广活动的组成：

（1）资金

（2）市场识别

（3）市场研究

（4）目标

（5）营销计划

（6）推广工具运用

（7）营销有效性检测

在推广活动实施之前，应该先回答以下问题：

(1) 应该推广什么?(产品识别)

(2) 推广对象是谁?(目标群体)

(3) 推广地点?(市场选择)

(4) 推广时间?(最佳时机)

(5) 怎样推广?(实施)

识别和选择营销和推广活动战略

(1) 单一目标促销战略(single target group based promotion),瞄准单一的目标群体;

(2) 加强推广战略(IPS),瞄准多个目标市场;

(3) 整体促销战略(TPS),瞄准一个市场里的全部细分市场;

(4) 无差异促销战略(UPS),针对多个细分市场进行差异性分析,找出所具有的共同特点,用营销组合的方式开展营销工作。

公共部门和私人部门合作

公共部门应该和私人部门在诸如贷款、捐赠等多个领域开展密切合作。在申请合作发展的具体方法时,议会的研究应利用。

公共和私营部门将协商确定政府和执法者对私营部门的协调作用。伴随着国家融资开展的促销活动,政府应该向私人部门开启以不同的方式提供赠款和贷款的路径。确切的方法应由旅游委员会研究并决定。

创建良好的形象

由于恐怖活动、在国际社会中散布的由敌对出版物和报刊发表的关于民主、人权等问题的文章、土耳其邻近国家和地区的武装冲突和不稳定等现状及特殊的区位因素破坏了土耳其在世界游客心目中的整体形象。在接下来的若干年里,应当制定解决这些制约因素和消除不利因素的措施,并推出多项传播土耳其良好形象的促销活动。

3.8 教育战略

● 战略

制订和推广能够产生可衡量成果的旅游教育计划。

旅游教育目标是提高利用和保护我国旅游资产和资源等方面的认识,尽最大力量平衡旅游业对不同地区国民经济的贡献。在这样的教育环境中,主要引导人们要以真诚、无歧视的态度服务每一位游客。旅游教育和知识的重要性不仅在于展示土耳其人的热情好客，还要为国家教育的长远利益集思广益。

旅游职业教育机构将通过改善课程质量和课程内容增强教育能力。我国旅游业的声誉和赢利能力取决于质量合格的继续教育。为使教育更加有效，应密切跟踪教育和培训领域中的更新内容并对当前和今后可能发生的任何变化进行正确的分析，形成可持续发展的基础，并根据所得结果，形成运行顺畅、安全的教育计划。

旅游教育的关键任务是将旅游业设计成为一种能够产生有形的、可衡量结果的职业。首先，提升旅游教育公共机构和接受旅游教育的公众的质量意识是最大关注点。在旅游业中，全面质量管理（TQC）小组具有激励手段，那些具有开放的创新意识的、掌握一定技能和优秀的学生，将获得奖学金。教师上课，将根据建立在绩效测评基础上的评估模型来评估其教育目标实现的程度。根据旅游市场的劳动力需求，私人部门应积极参与并支持旅游教育。

- **2023 年目标**

教育政策致力于提高管理人员和研究人员指导旅游政策，同时，通过职业教育提高旅游从业人员的素质。

应优先考虑提高旅游业人员的素质和能力。当地政府应把提高旅游场所的服务质量和工作环境当做旅游业发展的关键性工作。应当建立相关组织开展非正式教育，提高在社区层面对旅游的认识，特别是应采取措施保证社区具有媒体覆盖。

旅游教育大纲还应当包括对一系列新兴旅游类型的课程指导，以增强员工应对日益变化的旅游供需变化和市场变化的能力。

在非正式旅游教育方面，要在社会中广泛应用视听通讯设施向接收者传递信息。这种教育类型的目的是提高旅游业从业人员的个人技能和素质，并通过在职培训的职业认证体系来实现。

- **迈向目标**

同时发展学术教育和职业教育，增加旅游业从业人员的素质。

为导游人员每年举办研讨会和专题讨论会是大学和专业机构的责任。文化旅游部作为一个监督机构，应根据有效的法律和法规承担相应的检查和审查责任。

采用国际标准对技能和职业教育的水平进行分析评估，将有助于提高教育质量。还应通过提高在职教育水平，同时制定一系列防止质量低劣的惩罚措施来提高旅行社和导游的质量和素质。应鼓励导游先在全国范围内工作，在通过培训进一步输送到各分支机构。

要求开设行业许可证、认证体系和导游教育的大学在教学大纲中包含《环土耳其之旅实战培训》（Turkey Round Trip Practical Training Tours）标准课程。相关的教学和实地旅行由文化旅游部予以监督，该部还应检查该课程的教学是否符合预定的规则和标准。

开设旅游管理相关课程的大学，应通过开设大学或研究生学位课程，使学生至少精通一门外语。这样不仅有利于建立品牌和提升专业化水平，也有利于提高旅游部门工作人员的知识水平。

导游教育应授予学士学位，其他副学士学位课程将被取消。逐步推行由学校开设学士学位教育和硕士研究生研究，这将有利于导游的专业化。另外，学校开办的导游教学也同时开设了英语、德语、法语课程。但对稀缺语言的教学需求仍然未得到满足。因此，文化旅游部应该与教育部（YOK）建立必要的合作关系，以扩大在高校招生中专业化和所需要的稀缺语种的学生人数。

发展非正式教育

媒体应广泛用于社区的非正式教育的信息传播。基础教育的质量，不仅奠定了劳动人口素质提高的基础，也非常有助于旅游部产生问题和混乱。高效、繁荣的旅游教育将使该行业现有的和未来的员工的观点发生根本性的变化，使他们认识到在旅游部门的工作有可能成为永久性的职业。毫无疑问，该部门人员的整体素质应随着教育水平的提高而逐步上升。非正规教育机构在注重实际效果的情况下应不断加强，在旅游及饭店管理者教育机构，应通过各种手段提高任课教师的技能和实践水平。与此同时，应保持教学内容不断更新并符合实际。

在参与观念的指导下，文化旅游部应协调并建立非正式教育的模式。

在旅游业将实施一项定期的管理制度，即为旅游投资证书和建设证书的获得者以及旅游培训课程参加者提供在三星级以上饭店实习的机会，使他们对于合格员工和整体服务质量有进一步的认识。随着旅游管理正式成为官方认可的专业，对旅游从业人员素质的要求和评价将非常明确。

应发布高等教育机构旅游专业实习和试用期的指导性文件，然后与各有关方面进行协商，进行适当的监督。

更新和升级正式和非正式旅游教育内容

大学的旅游与饭店管理系或专业应包括旅游社会学、世界美食和文化、古代文明和安纳托利亚文化、旅游研究方法、创建新的旅游目的地、行为科学、新旅游产品和类型及其分支研究，如游艇旅游、洞穴旅游、潜水旅游、登山旅游和漂流等教育课程，以满足旅游业不断变化的要求。除了常规课程，还应该有外国语言课程、前台（接待处）和客房服务、组织行为学、工商管理、管理和组织、经济、旅游经济、旅游市场营销、旅游法律、旅游政策和实施、旅游指南、餐饮服务管理、旅行社和旅游经营、临时住宿设施会计实务、临时住所业务的财务管理等课程。通过测定旅游教育文化旅游部的主要政策。文化旅游部将承担更多的义务在确定正式和非正式的旅游教育政策和战略规划，以及发展旅游业的质量和内容、治理教育的管理办法和政策上。

文化旅游部决定旅游教育的主要政策

文化旅游部具有制订旅游正式/非正式教育计划、提高教育质量和内容以及对旅游教育管的政策和战略的责任和义务。

3.9 服务质量战略

- **战略**

在旅游行业的所有部门中，推广实施全面质量管理（TQC）观念。

服务质量和标准的发展需要保持持续改进，员工和顾客满意以及全员参与。而服务水平的持续提升将不仅需要平衡企业服务标准和生产效率，还要给企业带来收益，提高旅游市场竞争力和营销水平。

要设计灵活的质量体系提升服务水平。提高旅游产业生产力，优化对现有资源的利用，推行无差错服务，降低成本并提高服务效率。质量程序的实施，不仅可以提供快捷、优质、高效的服务，而且促使从业人员和顾客积极参与并建立良好的合作关系。

为了使企业和个人在服务中的目标一致，通过终生学习、互相协作和激励，重点来提高服务质量、工作效率和经营管理水平。

文化旅游部将全面进行质量管理的观念告知企业、行业和服务协会、地方政府以及其他相关实体和组织，并将他们的成功实践向公众进行介绍。

面对激烈的市场竞争以及由此产生的市场需求，要提高质量意识，进一步提升和传播服务体系中的质量标准。

应进一步加强规划活动，旅游业的机遇在于优化旅游活动的季节和地域分布，并在国际市场客户喜好不断变化的基础上，建立新的旅游潜力地区。届时可以通过制度安排，创造和增加的旅游需求，改变该行业的季节性特征，推动国内旅游发展。旅游类型要体现比较优势，同时要优先考虑保护和发展可持续的自然、历史和社会遗产。

为了提高服务质量，应实施专业资格认证体系。

承载能力的测量应采用物理容量的计算方式，在已有的和新开发的旅游区两个方面进行测评。

- 2023 年目标

要把提高旅游服务标准，促进作为服务业核心产业的旅游业的增收问题放在工作首位。为此，在提高服务质量和服务至上原则下，通过提高服务质量使游客满意最大化，实现在可持续增长观念指导下的旅游业开发和部署，最终提高旅游收益。

技术进步不仅给旅游业带来了更有效和无差错的服务，还带来了以最小的资源消耗提供更高水平服务质量的预期。因此，新品牌建设或提升现有旅游项目的质量标准，一定要满足不同目标群体的游客需求。

在所有层面的组织模式中，要建立灵活、透明、参与和各司其职的结构，这是提供以顾客为中心的、高质量有效服务的基础。

建立在公共部门和私营企业服务提供者质量管理系统的支持下，除去规定的或强制性的功能，中央和地方政府之间要在公平的观念下，在招聘足够数量的、具有相应资质并能提供最佳服务的工作人员方面分担职责和权力。专注于客户与公民结合的服务理念，充分利用现代信息和通信技术，将有助于形成能够提升生产力和效率的良好的服务环境。

作为主管旅游产业发展、负责审查行业内私人企业服务效率的重要单位，要重塑文化旅游部的部门结构，以便更好发挥其在制度设计、规划和统一适用于地方的、专业组织的服务标准，从而形成良好的监管机制。

要制定加大地方政府投身、参与旅游业项目开发的力度，强化其职能的多种法规。为此，各级地方政府要加强其现阶段职能，明确作为项目运营者的职责。要站在中央层面充分明确旅游业未来发展趋势及其重要性。

政府支持产业发展使用的工具，如预算分配、资金、奖励和补助金，要与业界密切合作，以旅游产业收益最大化为原则，协调和评估该行业所具有的最大利益。

该部门为提高服务质量，所需要的教育信息和鼓励措施，也是规划目标的一部分。

要对旅游业招聘和雇用员工的工作条件、健康和工作安全的相关措施进行检查，确保其符合现行的各种法规及相关标准。

要和各地方政府以及参与基础设施投资的使用者通力合作，解决在游客密集区域及其周边地区存在的各种设施破坏和环境污染的问题。

- 迈向目标

倡导质量意识和观念

要大力倡导各级、各部门从业者树立质量意识。要加大从业人员的职业教育，提升服务水平。要通过旅游实体和个人之间知识与经验的交流，开展可持续发展和环境保护方面的研究。

要鼓励各级地方政府和非政府组织在文化遗产保护方面发挥重要作用。

服务质量测评措施

针对游客密集的旅游中心进行旅游服务质量测评，要制定出可测评和可追溯服务过程的一般方法和工具并加以推广。

现行的临时性旅游住宅认证制度和相关规定不一致，应予以纠正，形成统一合理的制度体系。

要在全面尊重市场竞争的情况下，制定一批和国际接轨的行业服务标准，并通过非政府组织予以完善。

新增基础设施项目的增长

所有针对基础设施和高层建筑的投资项目规划，必须符合新增基础设施项目详细规划的有关规定和内容。因此，详细规划必须在规划设计阶段完成并向投资者公开。

鼓励私营企业建设临时性旅游住宅、宾馆、个人公寓或乡村酒店，为游客提供多元化的住宿选择。

相关的规定和安排

开发和建立旅游卫星账户系统（Tourism Satellite Accounting System），用

以统计和测算游客收入。

文化旅游部将与环境森林部、非政府组织展开密切合作，致力于自然和历史遗产的保护。通过对实际执行的干预、司法程序、征收的制裁等手段，提高工作速度和效率，防止任何有可能造成重大威胁的行为发生。

要对《环境法》《旅游鼓励法》《文化自然资产保护法》以及相关法规进行修订，并颁布实施。同时，为确保旅游服务质量的优质高效，在共同治理的理念下，重新设计相应的决策机制。

通过教育提高服务质量

要通过职业教育、旅游从业资格认证制度和标准，通过实施多种教育和培训方案，提高旅游从业者素质，进而提升服务品质。

3.10 城市品牌化战略

- **战略**

在拥有丰富文化遗产和自然遗产的城市开展品牌战略，并通过品牌经营吸引游客。

市内旅游是一种在拥有众多人口的城市区域内开展的旅行种类。巴黎、伦敦、蒙特利尔还有布拉格都是这种都市旅游的典型代表。对于有意打造都市旅游品牌的城市来讲，其旅游潜力和城市自身形象就显得尤为重要。所以，计划开展市内旅游的城市，就应最大限度地利用好自身的旅游资源。因此，对于在我国大中城市开展市内旅游尤其是以我国在国际旅游市场上极具竞争力的伊斯坦布尔，包括安卡拉、伊兹密尔和安塔利亚等的先期示范城市，重点发展城市旅游的规划已提交政府。“2010 伊斯坦布尔——欧洲文化之都”活动将会增强伊斯坦布尔在文化、艺术、城市发展和环境保护方面的特色。

- **2023 年目标**

——安卡拉、伊斯坦布尔、伊兹密尔和安塔利亚的等大型城市所在区域要通过制定相关规划、开发打造旅游项目促进带动区域内旅游业的发展。

——复兴文化旅游，在亚迪亚曼（Adiyaman）、阿玛西亚（Amasya）、布尔萨（Bursa）、埃迪尔内（Edirne）、加济安泰普（Gaziantep）、哈塔伊（Hatay）、孔尼亚（Konya）、屈塔希亚（Kutahya）、玛尼萨（Manisa）、内夫谢希尔（Nevsehir）、卡尔斯（Kars）、马尔丁（Mardin）、锡瓦斯

(Sivas)、尚勒乌尔法（Sanliurfa）和特拉布宗（Trabzon）等城市打造文化旅游精品线路，提升城市知名度。

——文化旅游部每年开展“文化旅游之都”评选活动，大力吸引海内外文化旅游游客。

——修葺具有悠久历史文化价值的楼宇、建筑物以及已损坏的遗迹。

——要大力开展具有国际水准的地方特色活动，促进旅游业发展。

——新建一批专供文艺演出和美术展览的场所和展馆。

——提升当地公众对物质文化遗产和非物质文化遗产的价值意识和保护意识。

——要在国内和国际范围内加大土耳其旅游文化项目的营销策划和宣传推广力度，提升世界对土耳其丰厚文化遗产的关注。

● 迈向目标

建筑设施方面的安排

——应建立具有国际水准的市立博物馆。

——对具有历史文化价值和建筑学价值的楼宇、建筑物和已经损坏的遗迹要翻新修葺。

——要恢复历史名城和各古城中心城区的原貌。

——要重点对纪念碑、城堡、漕渡、小酒馆、城墙和古商队旅店等重要历史建筑的周边区域进行环境美化，减少其他建筑设施对其周边整体布局效果的影响。

——各历史文化景区要新建餐饮设施，方便游客进餐。

——在对有关区域现有购物中心完善功能、改造升级的同时，要新建几座大型购物中心，销售各类商品，要重点陈设并推介皮革、毛毯、地毯、珠宝和居家美化装饰等畅销国内外、享有盛名的土耳其手工制品。

交通体系建设方面的规划和安排

——建设机场饭店。

——要增设连接机场和城镇中心的公共交通系统。

——在滨海地区合理规划，再建设一批港口和码头。

——增强海洋旅游的机遇。

文化旅游线路安排

——将会议旅游作为新的旅游发展项目。

——新建博览会和大型会议场所。

——建立艺术村。

——要在国际、国内范围内承办一系列节庆活动。

具体的社会工作方面的安排

——在城镇中心设立旅游信息咨询服务点。

——与地方政府及有关组织合作，将新建更多的基础设施和高级基础设施作为首要工作。

——设立路标和信息告示牌。

——印制旅游景点地图，发行城市旅行指南和观光手册，介绍位于全国各地不同景区的旅游线路和景区所在位置。在国际和国内范围内，加大土耳其旅游项目的市场营销和宣传力度。

3.11 多元化旅游战略

● 战略

发展健康旅游、地热旅游、冬季旅游、高尔夫旅游、滨海旅游、生态和高原旅游、会议和博览会旅游等旅游形式，实施多元化旅游战略。

依靠多元化的旅游资源的开发，实现让旅游季节覆盖全年的目标，优先发展和建设上述旅游项目。

● 2023 年目标

健康和地热旅游

——古特洛伊（Troy）、雅芙罗狄西安（Aphrodisian）和古弗里吉亚人（Phrygian）聚居区，以其特有文化和周边地区的自然文化遗产融为一体，将成为具有地热设施和文化主题的区域旅游目的地。

——对区域内的温泉资源以及其他当地资源进行评估，应该进行深入研究和详细的阶段性规划。

——应该尽快实施文化旅游部颁布的有关地热旅游中心建设的规划。

——应继续努力，使我国成为欧洲大陆地热旅游排名第一的旅游目的地。

——研究建立地方工会和流通企业进行地热温泉水有效分配的试点地区。

——应该尽快完成关于有可能成为文化旅游保护开发地区，或者成为温泉资源比较集中的旅游中心的指导性文件。这些特定地区会成为旅游投资的专用地。

冬季旅游

——在全国范围内确定并评估那些适合开展冬季旅游的地区，并制定一个全面的分析性方案。

——对于那些孤立的、最适于发展多样性旅游活动——如冬季旅游、地热旅游、文化和会议旅游、山地和自然旅游的地区，要处理当前与将来的一体化发展。

——对于那些存在争议的地区，最好的发展方式是，当地政府及主管部门应该与提供土地激励和基础工作的文化旅游部合作共同开发。

——为了更好地发展冬季旅游活动，应该鼓励年轻人爱好这项运动。

高尔夫旅游

——在开展高尔夫运动和联系高尔夫爱好者的活动策划中，应重视我国广泛的气候条件、地形特征及丰富的历史和文化资源。

——应该在全国范围内规划建设新的高尔夫运动区。

海洋旅游

——在未来几年内，我们要发展合格的可持续的海洋旅游。

——为了更好地开展海上旅行活动，位于特拉布宗、库萨达斯、萨姆松、伊兹密尔、安塔利亚和梅尔辛等城市的港口要进行更新和扩建。

——应该大幅度提高伊斯坦布尔港的港口容纳力。

——要采取措施，改善伊斯坦布尔、安塔利亚和伊兹密尔的快艇码头，以便能够举行大型巡艇的巡游活动。特别是黑海地区的渔民小屋要重建和扩建，以便于快艇的靠岸和进港。

生态旅游

——为了更好地形成自然旅游（比如生态旅游和高原旅游）示范区，要加强与这些旅游活动相关的基础设施的建设，提高设施的质量。

——应该在地图上标明主要的旅游线路、目的地、中间停靠点和分站点；同时要附上必要的说明，解释对应地区的旅游活动和主要事件。

——在高原旅游密集的地方，应重点开发作为现实旅游中心或轴心地区。

——公共部门、私营部门实体和非政府组织应合作，发展农业、探险、洞穴和体育旅游。

会展旅游

——文化旅游部应该制定直接的发展方案。优先发展那些具有合适的、发展会议和博览会旅游基础设施的城市，比如伊斯坦布尔、安卡拉、安塔利亚、伊兹密尔、布尔萨、科尼亚和梅尔辛等城市。

——应该尽快实施会议旅游规划，同时颁布一些鼓励投资的激励性政策，指导投资者进行和开展会议旅游活动。

——会议旅游目的地中管理性企业的角色将重新定位。

——规划和建设高质量的旅游设施和国际性机场，展示作为会议旅游中心的地位。

——在每个城市建立一个国际性的会议中心，进而开展规划和实施项目促销，为土耳其争取举办国际性会议的机会。

——应确定展览会城市和中心，展览组织要注意开展会展旅游活动。

——在规划工作中，伊斯坦布尔、安卡拉、安塔利亚和伊兹密尔应该作为一级博览会城市；阿达纳、加济安泰普和特拉布宗等作为二级博览会城市。

——除了在一、二级博览城市及中心实施的《博览中心规定》外，文化旅游部应该制定明确的会议旅游基础设施标准。

——要指导环境布局规划，提供城市主要交通规划、食宿服务支出等说明，这样才能使坐落于一、二级博览会城市的博览中心的预期收益最大化。

——对于博览会城市以外的地区提出的关于建造“博览中心”的建议应该仔细地考虑，并鼓励其与国家旅游委员、土耳其工商总会以及国家计划署的政策保持一致。

——定位于上述一、二级博览城市的会展中心应列入经过相关部门认可的、国家文化旅游部的宣传手册和宣传材料内。

- **迈向目标**

健康和地热旅游

——将要施行一项覆盖四个区域的温泉旅游总体规划。这些区域分别是：

马尔马拉海南部地区：巴勒克西尔，恰纳卡莱和亚洛瓦。

爱琴海南部地区：艾登、代尼兹利、马尼萨和伊兹密尔。

弗里吉亚地区：阿菲永、卡拉希萨尔、安卡拉、乌沙克、埃斯基谢希尔和屈塔希亚。

安纳托利亚中部地区：阿克萨拉伊、克尔谢希尔、尼代、内夫谢希尔和约兹加特。

将在上述地区确定主营温泉旅游业务的浴疗中心，其次是致力于发展地热旅游的基础设施建设和高级基础设施建设。

——为了鼓励私人部门的参与，将进行公共土地和温泉资源的分配。

——温泉项目的初始工作由地区政府负责，专门机构和个人进行可行性的研究。

——基于长远发展和提高环境质量的角度，温泉设施在设计上将形成含有旅馆、诊所的独立组合体。周围由绿色植物环绕，并在局部建设一些慢跑和远足的路径以及娱乐设施（像水上公园等项目）。

——由于旅游中心以外的地区超出了文化旅游部的规划范围，因而在规划设计通过之前，相关专业人士应将所有温泉区域列入建筑规划设计之中，并听取文化旅游部的技术性意见。在建筑规划实施时，具有地质和水文专业知识的相关部门和组织应作好地质和水文等方面的研究，必须首先确定节水点。

——应对在温泉区域内和温泉区周边地区的第二住宅建设进行评估，在全面研究分析的基础上，再确定其可行性。

——鼓励公共场所（如医疗洗浴中心）使用温泉水，而在个人或者共同拥有的住宅和社区内则不允许使用。这一禁令应当包括那些没有将土地特别授权给所有者的相关场所的公共区域。

——在那些被文化旅游部官方宣布为旅游中心进行试验性的练习和分水之前，经营者要获取文化旅游部的许可。

——应采取一切措施和努力，致力于保证温泉旅游度假村的设施建设采用了最先进的技术、熟练而灵巧的经营方式、成功地维护和反映历史建筑和局部设计（即奥斯曼建筑设计、塞尔柱建筑设计和罗马时代建筑设计），以达到能够吸引国际旅游者的终极目标。

——对于拥有温泉设施和温泉水的地区，将在推广手册中进行介绍和说明。

——基建工程财政补助（即土地、路面、饮用水和生活用水供应、污水处理等），将首先用于试点地区。

——在实践中，温泉旅游属于优先鼓励发展的地区。

——将与国外的医疗保健和社会援助组织建立和保持联系。

——将举办国家和国际专题讨论会，研讨会和宣传活动的消息，依法告知私营部门和全体社会。

冬季旅游

——应当制定一个冬季旅游的总体规划。

——通过与道路和电梯连接，对旅游场所的访问将变得更容易。为保证其正常运作，一项旨在充分解决空间问题的计划将要出台，其中包括解决如登机、着陆、等待和停车场等正常运作所需要的空间问题，以保证未来空间的整洁和满足旅游业运营的需要。

——对提供直接服务的住宿设施和滑雪道之间的距离将进行详细审查。

——临时的住宿设施规模和质量应当归入研究和计划的范围内，以保证其能够满足滑雪道满负荷运营时的需求。

——所有诸如公共水、电力供应、排污系统、垃圾收集车以及紧急救援人员等市区需求，都应纳入整个滑雪中心的规划设计中。

——所有连接滑雪场和城镇中心以及其他旅游重点区域的道路系统，都将进行修复和改善。

——滑雪道的布置和安排应当采用国际公认标准。

——国内和国际规模的冬季体育比赛和活动，应在市政府、地方工商行政管理局、青年事务和体育部、文化旅游部的协调下开展，这些活动要在滑雪中心进行有效的宣传和推广。

高尔夫旅游

——高尔夫球场项目应该由土耳其高尔夫联合会和文化旅游部共同开发。考虑到国家未来的旅游发展目标，在这一项目规划中，将确定适合高尔夫运动的区域。

——有足以容纳最少四个并列的高尔夫球场的充裕的空间区域，将被提名推荐为高尔夫球场建设区。

海洋旅游

——关于外来船只的安全入境问题，一直以来是受海港服务和海关保卫部、护照警察、边境巡航和沿海医疗等多个部门的共同管辖，应交由一个统一的权威机构管理。

——游艇旅游所产生的收入应该专门用于发展该部门的基础设施以及该部门组织的展销专项活动。游艇业的运营必须遵守国家的《游艇旅游法规》。

——《游艇旅游法规》中的内容将会做一些改动来适应并满足当前活动的需要，法规的内容将覆盖游艇旅游业的各个部分，如游船业务、水上运动、日常快艇游览以及潜水运动等。法规的名称更改为《海滨旅游法规》。

——鼓励发展游艇俱乐部，建立和实施多用户游艇系统，即一组人在分时段享有的基础上，同时拥有一艘游艇。

——开展立法工作，针对借助风力在海上航行的运动用途的船只进行收费；并申请向那些依靠引擎动力运动的快艇征税，具体税率要根据他们的净收益计算，并在相关的保险条款中体现。

——提高技术标准和要求，并应用于固定设备和流动平台系统，处理船底的污水和固体废弃物。

——对向美国和欧洲各地出口的游艇作出规定，要求在本国境内进行经营的银行要保证惯常预付定金（多用于造船订单中造船工人的酬劳）的安全性。

——要进行多样化的安排，除了在有关假日旅游的学校和学院可设涉及海洋旅游业的正式课程外，还要确保向旅游区的有需要的在职员工和试用期游艇员工开设短期指导课程。这样，既能为本国沿海地区海洋旅游业的就业奠定基础，又能帮助上述游艇公司试用期人员，在试用期结束后获得证明他们接受过正式训练的试用证书。

——采取行政管理措施，实现渔民木屋能够有效地服务于游艇旅游业。

——逐步进行宣传活动，提高游艇旅游和观光旅游在地中海地区旅游活动中的比重；同时做出相关的投资调整，对于那些更具有吸引力的特殊海滨地区要加大投资。

生态旅游和高原旅游

——带动当地居民学习有关旅游产品和纪念品的制作，提高服务意识，鼓励居民学习有关道德素养和行政管理的课程。

——鼓励人们建立家庭博物馆，展示多种多样的民族地区特性和生态特征。

——在地区的主要入口处设立接待站，使游客能够看到展示出来的多样化旅游路线，同时建立具有地域独特性的停车场，制作观光路线的详细地图。

——在自然旅游保护区完成喷水池、厕所、候车亭、距离和方向指示牌与配置全球定位系统（GPS）和卫星跟踪的徒步旅行路线的绘制，禁止建设新的车辆通道。

——在大众旅游保护区必须完成绘图工作，形成开发规划的详细规划基础物理工作，在林区和牧场确定以后，规划图将以 1∶2500、1∶5000 和 1∶100 的比例制作。

——在自然旅游区，环境缩略图的绘制应使人们沿着线路行走就能发现充满吸引力的山洞瀑布、有趣的树木和奇形怪状的岩石以及运动场和野营地等；同时完善以交通为主的基础性的服务设施。

——建立区域研究中心和科学博物馆，主要负责区域独特性研究、相关科学现象的证明及神奇揭秘。

——应教导当地公众学习宾馆运营和管理知识。

会议和展览会旅游

——在文化旅游部的领导下组织会议，主要通过在伊斯坦布尔、安卡拉、安塔利亚、伊兹密尔、布尔萨、科尼亚和梅尔辛七个城市建立国际会议接待中心来发展会展旅游。

——首先，按照国家旅游委员会的提议，将在上述每个城市建立并运营会议旅游公司或其他类似机构，负责每个城市的会展旅游管理和营销工作。

——举办展览会的每个城市应具有充足的住宿和床位设施，开展能够吸引其他产业的游客的活动；会展城市应建立连接大型国际机场，具有接待航空客流的设施和服务水平。

——土耳其博览会组织、土耳其总商会（TOBB）、旅游业界代表应把消除这些城市品牌化的壁垒和障碍性评论作为首要措施。

——土耳其总商会（TOBB）认证的博览会活动，也应列入外贸署的国际采购计划，活动内容将出现在文化旅游部的所有对外宣传和介绍材料中。

——将采取措施增强博览会地区的安全性，吸引更多的国际游客。

——交易会和展览会是旅游产品和服务出口持续发展的重要战略手段，是国家外汇收入的主要来源。

——在那些将要举办重大会展活动的城市，当地政府、高等教育机构、专家和公共管理部门应努力提高公众对于举办城市会展活动的整体意识。

——应该制定相关的文件，设立副学位项目，以提高会展组织者和工作团队的素质和水平。

3.12 需要对旅游区进行修复的地区

- **战略**

在这些旅游活动急剧增长的地区首先要加强基础设施建设，其次，应将旅游季节延长至全年。

由大海、阳光、沙滩组成的大众旅游在安塔利亚、穆拉、艾登等沿海地区，已经达到了饱和状态。因此，有必要制定一系列能够最大可能地增加旅游收入的新措施。在游客离开饭店外出旅行的同时，确保旅游设施能够提供 12 个月的全天候服务，增强信誉，进而为当地的品牌服务。

● 2023 年目标

——首先将海水浴疗中心等现有设施，整合成健康和健身单位。

——应规划建设运动和休闲设施，尤其是健身俱乐部的地面训练设施。

——新的规划中，将在适当区域建立高尔夫旅游区。

——创建娱乐中心和主题公园。

——在森林区将开辟旅游游览区和补给区。

——在能够满足商场功能的高层建筑中设立高品质的购物中心。

——修订规划，使其符合城区建设要求，如市中心地区建筑物的高度和占地面积等。

——人口密集区的环境布局、街道照明系统以及人行道设施等要重新规划设计。

——内陆地区的农场旅游、有机农业、园艺爱好和精品别墅花园等项目应具有双重功能，避免单一化，应向多元化方面发展，提升其对旅游业的贡献。

——在居住区内，将会为原始手工艺品的生产、市场地区、交通线路、有轨电车以及电梯的运行留出一定的空间，给游客提供独特的观光体验。

——最后，注重环形道路和人行道的建设，提高旅游景区和市中心之间的交通质量。

● 迈向目标

基础设施联合会：除了进一步在加强基础设施建设领域扮演积极角色，还应鼓励设立旅游活动区，解决日常旅游时所遇到的问题。

旅游产品多元化：这一举措包含在本规划所覆盖的全部区域中。

3.13 旅游开发区

● 战略

把旅游作为一种发展工具，带动地方和地区的发展。并将区域内一个以上的城市发展为旅游目的地。

按照战略发展目标的愿景和理念内容，根据辅助的具体决策，规划重点将放在具有区域特色和主题的旅游目的地发展方面。

我国旅游业发展中的特色区域旅游目的地和主题旅游目的地，将沿预定的发展轴开发建设。

● 2023 年目标

毫无疑问，在全国范围内发展旅游业的关键因素是交通基础设施的多样化和不断完善。在这样的环境下，需要大力加强拟发展地区的交通设施建设，把它们之间的机场、公路、铁路、海路等运输链连接起来。因此，目标的核心是行动计划，不仅要发展滨海旅游业，还要提高目的地的质量，要支持冬季旅游、高原旅游、文化旅游、生态旅游、会议旅游、信仰旅游和美食旅游活动以及其他事件旅游。

这些旨在促进国家旅游业发展的旅游活动应该达到国际水平，覆盖内陆地区，并且不具有任何季节特征，能够在全年开展活动。

● 迈向目标

主题旅游区域：

I. 提出建设九个主题旅游开发区，服务于总体战略规划。覆盖的城市和主题如下：

弗里吉亚（Phryg）文化和地热旅游开发区

这个区域包括的城市有埃斯克谢西尔、阿菲永、屈塔西亚和乌沙克，目标是建立文化和地热旅游开发区。

由于该地区具有地热资源潜力和优势，已被列入“地热旅游城市项目”并优先发展。这个地区目前拥有大约 20 个天然温泉，因此，我们的目的是将该地区建成一个地热城，并具有高质量的浴疗中心。

该地区还具有非常丰富的自然和文化遗产，也体现着其他旅游类型的独特潜力。这种潜力的发掘、修复、景区安排以及其他形式，都体现了该地区旅游的独特性。项目预计建设 4 个高尔夫球场，每个球场有 18 个洞。此外，重新设计尚未有居民的小峡谷、池塘、水坝等区域，以期在文化和地热旅游基础上，为那些喜欢大自然和探险的游客提供多元化的选择。

通过交通运输多元化，将该地区与其他旅游类型、大规模的地热旅游城市连接起来，提高该地区旅游业发展的品质。

应尽早确定该地区的文化遗产保护区和旅游开发区，完成详细规划工作，并在战略规划范围内，将项目分配给有意进行旅游投资的投资者。

最后，建议在屈塔西亚市的阿尔滕塔什区（Altintas）建立一个飞机场。从中长期来讲，将该地区建成国内和世界著名的游客量最多的旅游目的地。应进一步提高该地区住宿设施接待能力，并着力实施该地区的文化旅游、地热旅游和生态旅游规划。

特洛伊（Troy）文化和地热旅游开发区

“特洛伊北爱琴海文化和地热旅游开发区”包含恰纳卡莱（Canakkale）和巴勒克西尔（Balikesir）省的城市。计划发展健康旅游和乡村旅游。这个地区的滨海地区拥有罕见的温泉水域，为此，它将会成为吸引日益增长的国际游客的最佳备选地区。被赋予峨山独特的气候形式，被认为是所有人类历史上最美丽的景色。即使受到地形的限制，这个地区的目标仍然是发展成为一个高质量的旅游区，依靠它的沿海优势。由于独特的气候特征，鹅山，它承载了人类历史上第一次选美比赛的神话传说，同时也是国内内源性植物和动物物种多样化的地区。虽然该地区受地形限制，但由于同时具有独特的地热旅游和滨海旅游，旅游业发展目标是成为高品质的旅游开发区。

努力识别并整合峨山南坡的地热资源和其他的旅游类型，现阶段需要协调吸引旅游投资和加强当地运输能力和承载能力之间的关系。此外，萨罗斯海湾（Saros Bay）的埃尔代克（Erdek）和易斯勒·艾弗萨（Isle Avsa）将成为两个新的旅游城市，成为这个区的重要组成部分。

长期来看，应该加强该地区适应未来地热旅游、文化旅游和生态旅游发展需求的住宿设施的建设，提高其接待能力。

以提高交通运输的多样性和提高服务质量的辅助研究将会在特洛伊旅游开发区进行。

当该地区的旅游规划完成后，将马上开始投资。在中长期时间里，这个地区将发展成为地热旅游和自然—文化旅游的主要目的地。

阿芙洛狄西亚（Aphrodisia）地热和文化旅游开发区

该旅游开发区包含的城市有：艾登（Aydin）、代尼兹利（Denizli）和20多个地热温泉，主要目的是发展健康地热旅游。

该地区属于“地热旅游城市项目”中优先发展区之一，拥有国内少有的优质地热温泉水域。

首先应该关注与该地区之间的交通运输连接的多样性和提高其质量的规

划研究。

应尽早确定该地区的文化遗产保护区和旅游开发区，完成详细规划工作，并在战略规划范围内，将项目分配给有意进行旅游投资的投资者。

应进一步提高该地区住宿设施接待能力，并着力实施该地区的文化旅游、地热旅游和生态旅游规划。中长期的目标是把阿芙洛狄西亚地区建设为一个具有较高信誉的目的地品牌。

瑟于特（Sogut）文化和地热旅游开发区

该地区主要包括布尔萨（Bursa）市、比利奇克（Bilecik）市以及伊兹尼克（Iznik）区，主要发展文化旅游。因此，需要给它一个推动力来复苏古老的历史足迹和恢复现存的文化废墟，并且要建立一个露天的博物馆，这个博物馆的建立有利于这个区域在国际舞台上成为热的文化旅游开发区。

最初的研究应该集中在加强瑟于特文化旅游开发区交通运输连接的多样性和质量上的提高。

应该努力整合这个区域内的其他旅游类型，使该地区成为一个大型旅游文化区。通过修复和开放文化遗迹，增加这个地区文化旅游的容量，并使其成为世界最重要的旅游目的地。同时还需要提高该地区住宿设施及基础设施的容量。

卡帕多西亚（Cappadocia）文化旅游开发区

卡帕多西亚（Cappadocia）地区是世界著名的旅游目的地，其独特的历史、文化和自然遗产以及古老城市完好地嵌入了历史和自然的规划中，其中包括开塞利市（Kayseri）、内夫谢希尔市（Nevsehir）和克尔谢西尔市（Kirsehir）。

增强文化旅游，卡帕多西亚地区已经具有获得高度评价的巨大的文化旅游潜力和发展其他旅游类型的潜力。为了实施旅游多元化战略，必须改进规划和景区景点设计，如达到高尔夫球区可接受的质量水平。因此已经设立了发展不同类型旅游业的目标，从而使整个地区成为新型的旅游目的地。

随着这些项目在卡帕多西亚文化旅游开发区的实施，通过一系列基础设施建设，现有的5个高尔夫球场（每个有18个洞）将会被连接起来。此外，这个地区有趣的地理位置通过和一些工艺品（陶瓷、地毯、地毯生产等）的结合，为找寻这些工艺品的游客提供了方便。当地的美食和葡萄酒构成了旅游活动的基础。从可持续旅游的角度宣传这个地区，包括1～2个小时的热气球之旅、历史古城之旅、工艺品之旅和美食之旅。

高尔夫球场和其他不同种类的旅游计划要与全面该区的性质和特征完全融合起来，应建立精品风格的饭店，恢复和改善现有的质量，增加床位数量和质量，满足旅客的需求。

特拉米尔（Terra Mere）生态旅游开发区

这个地区的名字为特拉米尔（Terra Mere），意思是湖区，坐落在爱琴海以及地中海和爱琴海的交汇处，包括的城市有科尼亚（Konya）、伊斯帕塔（Isparta）、阿菲永（Afyon）和布尔杜尔（Burdur）。

正如它的名字一样，这个地区被很多的湖泊覆盖着，其中主要的有贝伊谢希尔湖（Beysehi）、埃里迪尔湖（Egirdir）、科瓦达湖（Kovada）、阿哲格尔湖（Acigol）、布尔杜尔湖（Burdur）、萨尔达湖（Salda）、埃贝尔湖（Eber）和阿克谢西尔湖（Aksehir）。该地区应该努力发展创造多种多样的自然旅游形式，比如徒步旅行、大篷车以及帐篷露营、滑翔伞、登山、住洞穴、打猎、骑马、骑自行车、冲浪、野生动物摄影等。

此外，该地区具有发展可持续发展旅游业的重要资源，当地拥有大量的种类多样的野生生物。应该启动避免破坏这些野生生物栖息地和生态系统的所有预防措施。应该告知所有游客，关心自然、保护自然，而且要为保护自然尽自己的一份力量。

该地区应以湖泊为参考，识别区内重要旅游景点，立刻完成详细规划工作，在战略规划的范围之内，分配给有意进行旅游投资的投资者。

随着土地的分配和新投资的进入，该地区高品质住宿设施的数量和质量都会提升。

赫梯（Hittite）文化旅游开发区

赫梯（Hittite）文化旅游开发区包括的城市有乔鲁姆（Corum）、约兹加特（Yozgt）两个城市。

应该给予国内和国际旅行社优先权，以提高本地区饭店的入住率。该地区应尽早确定旅游景区，并完成相应的详细规划工作，在战略规划的范围内，分配给有意进行旅游投资的投资者。随着投资项目的完成，这个地区还需要加强住宿设施数量和床位数量。

乌拉图（Urartu）文化旅游开发区

这里曾经是安纳托利亚东部乌拉图古国的家园，该地区拥有丰富的文化和历史资源，包括的城市有凡城（Van）和比特利斯（Bitlis）。同时，这个地区还有发展滨海旅游、冬季旅游的潜力。因此应该将这个地区发展为全国乃至世界性的文化旅游目的地。

这个地区应该和其他类型的旅游进行整合，建成大规模的“乌拉图目的地”。这需要补充相关的土地分配和新的投资，使交通运输基础设施以及游客承载量在数量上得到提高。该地区范围内的投资项目除了阿赫拉特和凡城水上运动综合设施（Ahlat and Van Water Sport Complex），游轮入口与码头和游艇码头对接项目（Cruise Ship Approch and Docking Quays and a Yacht Marina），还要建立两个分别拥有18个洞的高尔夫球场。此外，加强这个地区与GAP以及冬季走廊项目的联系。随着这些计划的完成，整个地区所有的住宿设施质量都会有所提高。

GAP文化旅游开发区

这个地区覆盖的城市有阿德亚曼（Adiyaman）、巴特曼（Batman）、迪亚巴克尔（Diyarbakir）、加济安泰普（Gaziantep）、科尔斯（Kills）、锡尔特（Siirt）、桑尼乌法（Sanliurfa）和舍尔纳克（Sirnak）。这个地区首先发展的是文化旅游产业，排在第二位的是高尔夫球、健康和青年旅游、生态旅游以及滑翔伞、徒步旅行、水上运动、独木舟、观鸟等旅游形式。

该地区通过与其他类型的旅行类型整合，会形成大规模的文化—宗教旅游目的地。为了实现新旅游目标，分配土地和文化设施将会帮助提高该地区住宿设施的数量和床位的数量。

最终，为了实现发展文化—信仰旅游的目标，带来的现有住宿能力的提升将会提供额外的承载旅客的能力，以便旅客能够向此地区向沿海地区移动。

Ⅱ. 旅游开发区的多元化和一体化

旅游开发区的核心目标是依照一定的主题进行旅游开发规划。为了有利于旅游业发展，如同旅游城市一样，计划设计的面积尽可能宽广一些。

需要做好邻近地区文化、自然资源的协调，发展相关旅游类型。

Ⅲ. 旅游开发区的行政结构

为了确保旅游开发区的自我有机发展，根据法定行政需要，开发区应该成立由公共机构、当地政府、私营部门机构和企业的代表共同参与的基础设施工会，从而使目的地实现一体化投资和项目实施目标。

3.14 旅游开发长廊

● 战略

恢复各地区的历史和文化原貌，发展特色主题的旅游线路。

从古至今，旅游都具有社会属性。这种社会性的迁移是以交通运输条件为基础的。我国拥有的一些特殊的旅游线路需要根据其自然、历史及文化价值，从旅游业的角度重新定位，通过规划使这些线路的旅游潜力发挥作用。

● 2023 年目标

沿着旅游长廊，将开发很多旅游目的地，沿线的交通情况需要多样化并进一步改善。旅行方式也需要多样化。

为了指导旅游业的发展，旅游长廊内的精品酒店及寄宿公寓要提供高舒适度、高质量的全年服务。

最终，旅游长廊将整合沿线所有的旅游目的地，全面进行开发、管理、推销并最终走向市场。

● 迈向目标

I. 发展旅游长廊

在战略指导下，我们选定了国内七个地区作为主题旅游区。这些线路覆盖的城市和每个旅游长廊表现的主题如下：

橄榄之旅

马尔马拉海沿岸南部的橄榄之旅长廊，包括以下地区：布尔萨市的盖姆利克和穆达尼亚；巴勒克埃西尔市的格嫩、班德尔马、恰纳卡莱及其海岸线直至边远地区埃济内。同时包括埃尔代克的卡匹达半岛以及与之南部相连的达达尼尔海峡、艾弗萨、帕夏利马讷、额垦利岛和北部的马尔马拉岛。

该地区将发展成为以健康与美食为主题的旅游目的地。本地区本身的特质是拥有多种可替代药物的植物种类。尤为重要的是，该地区具有较高的橄榄、橄榄油和葡萄酒的生产潜力。橄榄将成为该旅游长廊的主题。

同时，在提高住宿接待能力的基础上，推出一系列避寒、文化和生态主题旅游活动。

冬季旅游长廊

为了促进冬季旅游发展，在冬季旅游主题规划的指导下，本地区以自然、文化和历史景观为主。该旅游长廊包含了现有的及潜在的冬季旅游城市——埃尔津詹、埃尔祖鲁姆、阿勒、卡尔斯及阿尔达汉，以确保旅游的多样性。

我们将在埃尔祖鲁姆的科纳克里、盖兹及埃尔津詹市的温泉浴疗中心，以及艾利、卡尔斯和阿尔达罕建设新的住宿设施。同时利用位于卡尔斯和撒勒卡默什中心的历史建筑的独特优势，将其修复、改建成住宿设施。以便拥有足够的空间及床位来迎接参加冬季旅游、文化旅游、地热旅游、城市旅游的游客浪潮。

信仰旅游长廊

信仰旅游长廊包含的地区如下：哈塔伊、加济安泰普、尚勒乌尔法、马尔丁及塔尔苏斯。

我们计划在这条旅游长廊沿途，修建一条连接塔尔萨斯（Tarsus）和马尔丁的独立高速公路。公路建成之后，游客数量有望得到大幅提升。在公路建成后的短期或中期内，本地区的交通将会更加便利，大大提高该地区的可进入性。此外，通过修建两条并行公路，将迪亚巴克尔与锡尔特两地连接起来也是重要的步骤，当前铁路主干道仅通到尚勒乌尔法。

本区的历史建筑物经过翻修后，将作为宾馆使用。另外，小型的家庭式旅馆也将得到一定资金支持。本区将经过一系列的规划和努力，提高地区的住宿接待能力。

古丝绸之路旅游长廊

本线路包括阿亚什—萨潘贾·赛普蒙特长廊的部分地区（此长廊是历史上丝绸之路的一段，起于安塔利亚，穿过伊斯坦布尔之后延伸到欧洲大陆），沿线城市阿达帕扎勒、博卢、安卡拉以及萨潘贾、盖伊韦、格伊尼克、穆杜尔努、贝伊帕扎勒、居迪尔及阿亚什等城市。

本区沿线的居民聚集地主要以发展自然和生态旅游为主，长期与冬季旅游线路的资源相结合。本区拥有大量塞尔柱王国及奥斯曼帝国时期留下的艺术品和建筑物，历史文化遗产丰富。在推进其历史文化资源建设方面，国内两大主要文化和商品交汇城市——安卡拉和伊斯坦布尔之间位于本区，旅游业发展潜力巨大。另外，由于本地区自然资源和旅游资源丰富，我们将重视其文化及生态旅游的发展，当地住宿设施的建设也将包含其中。

此外，我们将采取一系列措施来提高本地区的住宿条件及住宿容量，以便更好地满足旅游业的特殊需求。通过采取“建设—经营—转让”或者长期租赁的方式，把过去独立的纪念性建筑物或古老的民用建筑，改造成为具有独特风格的饭店。

黑海海岸线旅游长廊

该地区全长约500千米，从希莱延伸至锡诺普。作为内陆旅游发展长廊，本线将促进安卡拉和伊斯坦布尔等大都市的发展。

该地区以发展文化旅游、滨海旅游和自然旅游为主。为了实现上述目标，我们将改造该旅游长廊区域内的希莱、阿克恰科贾、阿玛西亚、吉代、贾以硫古鲁、锡诺普等居民聚集地的渔民小屋，而这些聚集地也将成为独立的旅游景点，表现海洋或渔村这个主题。在旅途沿线，将在一些保护区内建设若干露营地，允许游客停留宿营（野营车和帐篷皆可）。在丛林深处，我们精心设置了大量娱乐和补给中心，重点发展本区的生态旅游。此外，本区将采取相关措施，打造一批精品饭店、寄宿公寓及原始乡村旅舍。我们将不断努力，改善住宿条件、增加床位，让本区成为文化旅游和生态旅游中心。

高原旅游长廊

本线路以高原及自然风光为特色，从萨姆松到霍帕，游客可以尽情领略黑海北岸那令人惊叹、动人心魄的自然风光。

由于森林资源丰富，本区成为当地甚至整个黑海地区的旅游中心。因此，将致力于在黑海地区开创一个高原旅游、滨海旅游、文化旅游和健康旅游共同发展的旅游地区。由于把高原旅游和其他形式的旅游相结合，本地区将会吸引大量的国内外热衷于探险的旅游爱好者，这里最终成为世界上独一无二的旅游目的地。

为了增强高原旅游长廊的旅游多样性，我们将适当增加一些娱乐休闲项目，包括露营、高尔夫、滑雪、洞穴探索、翼伞滑翔、皮划艇、骑马、热气球、垂钓、蹦极及拍摄野生动物等活动。我们将以文化和生态旅游为焦点，采取可行计划，从数量及质量上提高当地的住宿设施。

色雷斯文化长廊

色雷斯文化长廊覆盖埃迪尔内（Edirne）、柯克拉雷利（Kirlareli）和德克尔达（Tekirdag），位于马尔马拉地区的欧洲部分。色雷斯的形状宛如连接黑海和爱琴海的一个碗。该长廊已经有各种特色小旅馆及获得许可权的各种临时食宿设施，在其平原区域还随意分布着各种露营地及平房以提供食宿。

我们计划在现有旅游承受能力基础上增加其容量和旅游多样性。修复现在的埃迪尔内城区许多亚德里安时期的（古希腊的一个城邦）历史建筑，恢复古城的原貌。古老建筑物可作为特色旅馆为旅游者及外来者提供食宿。这样的食宿设施将在质量和数量上有所提高，满足文化旅游者和生态旅游者的要求。

Ⅱ. 旅游开发长廊的旅游多样性及一体化

设计相应主题进行规划，开发旅游长廊沿线的旅游业。延续或延伸旅游城市的概念，最大限度地开放各地区，开发旅游业。长廊区域内的其他形式的旅游开发模式应该与其附近地区的文化与自然条件相结合。

Ⅲ. 旅游开发长廊中的管理机构

在立法和行政工作方面建立“卡帕多西亚基础设施工会”，该组织将由公共机构、当地政府、私营企业的代表组成，实施投资及项目的多元化。通过对旅游长廊的一体化规划，可使自主发展的旅游城市成为独一无二的旅游目的地。

3.15 旅游城市

- 战略

通过成为全球品牌的过程，对旅游居民点进行规划，使其具有能够与世界范例城市进行竞争的能力。

- 2023 年目标

除了文化旅游部推出的现有的 5 个旅游城市，即将推出 10 个新的旅游城市。

- 迈向目标

旅游城市

在实施方案范围内，将对十个新旅游城市进行研究和进一步规划。这十个城市如下：

（1）伊内阿达 - 克依考依（Igneada-Kiyikoy）生态旅游城

（2）克莉奥斯（Kilyos）旅游城

（3）萨罗斯湾（Saros Bay）旅游城

（4）卡匹达半岛（Kapidap Peninsula）、亚福萨（Avsa）和马尔马拉群岛（Marmara Isles）旅游城

（5）达特加（Data）生态旅游城

（6）卡斯 - 菲尼克（Kas-Finiki）旅游城

（7）安那木尔（Anamur）滨海旅游城

（8）萨曼达（Samandag）旅游城

（9）马克卡（Macka）旅游城

（10）克哈塔（Kahta）旅游城

旅游的多样性和旅游城市的整合

将基于特定的主题，发展这些城市的旅游业。

计划将以区域的开发性为目标，尽可能广泛，这就要求在考虑一个地区旅游类型的时候要考虑到相邻地区的文化和自然资产。

该计划将针对开放的领域，尽可能广泛地与附近其他地区的文化和自然旅游资源结合，发展旅游长廊。

旅游城市的行政结构

在立法和行政工作方面建立“卡帕多西亚基础设施工会”，该组织将由公共机构、当地政府、私营企业的代表组成，实施投资及项目的多元化。通过对旅游长廊的一体化规划，可使自主发展的旅游城市成为独一无二的旅游目的地。

3.16 生态旅游区

- **战略**

依据发展规划发展自然旅游。

- **2023 年目标**

这个地区包括的城市有：博鲁（Bolu）、宗古尔达克（Zonguldak）、巴尔腾（Bartin）、卡斯塔莫努（Kastamonu）和锡诺普（Sinop）。这些城市坐落在黑海区域和安塔利亚东部的内陆部分，在塔乌鲁斯山（Taurus

Mountain）下与梅尔辛接壤。在土耳其2023年旅游战略中，由于生态旅游区具有的生物多样性以及较高的生态旅游开发潜力，并且连接GAP生态长廊和冬季旅游长廊，该地区被给予优先发展权。

规划将在上述地区发展生态旅游活动。在对自然资源的规划中，始终坚持可持续发展的原则，充分尊重和保护生物多样性。在上述地区发现的自然资源具有多样性，因此，规划将通过对本地产品的评价，第一个步骤就是通过各种手工艺品工作室和当地的旅游活动实例进行评价，同时对观察旅游活动与相关环境，以及当地的建筑物是否符合保护与实用的平衡原则，逐步形成一个品牌。

当聚焦于生态旅游发展时，需要对该地区内现有的国家公园、自然保护区、狩猎和野生动物保护区以及其他景区的整合作出合理安排。随着需求的逐步增长，进入该地区的交通运输设施，如陆路运输、空运和铁路等将更加多样化，这些设施将会增强该地区对公众开放的任何特定区域的可进入性。

该地区将建立协调公众实体、组织以及当地政府的框架。应该建立规定，当地社区能够积极参与相关规划的制定和实施中，当地的生态产出应该回归当地社区和当地公共机构。同时，要建立以发展生态旅游为目的的，由政府组织，当地政府、私人公司实体以及在当地实施保护生态资源的非政府组织四方组成的基础设施工会。

● 迈向目标

在生态旅游区内，生态旅游的发展会增加非农领域的就业机会，同时，对消除区域发展不平衡，提升妇女在社区结构中的地位，阻止农村人口向城市的迁移，乃至提升和促进国家价值观作出贡献。此外，生态区域还应该做到如下几点。

——通过区域产品的多样性来实现和维护该区域的经济平衡。

——为该区域的熟练和非熟练劳动力创造更多的工作机会。

——确保该地区中小型企业的发展。

——确保指示性基础设施投资项目的发展，这样可以为鼓励当地工业和商业实体采取相似的路线树立榜样。

——通过青少年教育和当地社区教育，确保当地现代化的进程。

——该地区社会经济发展的最佳选择是为当地公众和游客提供休闲和旅

游的机会。

——增加当地人均收入，提高政府税收。

——在区域内提高人们对当地环境的保护意识和促进发展的意识。

4. 土耳其旅游战略的实施

4.1 公司结构和治理

为了实现《土耳其旅游战略 2023》所涉及的各项目标，国家内所有公共机构、组织，企业界和非政府组织以及公众都应接受此战略，并围绕此战略的实现，采取和谐一致的战略和行动。

在政治与行政的管理最高层面，在决策、规划、资源分配、申请、协调和监督过程中，实现高效、透明和各负其责的治理原则。通过在治理原则下，对股东权力、责任的明确定义，将建立积极合作与协调的工作环境。

在此框架内，战略的实施，体制结构模型，组织和机构内部以及组织和机构间的角色和职责如下：

国家旅游委员会

国家旅游委员会是《土耳其旅游战略 2023》政策决策和实施的最高组织。该机构为文化旅游部的决策提供数据、实施、评估以及政策方向。

国家计划组织

作为国家旅游委员会的成员，国家计划组织承担实现《国家第九个五年发展规划》以及《土耳其旅游战略 2023》目标的全部责任并发挥积极角色。

文化旅游部

文化旅游部将承担规范和协调的职责。文化旅游部在规划、实施、制订和旅游教育导向方面发挥管理、监督和指导的作用。文化旅游部内重要的执行部门有：

国家旅游认证服务中心

该部门的功能是支持国际标准和国家标准的开发和专业化。

国内旅游研究与指导司

该部门的功能是开展与国内旅游相关的各种研究、评估和政策决策。

旅游教育指导服务中心

随着旅游业的发展变化，该机构将旅游教育的重点、内容和广泛发展旅游教育的战略和政策提交国家教育部、高等教育委员会以及培训机构，满足当代旅游业日益发展的需要。

国家旅游数据存储服务中心

该机构的主要功能是开展与旅游相关的统计数据收集、处理和评估工作，并进行实地调研和测评工作。

城市旅游委员会

该机构由代表该城市的所有旅游业发展的利益相关者组成，其理事会和成员通过对城市旅游业发展提出意见、要求和建议并提交国家旅游委员会行使其权力。其组织结构的建立完全按照战略规划的要求实施（如图 1 所示）。

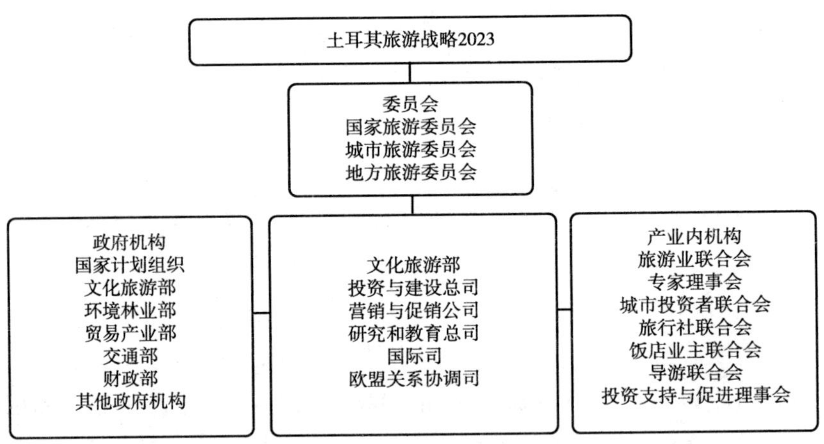

图 1 《土耳其旅游战略 2023》组织机构图

4.2 行动规划

《土耳其旅游战略 2023》的目标必须在 2023 年年底实现，其具体化的目标可分解为 2007 年到 2013 年的筹备阶段以及后续实施阶段。

筹备阶段必须完成的目标是，在最短的时间内实现最佳经济效益和社会效益。

每个单项目标已按规划进行分解，根据优先级和预期回报率，充分考虑了旅游产品的多样化和全国旅游活动的情况下，在时间轴上按照优先次序分别实施（如图 2 所示）。

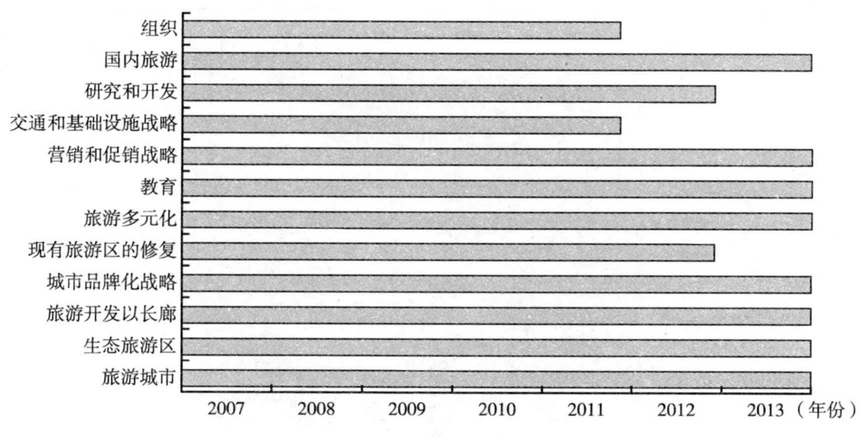

图 2 《土耳其旅游战略 2023》实施阶段

4.3 监测和评价

为监控《土耳其旅游战略 2023》实施情况而开发的监测标准，以及评价各项指标是否达到标准的是执法人员和参与决策的各个机构的基本工具。在这个意义上，应该完善并充分发挥国家旅游数据存储服务中心和国家旅游认证服务中心的功能。

在整个实施过程的监测阶段，设立整体战略的成功标准是至关重要的。根据预定指标，需要定期将监测结果的变动与预定目标进行比较分析。

国家旅游数据存储服务中心，整理各公共部门和私营部门实体传输的数据，然后将结论提交文化旅游部和国家旅游委员会。之后，服务中心和委员会根据提交的结论和意见，采取必要的措施对相应的战略进行调整和修改。

附：《土耳其旅游战略 2023》概念规划图

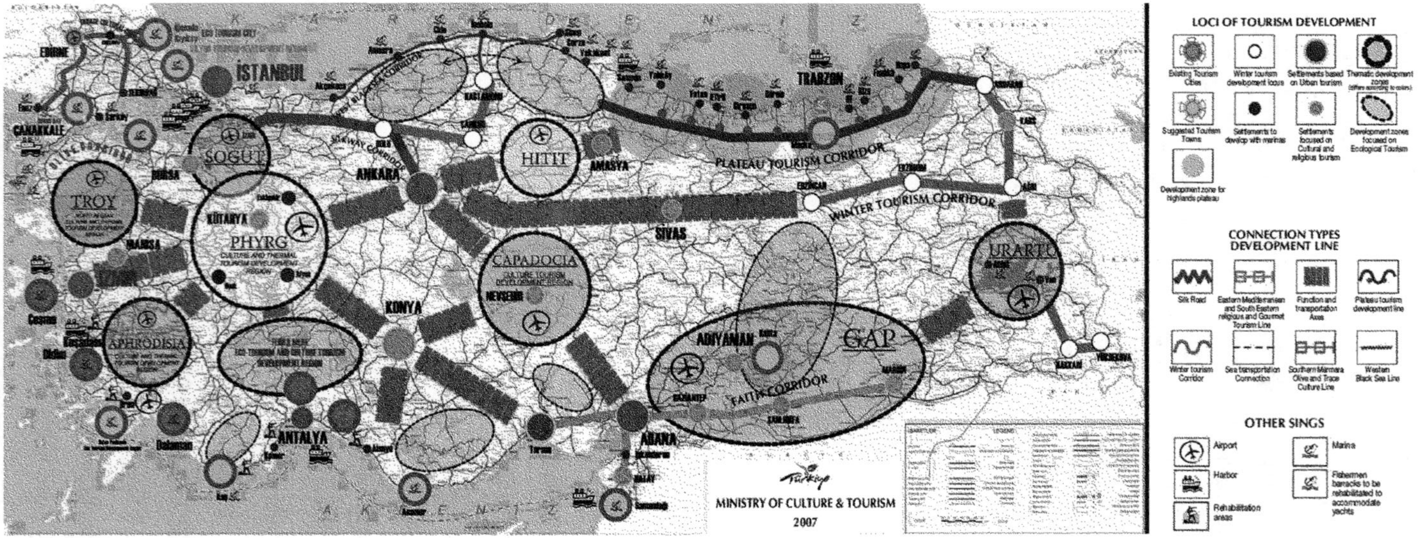

附录 B

土耳其旅游鼓励法（第 2634 号）*

TOURISM ENCOURAGEMENT LAW

法律编号：2634

制定日期：1982 年 3 月 12 日

官方公报发布日期：1982 年 3 月 16 日

官方公报编号：17635

第一章 目的、范围和定义

第一条　目的

该法律的目的是为了促进旅游业发展，确保使用必要手段，采取必要措施规范和发展旅游部门，并为旅游业发展提供动态的结构和发展方式。

第二条　范围

该法规包含对旅游部门进行有效管理的一些规定，包括对文化和旅游保护与开发地区、旅游区、旅游中心的定义以及建立与开发这些旅游地区、旅

* 注：本文译自土耳其海洋事务和通信传输部网站：http：//www. denizcilik. gov. tr/mevzuat/dosyam/Turizmi%20Te%C5%9Fvik%20Kanunu%20ENG. doc，访问日期：2011 年 6 月 19 日。

游区、旅游中心的方法和措施，还包括对旅游投资和设施建设的鼓励、规范和审查的相关规定。

第三条　定义

以下术语是对本法所涉及内容的解释：

（一）“部”：文化旅游部；

（二）“文化和旅游保护与开发地区”：这些地区具有巨大的旅游发展潜力，有很高的历史文化意义，评估这些地区的目的是为了保存、使用、开发和制定规划。文化和旅游保护与开发地区界线的确定由部长会议根据文化旅游部的提案，认定并公开发布。

（三）（被废除的段落：24/07/2003 -4957 S. K. /1. md.）

（四）（被修正的段落：24/07/2003 -4957 S. K. /1. md.）

“旅游中心”：位于文化和旅游保护与开发地区的内部或外部，是地区内特定的地理区域或者根据优先发展原则进行优先开发的地理区域。这些地理区域对于发展旅游业具有区位重要性、地点重要性和开展旅游活动的重要性。旅游中心界线的确定由部长会议根据文化旅游部的提案，认定并公开发布。

（五）“旅游业实体”：从事旅游商业经营，由土耳其人或外国人通过成立公司、设立法人代表、成立的合资或独资企业；

（六）“旅游投资证书”：由文化旅游部签发的在特定投资时期内，向旅游业投资者出具的证书；

（七）“旅游建设证书”：由文化旅游部签发的可以开展旅游设施建设、进行旅游业经营的证书；

（八）“旅游投资和建设证书”：由文化旅游部签发的可以开展旅游投资和旅游设施建设的证书；

（九）“游艇”：作为游艇登记的船舶，其检测证书只适用于运动和短途旅行的海运船舶，不具有旅客运输和货物运输的资格。

（十）（补充的段落：24/07/2003 -4957 S. K. /1. md.）

“文化和旅游保护与开发次级地区”：区域内具有开展多种旅游活动的土地，拥有至少一个技术性或者社会性基础设施，例如文化、教育、培训、娱乐、贸易和住宅，其规模为 1/25000 的比例或者更小，这些地区可以划分为文化和旅游保护与开发次级地区。

第二章 一般条款

第四条 旅游地区、旅游区和旅游中心的确定

在文化和旅游保护与开发地区、旅游区和旅游中心确立时，要考虑到国内所拥有的全部自然、历史、考古、社会文化旅游资源及其所具有的开展冬季旅游、狩猎、水上运动、保健旅游和其他一些旅游方式的发展潜力。

第五条 证书的购置

（一）为了获得本法律和其他法令中规定的鼓励政策、免责条款、免税额和其他权利利益，购置旅游投资证书或旅游建设证书是强制执行的。

（二）获得投资证书的投资项目，必须在文化旅游部规定的时间内开工，竣工并投入运营。在发生不可抗力的情况下，经文化旅游部确认后，允许延长投资时间。

第六条 自然旅游资源的保护和利用

为了满足社会公众利益需求，属于国有的或国家控制地区的可保护和利用的构筑物和设施，按照土地使用规划，将在文化和旅游保护与开发地区和旅游中心进行建设和运营。符合下面第八条规定，并且无须办理所有权证书的情况，那么若具有第三条中涉及的证书也适用于此条规定。

为了满足社会公众利益需求，在文化旅游部批准的情况下，文化和旅游保护与开发地区与旅游中心的国有的和国家控制地区的其他构筑物、建筑物和设施的建造和经营，不得破坏这些地区的自然和文化特点或损害旅游企业利益，并且必须符合土地使用计划。

不能以掠夺或破坏的方式开发海洋及沿岸、湖泊、河流及河岸地区。这些地区资源的开发利用，如提取沙、砾石和岩石等必须得到文化旅游部许可，并且根据《关于航海和水文地理服务法》（1738号）规定，事先要得到土耳其海军司令部的批准。

第七条 规划

（此为修正条款：24/07/2003 - 4957 S. K. /2. md.）

政府授权文化旅游部制定、修改和批准文化和旅游保护与发展地区和旅游中心内的所有规划项目，无论规模大小。为了给文化和旅游保护与开发地区、旅游中心的基础设施规划提供基础，文化旅游部所需要的、由其他公众部门和组织提供的信息、文件和评审必须在三个月内完成。如果未在在三个月期满提交，相关的工作和事项由文化旅游部自行决定。

在文化和旅游保护与开发地区和旅游中心内，由其他公共机构、组织实施的工程，并且这些结构性工程有可能给环境带来影响，这些工程项目的销售、分配、租赁，以及涉及该地区和中心边界公告相关内容的运作及其变更，必须获得文化旅游部的批准。

与实施该条规定相关的原则和程序，将由文化旅游部依据其签发的管理条例进行监管。

第八条 用于旅游业目的不动产的使用规定

（一）事先有土地使用计划，在文化旅游部的要求下被划拨成为旅游区域中心的不动产使用规定：

1. 森林及其他财政部所属资源需经由相关部门机构分配给文化旅游部。

此类分配划拨需要在文化旅游部提出要求之后，并完成下列正式手续的一个月内完成。

（1）依据职权，占据国有或者国家控制土地的道路用地，且尚未以财政部名义登记注册的需要注册。

（2）分配用于旅游业的森林用地以及管理计划的修正。

2. 归属于公共组织的不动产需要到财政部的土地登记处登记，在文化旅游部提出要求后的两个月内划拨给该部。对于此类分配划拨的条件及付款等事项参照《征收法》（第6830号）第30条，由文化旅游部和相关机构协商并共同执行。

3. 归属于其他实体法人或者基金会等组织的、没有旅游建设证书的不动产，由文化旅游部征收征用，并在财政部的土地登记处登记注册，并在一个月内过户给文化旅游部。如有任何纠纷，诉讼和程序的解决需基于价格评估而非征收环节，任何争议的处理均不可妨碍该地的旅游用途。

（二）依据上述条款，除非不动产被转给投资者，文化旅游部无须向财政部支付任何费用。

（三）文化旅游部、财政部、农林部有权联合制定关于不动产分配和租赁的原则、条件、价格、地役权的建立与终止等相关细则，不必完全恪守《招投标法》（第 2490 号）和《林业法》（第 6830 号）相关条款规定。

（四）（修正条款：24/07/2003 – 4957 S. K. /3. md. ）

按照以上条款（三）的规定，文化旅游部有权将不动产分配给土耳其当地或者外国的实体法人或机构。在文化旅游部认可的情况下，财政部负责地役权的制定，包括建设相关机构设施的永久自主权以及无偿支付地役权等细则。

（五）如果获得部长委员会的同意，外籍人士可以在文化旅游保护与开发地区和旅游中心获得不动产，从而不受《村庄法》（第 442 号）和《房地产法》（第 2644 号）的规定条款对于外籍人士的限制。

（六）此规定条款亦适用于经文化旅游部备案申请投资的位于旅游开发区或者保护区，而非旅游中心区域的不动产项目。

（七）（修正条款：24/07/2003 – 4957 S. K. /3. md. ）

采纳文化旅游部的建议，财政部废止公共机构在旅游保护区、旅游中心及开发区等区域所拥有的旅游、培训和康乐等不动产使用权，其处置权交由文化旅游部。

（八）（补充条款：24/07/2003 – 4957 S. K. /3. md. ）

文化旅游部按照计划将整个文化和旅游保护与发展地区，或者次级区域调配给投资者，部长委员会决定同意后即产生实效，投资者从文化旅游部获得预先许可使用权，如果部长委员会的决定与文化旅游部的意见一致，随后办理投资许可证，之前的预先许可即成为最终许可。

对主要投资人有利的地役权包括不动产的自主和永久性建设权，这些权益需要符合财政部的各项条件，由文化旅游部通过执行。

对于整个地区或次级区域的土地使用计划由文化旅游部制定审批通过。合约计划内的土地以及土地登记处的不动产，只要在约定期限内，均可由投资人转包给第三方租用，他们有权利自主和永久地对不动产进行建设。每一种建筑、设施与他们独立的部分地区，分配设立方式均须遵守相同的程序。

在这些地区进行建设设施或者用地等必须取得由文化旅游部签发的许可证。

主要投资者对协议中第三方需要履行的义务和达成的条件负责。假如主要投资者和第三方的行为和运作与政府部门和社会公众机构签署的协议条款相违背，那么主要投资者或第三方将会被撤除。如果取消此分配的是主要投资者，根据分配协议的内容，第三方的权利将会被保护。在做出最后分配前，主要投资者需要支付给文化旅游部协议中工程款的一定比例款项作为保证金，文化旅游部收取这笔保证金用于防止投资方造成任何社会和技术基础设施的损害。在这一保证下，文化旅游部对于第三方只承担有限责任。

（九）（补充条款：24/07/2003 – 4957 S. K. /3. md. ）

若不动产使用权被撤销或者到期，所有坐落于分配土地上的建筑、设施和辅助设施均无一例外归属国库，投资人无权要求索赔或其他权益。

基于分配条件的约束，文化旅游部可以要求投资者部分或者全部负担分配区域的社会或者技术设施服务费用。

（十）（补充条款：24/07/2003 – 4957 S. K. /3. md. ）

根据 2942 号《征收法》的第 27 条款规定，可以紧急征收位于文化旅游保护区与开发区的适合用作旅游投资的私人财产。此类被征用的不动产以国库的名义在地政局注册。投资商获得此类征地的地役权，其中包括自主永久建设权，征地的费用在文化旅游部所计划预算内或者根据部门相关规定由投资者支付。

（十一）（补充条款：24/07/2003 – 4957 S. K. /3. md. ）

在属于同一投资者、企业或者同一品牌的区域，允许投资人将不动产出租给第三方，条件是每个分配都保持在同一个企业链中，从事的旅游形式需要在文化旅游部办理许可。

（十二）（补充条款：24/07/2003 – 4957 S. K. /3. md. ）

关于这项条款实施的原则和程序是由政府部门提出的，在第三条的框架之下，鼓励外国资本投资，引进国际品牌、连锁、技术和标准、有效的区域管理、质量控制，并考虑到涉及社会、文化和物理环境的可持续发展原则。

第九条　公共投资

（一）相关组织部门应当优先考虑完成旅游地区和旅游中心所需要的基

础设施建设，包括道路、供水、排污、电力和电信设备等。相关部门和机构为此拨付的津贴款项，未经文化旅游部的同意，不得挪作他用。

（二）未经文化旅游部同意，任何公共部门无权制定用于旅游业的任何投资活动。

第十条　价格规定

文化旅游部制定关于认证机构收费定价的基本原则，遵循此原则，上述机构需要在每年的七月底之前上交下一年度计划执行的收费价格清单。

文化旅游部批准的定价机构之外的其他认证机构要遵循收费基本原则，将收费价格清单张贴于显眼处，一经要求，随时呈上。

第十一条　公告

有旅游资质的投资人或经营者在以下几种情况需事先征得文化旅游部的许可：转让或出租部分或全部公司设施时；对其所持证书资质相关部分或者全部进行修改时；公司所有人结构和公司经营领域发生变化时；任何更改必须遵循该公司仍旧是旅游单位这一前提条件。

此外，有旅游资质的投资者应在投资期内，一年两次通知文化旅游部其投资进展，而持旅游证件的相关机构也要每季度提交相关数据用于进行土耳其旅游数据分析测定。确定土耳其的旅游数字的基础。

第十二条　汽车临时入境证或者海关文件的通关服务

（被撤销的条款：18/04/1983 - 2817/54. md.）

第三章　关于激励的原则与规定

第十三条　鼓励与协调的原则

在文化旅游部的协调下，由相关部门和国家计划组织部副部长共同制定旅游部门的激励原则与程序，从而使旅游投资者与相关公司机构从中受益。

投资时优先考虑的地方依次为：旅游区、旅游中心、文化旅游保护区和发展区以及文化旅游部指定的其他地点。

有资质的旅游机构如果在文化旅游部的年度统计中完成指定外汇额，将被认定为出口商。

第十四条　旅游贷款

（一）基于优先考虑的原则，旅游贷款应该用于旅游区和旅游中心的投资。

（二）土耳其共和国旅游银行股份有限公司可能会从国外获得外币贷款分配给旅游区和旅游中心的有资质投资项目。

国库可用的贷款需遵循的条件同样适用于旅游贷款方面。关于贷款的分配和偿还等基本原则由文化旅游部、财政部和国家计划组织部副部长共同商讨订立。

第十五条　林业基金的分期付款方式

根据补充的6831号《森林法》的条款3规定，位于林业区的旅游认证机构需要支付其应付款项，从分配的第三年开始，在超过五年的时间内支付相同的五年分期付款。

第十六条　公共设施收费价格（修正条款：30/05/1991 – 3754/1. md.）

有资质的旅游投资方和相关机构需要支付公共设施使用费，例如电力、燃气及用水等，收费价格执行最低价，和当地家庭以及工业设施等收费一致。

第十七条　通讯设施

应优先开展任何关于旅游投资和设施方面的电话和电传等方面设施的拨款。

第十八条　人员雇用

（一）（第一小段修正为：27/02/2003 – 4817 S. K. /31. md.）经文化旅游部和内政部等机构许可，有资质的旅游认证机构可以聘用合格的外籍人员和专家。根据即将在土耳其实施的 2007 号《贸易和服务法》相关条款，土耳其公民不属于此类人员。

然而，如此雇用的外籍人员总数可能不超过所有雇员总数的 10%。这个比率可以由文化旅游部提高到 20%。相关工作人员可以在此机构开始商业运作之前的三个月开始工作。

（二）低于 21 岁的人员在旅游认证机构就业需要参阅 2559 号《警察职责和权力法》规定，必须由当地的最高民事权力机关事先批准。

第十九条　出售含酒精饮料和赌博（修正条款：07/08/1997 – 4302/1. md.）

在文化旅游部的许可下，有资质的旅游机构可以不受《公共健康法》（第 1593 号）、《初级培训法》（第 61 号）和《教育法》（第 222 号）等规定关于含酒精饮料的出售许可的限制。

经由文化旅游部许可，根据 2559 号《警察的职责和权力法》第 12 条规定，如果在父母的陪同下，18 岁以下未成年人可以进入上述旅游机构。

严禁开设赌博场所，无论是将其作为一个附属分支还是独立存在。其他法令中与此项规定相矛盾的条款已经被撤销。

第二十条　法定节假日、周末和午餐时间

有资质的旅游机构以及专门从事服务销售的摊点，依据文化旅游部下发的证书规定细则，必须保证在公共假期、周末和午餐时间正常经营。

第二十一条　对未来年度工作的承诺（修正条款：21/02/2001 – 4629 S. K. /7. md.）

旅游部有权对于未来年度的工作作出承诺，如果无法完成在旅游市场例如国际广告等领域超过 50% 拨款预算的工作，则需要在经济部许可的情况下结束合约。

对于文化旅游部在某一年度内没有使用的促销或广告津贴，经济部可以负责将其转至下一年度用做相同用途。

第二十二条　基金收益（撤销的条款：21/02/2001 - 4629 S. K. /7. md.）

第二十三条　基金的使用（撤销的条款：21/02/2001 -4629 S. K. /7. md.）

第二十四条　转让情形下的激励条款

有资质的旅游投资或机构转让后，接管人不能改变其经营目的和性质，在文化旅游部的许可下，仍旧享受相同的激励政策。

第二十五条　终止旅游活动情形下的激励机制条款

有资质的旅游投资者或者机构如果终止其旅游活动，且在一年内无法恢复正常运行，根据相关法令的规定，需偿还他们在激励机制政策下所享受的一系列优惠豁免等。

但是，如果是由于战争、自然灾害、流行病等不可抗力等原因导致旅游活动终止，文化旅游部在事先征得财政部和国家计划组织部副部长的同意下，可以免除此条赔款义务。

第四章 游艇旅游

第二十六条　码头经营

持有文化旅游部的相关证书，法人可以经营码头。然而，若外籍人士想要进行码头经营，其所有机构内股票持有者必须至少有一名土耳其籍当地法人。

（2003 年 2 月 27 号增补段落：4817 S. K. /32. md.）以上条款所述的外籍人士需要遵循关于外籍人士工作许可的法律规定细则。

第二十七条　游艇经营

（一）持有文化旅游部的相关证书，法人可以经营游艇行业。文化旅游部有权发放经营许可证，批准有资格的游艇悬挂土耳其国旗，无须遵守 6762 号《商法》第 823 条关于悬挂国旗的规定细则。

（二）关于沿土耳其海港和在土耳其港口之间悬挂外国国旗游艇的规则，若有需要，由旅游委员会共同决定。

第二十八条　领海航行原则

（一）从外国港口进入土耳其港口的游艇，或者离开土耳其港口前往外国港口的游艇必须通过指定的海关入口和出口进入或者驶离。

（二）按照1615号《海关法》的第34条、35条和41条的规定办理的声明和履行的程序，悬挂外国国旗的游艇从外国港口驶入，停靠在土耳其任何一个港口或者在此过冬均属合法行为。

（三）游艇在土耳其任何一个港口办理的卫生手续一年有效。除非游艇需要停靠在外国港口，否则无须办理签证。然而，如果有任何的人员死亡或者接触类传染病疫情，必须马上通知最近的港口管理局或者相关权力机关。

（四）在有些地区，悬挂外国国旗的游艇或者外籍人士使用的游艇需要得到旅游委员会和土耳其总署的认可同意。

（五）游艇巡游路线要体现在文件中。

（六）观光游艇在沿线没有海关办公室的港口停靠不受任何限制。

第二十九条　游艇在土耳其的逗留期限及沿海航行权

插有外国国旗的游艇出于需要保养、维修、越冬、停靠等目的在土耳其的停留期限是两年。这个期限也可以根据旅游委员会决定的原则而相应延长。

有些插有土耳其国旗的游艇，在文化旅游部和运输通讯部的共同规定下，可以特许给外籍人士使用，用作远足、运动或者娱乐等目的。此类游艇严禁用于商业用途。

用于远足、运动和娱乐等目的，插有外国国旗的游艇不属于商业客运的范畴。

第五章　检查与处罚措施

第三十条　检查权（修正条款：02/11/1988－3492/1 md.）

文化旅游部是唯一被授权对有资质的投资者及其机构进行视察考核的部

门，核查的内容包括其资质的范畴及其运营特点以及这些机构是否在运营范围内运作。

在有必要的情况下，文化旅游部可以指定专家对相关机构进行核查，核查的结果将被采纳。关于专家的资质、指定专家的原则和程序以及核查专家的权力和作用等细则需要制定相应规章详细说明。

在有必要的情况下，文化旅游部还可以委派专家，按照上述细则的规定，代表该部门对没有旅游资质的相关投资者和机构进行核查，以便于通知相关权力机构采取相应整改措施。

从旅游发展基金给上述委派专家支付费用。

第三十一条　处罚

（一）任何有资质的旅游投资者或机构如果不能执行本法规中的细节条款规定，将受到以下处罚。

（二）以下条款第 33 条所提到的罚款需要由核查官员进行评估，需缴纳罚款的明细需转给相关缴纳机构和最近的税务办公室以确保罚款在七日内顺利缴付。在此规定时间内没有缴付的罚款按照 6183 号关于索赔的缴付程序条款继续追缴。

对上述罚款没有异议或提起诉讼则无须征税。

第三十二条　警告

具有旅游资质的投资者或相关机构如果在管理和运营中被发现有任何纰漏，将受到来自于文化旅游部或者委派核查人员的警告。

第三十三条　罚款（补充条款：24/07/2003 –4957 S. K. /4. md.）

资质证书持有人被罚款的情形和金额如下：

（一）以下情形罚款 50 亿土耳其里拉：警告之后不采取整改措施；屡次犯同样错误；不能及时向文化旅游部反馈信息或者反馈信息有误。

（二）不通知文化旅游部，擅自将经营机构中的一部分或者全部在一年内持续关闭 30 天。

（三）以下情形罚款 10 亿土耳其里拉：用虚假材料、广告、海报、小册子等误导文化旅游部或者顾客；不能如约履行承诺服务；不能提供同级机构所提供的相应服务等。保留相应立法条款的权利。

（四）在保护顾客人身安全或者财物安全方面有冒犯行为或者疏于职守行为者，罚款 10 亿土耳其里拉。

（五）文化旅游部保留其制定相关立法条款的权利。如果任何有资质的投资者或者机构未经允许擅自将部分或者全部企业出租、转让，或更改经营项目等，罚款 10 亿土耳其里拉。

（六）超过核准价目表上的价格收费时，将被处以超额部分的 20 倍罚款。

除去以上罚款细则中的第六条款；其他情形下在罚款通知后的一年内，如果出现任何情况导致第二次罚款，两次罚款合并征税；如果出现第三次，则三次罚款合并征税。

第三十四条　取消旅游投资者或旅游机构资质

（修正条款：24/07/2003 －4957 S. K. /5. md.）

出现以下任何情形，文化旅游部取消相关机构的资质。

（一）一年内由于同一行为被判四次罚款。

（二）经营与本机构资质不符的项目，或者资质所有人擅自决定终止旅游活动。

（三）出现上述第三十三条中第四款规定中的情况，该旅游机构的继续存在可能对土耳其旅游或者人身安全形成扰乱及隐患等。

（四）无论是从旅游经营的角度来看，还是从公众健康的标准方面衡量，该机构的服务设施等严重降级。

（五）在投资经营有效期的运作阶段，如果该机构相关设施质量不达标。

第三十五条　对处罚的反对和诉讼

（一）依照本法作出的警告是决定性的，不可更改。

（二）对指定核查员开具的罚款单，若有异议，七日内可以向文化旅游部提出上诉。收到诉求后，该部门最多一个月给予最终裁决答复，或者维持原判罚，或者进行相关调整，抑或取消该处罚。

（三）根据文化旅游部的最终决定，取消的罚款或者其他处罚的相关文档由旅游机构所在地的行政法院出具。

第三十六条　其他处罚

（一）如果违反本法第六条的规定，将被处以 3 至 18 个月的监禁或 5 万到 10 万土耳其里拉的罚款，抑或两种处罚并用。

（二）如果违反本法第二十九条第二款的规定，将被处以 5 万到 10 万土耳其里拉的高额罚款。

同样违反行为如果反复发生，罚款翻一番。

第六章　最终条款

第三十七条　管理规定

本法公布的一年内需将以下相关法规公之于众：

（一）以下情况需要遵守经过部长级委员会决定许可生效的相关规定：

（1）关于指派到旅游文化保护区、开发区、旅游区域与中心的工作组相关事务，该工作组的权力与工作程序以及该工作组与文化旅游部的关系等。

（2）旅游投资与机构证书的颁发事项、管理的性质、机构的经营与人事以及需要符合的诸多条件。

（3）与以下细节相关的事务：依据经营资质的性质，对有资质相关旅游投资者和机构的资质核查；对于价格清单、卫生有序状况、服务与经营管理情况的检查，其他例如人类与环境健康问题、人身与财产安全问题的事务，关于特聘核查员的资格审查、委派以及赋予的相关权力等。

（4）关于船坞和游艇的经营规章以及对于上述二十八、二十九条的实施情况。

（二）由文化旅游部和其他相关部门共同制定规则管理的事件如下：

1. 与财政部合作管理的事件

（1）关于征收罚款的收缴及其在旅游发展基金的存储；

（2）（废除的一小段：21/02/2001 －4629 S. K. /6. md.）

2. 与内政部共同合作管理的事件：在有资质旅游机构对于外籍人士的雇用免受 2007 号法会《贸易和服务法》等相关条款规定。

3. （废除段落：24/07/2003 －4957 S. K. /7. md.）

（三）由文化旅游部独自制定规则管理的事件如下：

1. 有资质旅游机构需要遵守的规定、责任与义务、与文化旅游部和顾客等的关系。

2. 进行处罚和罚款需遵循的原则与程序；文化旅游部负责成立专门委员会对处罚和执行刑事条款等事件作出决定。

3. 有关本法实施可能需要的其他事件。

第三十八条　撤销的规定

在此撤销关于鼓励旅游业的第 6068 号条款、土耳其旅游和汽车管理局提出的条款规定和 1615 号关于海关清关的文件等三项条款。

补充条款和临时条款

补充条款 1（补充条款：27/10/1988 – 3487/1 md.）

无论从前经营权归属何方以及在土地登记处的登记情况，疗养用的冷热矿泉水按照规定转移给旅游业的投资者。

在 1926 年 6 月 10 日签署的第 927 号法令和 1942 年 6 月 17 日签署的第 4268 号法令第 2 条中提到的官方的权力，在 1957 年 5 月 24 号签署的 6977 号法律中被修正为应属于文化旅游部，只是这些权力仅仅局限于在指定的旅游地区和旅游中心，省属行政保留其关税和股息等权利津贴。

在旅游地区和旅游中心，如果资源受益人不能完全利用其分配资源，在本法规颁布实施之后的一年内，需要向文化旅游部发表声明，并附上实施计划保证充分利用此资源，经文化旅游部同意，可以继续经营。否则，不能被充分利用的泉水资源将被提供给希望利用的经营者使用。

文化旅游部联合卫生和社会福利部以及能源和自然资源部制定的规则将对使用剩余矿泉资源进行界定，规则还将涉及经营人对于理疗泉水资源的使用权、对于剩余泉水使用的方式和条件、对于新近发现的泉水资源的开发使用以及在这一领域受益人之间的关系等规定。

补充条款 2（补充条款：30/05/1991 – 3754/2 md.）

外国人的大篷车和摩托车进入土耳其，出于保养、修理和越冬等目的可以在土耳其放置长达两年时间，主人可以通过其他方式离开土耳其。

对于上述获准在土耳其越冬的车辆保管等程序及遵循细则，需要由旅游部征询财政部的意见并制定相关条款规定。

补充条款 3（补充条款：30/05/1991 – 3754/2. md.）

文化旅游部在竭力规范管理、督促旅游部门建立动态结构、形成良好发展的经营模式的同时，还要同其他相关公共组织一同积极协助该部门建立专业的团体组织。

补充条款 4（补充条款：24/07/2003 – 4957 S. K. /6. md.）

文化旅游部负责在征得环境林业部的同意后，对以下地区的土地进行旅游投资分配：文化与旅游保护区、开发区以及旅游中心之外的地区；根据《森林法》（第 6831 号）规定被划作国家森林的地区；依据第 2873 号关于国家公园的条款和第 383 号法令关于私人环境保护机构的建立等法规被指定为旅游投资划拨地的地区。

地处于旅游文化保护区与开发区的草场使用要遵循关于土地使用计划的相关规定。这些地区的资格证有所改变，以国库的名义注册。

临时条款 1

依据关于 6086 号《旅游鼓励法》条款签发的旅游机构建筑证书和营运证书，根据本法令第三十七条第一部分第二款的规定，需要在本法生效的三年内做出更换，更换的手续免除任何印花税等税费。

临时条款 2（废除条款：18/04/1983 – 2817/54 md.）

临时条款 3

依照本法第四条和第三十七条第一部分第一款的相关规则规定，对旅游文化保护区、开发区、旅游区以及旅游中心进行划分通告。在此之前，授权旅游协调最高委员会对于旅游区和旅游中心进行区域界定。

临时条款 4

按照土耳其总参部、交通通讯部以及文化旅游部联合决定的原则，游艇上可以安装使用无线设备，一直到根据相关的第 3222 号《无线电通信法》做出新的安排。

临时条款 5

依据 6086 号法签署的关于《旅游鼓励法》的规定条款，以及十一、十二、和十三条的相关条款中彼此没有矛盾对立的规定在新条例签署之前仍旧继续有效。

临时条款 6

依据第六条的规定，对于有资质、在国有或国控地区经营的旅游机构相关设施的废除决议推迟至 1982 年年底执行。

临时条款 7（补充条款：24/07/2003 –4957 S. K. /9. md.）

在本法发布实施之前界定和公布的旅游地区、旅游区域和旅游中心等依旧有效，这些区域需要遵循即将发布实施的关于“旅游文化保护区、开发区以及旅游中心”等原则。

补充条款 8（补充条款：24/07/2003 –4957 S. K. /9. md.）

在本法公布实施之前，由公共工程与安置部负责批准的与旅游计划相关的工程及交易，均由该部门负责完成签署。

第三十九条　开始实施

本法自公布之日起生效。

第四十条　执行

本法由部长委员会负责执行。

不适用于本法的条款

1997 年 8 月 7 日通过的 4302 号临时条款

临时条款 1

本法公布实施之日起的 6 个月内，之前由旅游部授权许可经营的彩票赌博等机构自动无效，相关行业不再属于合法经营。

临时条款 2

彩票赌博等机构禁令实施之日起，文化旅游部有权处理该行业的相关设备与材料，或存储，或出口等。文化旅游部需要采取措施，解决其他相关问题，并且负责管理此类交易中的价钱和操作程序等。

2003 年 7 月 3 日通过的第 4916 号临时条款

临时条款 2

在满足以下条件的情形下，可以取消某些针对有资质经营机构所有人或者没有获得相关部门书面许可的旅游单位的诉讼：被告一次性赔付 3% 的工程计划款和法庭诉讼费用；继续遵守合同规定的义务；与相关银行续签合约等。在此基础上，如果没有其他新的违规行为诉讼，此前的经营分配依旧有效。

在征求环境与林业部和文化旅游部的建议后，经济部负责确定本条款实施的原则与条件。

后　记

我大学毕业后就来到了开放程度较高的胶东半岛，在四星级饭店——威海卫大厦工作。由于工作的需要，先后访问过国内的许多旅游城市以及澳大利亚、日本、韩国等国家和地区的著名旅游景点和度假目的地。在积累了一定的实际工作经验后，我来到了山东大学威海分校，走上了旅游饭店管理教学的讲台。

说真的，我非常喜欢旅游业这一领域，一直关注着这一领域的国内外发展动态，也有自己对这一领域的一些思考。我对旅游业发展的政府行为问题的关注是从美国访学时开始的。惊奇于自然资源禀赋并不优越的美国西部旅游业的发展，也使我又重新审视和思考旅游业发展的政府行为问题。

进入西亚非洲研究系学习后，中东国家旅游业的发展，尤其是土耳其、埃及、阿联酋、以色列等国政府对于旅游业的推动和影响，再次引发了我对政府行为的思考。三年过去了，我虽然初步完成了这项研究，但自己感到并不轻松。这是一个具有相当难度的课题：一是政府行为、政府政策的效果难以量化，具体到旅游业，很难从政府基础设施投资或政策变化中，析出对旅游业产生直接影响的相关因素；二是统计资料的欠缺，不能准确反映政府政策和战略产生的政策效应；三是国内有关土耳其旅游业的文献几乎近似于空白，而且，国外已经发表或出版的有关旅游业发展的政府行为的研究成果缺乏对于政府宏观行为的研究。我试图在政府行为的理论和实证研究方面做一些尝试和探索。

在论文开题和写作过程中，我的导师杨光研究员从论文的选题到实证样本的选取，再到论文修改，倾注了大量的心血。因为国内有关土耳其的研究资料有限，他在百忙之中联系使馆，并亲自带我一起拜会商务参赞。这次访谈，使我获得了有关土耳其旅游业的重要的一手资料。从师三年，杨老师谦和的学者风范、渊博的学识和严谨的治学态度，当永远铭记。

论文开题时，财贸经济研究所张广瑞研究员、数量经济研究所李雪松研究员、世界宗教研究所王俊荣研究员和本所的王林聪研究员，对论文的研究框架和内容提出了中肯的意见，在此表示衷心感谢。在论文写作过程中，曾与张广瑞研究员、经济研究所杨春学研究员、青岛市机关事务管理局李孝全老师进行了讨论，他们的意见给了我不少启发，再次表示感谢。

美国北亚利桑那大学 Claudia Jurowski 教授，美国华盛顿州立大学 Dogan Gursey 教授，土耳其海峡大学 Calar Keyder、Hakan Yilmaz、Maria Dorlaveraz、Sevgin Ronney、Bengi Eutune 教授，土耳其伊斯坦布尔大学 Sukru Yarcan 教授，土耳其杰拉·拜亚尔大学 Seval Ozbalci 助理研究员，土耳其旅行社协会 Gulbert Asyapa 女士，土耳其饭店投资者协会 Ismail Tasdemir 总经理对于我的论文写作，提供了无私的帮助，在此表示感谢。

在论文写作的最后阶段，适逢国家科学技术奖励大会于 2012 年 2 月 14 日在北京召开，胡锦涛主席向获得 2011 年度国家最高科学技术奖的中国科学院院士谢家麟和中国科学院院士、中国工程院院士吴良镛颁奖，并鼓励广大科技工作者以获奖者为榜样，为国家、为民族作出更大的贡献。我作为一名大学教师，愿倾注一生，为国家的旅游教育事业和旅游业发展尽自己的绵薄之力，无怨无悔。

感谢本所刘月琴研究员、图书馆赵儒林老师和系秘书丁燚老师在学习、图书资料收集和生活方面给予的帮助。感谢我的室友王一诺和同窗好友们。感谢山东大学威海分校及其同事们。

感谢我的家人，尤其是我的丈夫史大虎先生对我的鼓励和支持。现在，正值儿子史明睿迎接高考，祝愿他以优异的成绩迈入中国名牌大学，在今后的人生路上不断进取，实现自己的人生价值。

论文写作中，曾参阅了大量的研究文献，在这里谨向文献作者表示衷心感谢和敬意。

魏　敏

于山东威海

二〇一二年四月二十六日

图书在版编目(CIP)数据

旅游业发展的政府行为研究：以土耳其为例/魏敏著. —北京：社会科学文献出版社，2012.12（2013.2重印）
ISBN 978-7-5097-4170-2

Ⅰ.①旅… Ⅱ.①魏… Ⅲ.①政府行为-影响-旅游业发展-研究-土耳其 Ⅳ.①F593.743

中国版本图书馆CIP数据核字（2012）第315177号

旅游业发展的政府行为研究
——以土耳其为例

著　　者／魏　敏

出 版 人／谢寿光
出 版 者／社会科学文献出版社
地　　址／北京市西城区北三环中路甲29号院3号楼华龙大厦
邮政编码／100029

责任部门／全球与地区问题出版中心（010）59367004　责任编辑／仇　扬
电子信箱／bianyibu@ssap.cn　责任校对／李向荣
项目统筹／祝得彬　责任印制／岳　阳
经　　销／社会科学文献出版社市场营销中心（010）59367081　59367089
读者服务／读者服务中心（010）59367028

印　　装／北京季蜂印刷有限公司
开　　本／787mm×1092mm　1/16　印　　张／17
版　　次／2012年12月第1版　字　　数／268千字
印　　次／2013年2月第2次印刷
书　　号／ISBN 978-7-5097-4170-2
定　　价／59.00元